Herausgegeben von

Alessandro Giannini | Victoria Ibold | Georg Köpferl

Karin Neßeler | Laura Katharina Sophia Neumann | Tanja Niedernhuber

Kristina Peters | Thomas Steenbreker

Junges Strafrecht e.V.

8. Symposium Junger Strafrechtlerinnen und Strafrechtler

München 2021

Alessandro Giannini | Victoria Ibold | Georg Köpferl | Karin Neßeler
Laura Katharina Sophia Neumann | Tanja Niedernhuber
Kristina Peters | Thomas Steenbreker [Hrsg.]

Strafrecht im Angesicht der Digitalisierung

Nomos

Onlineversion
Nomos eLibrary

Die Deutsche Nationalbibliothek verzeichnet diese Publikation in der Deutschen Nationalbibliografie; detaillierte bibliografische Daten sind im Internet über http://dnb.d-nb.de abrufbar.

ISBN 978-3-8487-6771-7 (Print)
ISBN 978-3-7489-0875-3 (ePDF)

1. Auflage 2022

Vorwort

Das 8. Symposium des Jungen Strafrechts fand vom 3. bis 4. September 2021 an der Ludwig-Maximilians-Universität München statt. Dass diese Veranstaltung in einer Pause pandemiebedingter Einschränkungen in Präsenz stattfinden und wir alle Referent*innen und Teilnehmer*innen persönlich in München willkommen heißen durften, hat uns als Veranstalter*innen ganz besonders gefreut. Der nun vorliegende Band enthält die auf dem Symposium vorgetragenen Referate.
Das Symposium widmete sich dem Thema „Strafrecht im Angesicht der Digitalisierung“.

> „Bemerkenswert ist, dass die Digitalisierung zu der Notwendigkeit zu führen scheint, rechtliche Begriffe und Prozesse zu explizieren, ein Phänomen, welches die juristische Methodenlehre nicht als Übergriff, sondern als Herausforderung begreifen sollte.“ (*Hilgendorf*, in: *Fischer*, Beweis, 2019, S. 229, 236)

Die Digitalisierung beschreibt einen gesellschaftlichen Wandlungsprozess, der von einer Vielzahl technisch-ökonomischer Innovationen angetrieben wird. Dieser Wandlungsprozess macht nicht Halt vor dem Strafrecht: Immer neue technische Möglichkeiten setzen laufend neue Impulse, die sowohl auf Täterpersönlichkeiten und Tatmodalitäten als auch auf die Arbeit der Strafverfolgungsbehörden und Gesetzgebungsorgane wirken und in rasanter Geschwindigkeit neue Herausforderungen und Fragestellungen produzieren. Kann sich das Strafrecht hierauf mit seinen bestehenden dogmatischen Grundlagen und Regelungsstrukturen einstellen und wenn ja, wie, oder muss es sich nicht vielmehr selbst in diesen Wandlungsprozess mit hineinbegeben? Antworten auf diese Fragen bedürfen – wie *Eric Hilgendorf* richtigerweise festgestellt hat – einer Rückbesinnung ex negativo auf die Grundlagen des Rechts. Dieser Herausforderung haben sich die Referent*innen des Symposiums aus verschiedenen Perspektiven gestellt. Ihre Beiträge aus dem materiellen Strafrecht, dem Strafverfahrensrecht, dem Strafvollzugsrecht und der Kriminologie zeigen, dass sich die junge Strafrechtswissenschaft in ihrer gesamten Bandbreite mit den hierdurch aufgeworfenen Fragen beschäftigt.

Vorgetragen wurden Referate zum strafrechtlichen Umgang mit Hate Speech im Internet (*Hannah Heuser*, *Alexandra Witting*), zur Rechtmäßigkeit von privaten Selbstverteidigungsmaßnahmen gegen Hackerangriffe (*Kilian Wegner*), zur Frage eines Internetverbots als mögliche Sanktionsform (*Jan Rennicke*), zum Einsatz künstlicher Intelligenz „auf der Richterbank" (*Stephan Christoph*) sowie zu smarten Geräten und einem „smarten Strafrecht" (*Florian Nicolai*). Am zweiten Tag des Symposiums widmeten sich *Athina Sachoulidou* dem Schutz von Verdächtigen und Angeklagten im Zeitalter von Big Data, *Markus Abraham* dem europäischen Globalzugriff auf digitale Beweismittel und einer dadurch drohenden Erosion staatlicher Schutzpflichten sowie *Daria Bayer* dem neuen Datenschutzrecht in den Strafvollzugsgesetzen der Länder.

Wir danken allen Referent*innen und Teilnehmer*innen für sehr rege, spannende und gleichzeitig immer sachliche Diskussionen sowie die persönliche Atmosphäre und gute Stimmung während des gesamten Symposiums. Für die Moderationen bedanken wir uns zudem bei *Carsten Kusche*, *Nina Schrott*, *Carina Dorneck*, *Lucia Sommerer*, *Georgia Stefanopoulou*, *Felix Ruppert*, *Marie-Lena Marstaller* sowie *Louisa Zech*.

Das Symposium hätte ohne eine großzügige finanzielle Unterstützung nicht stattfinden können. Unser besonderer Dank gilt daher auch den Verlagen C.H.Beck, C.F. Müller, Duncker & Humblot und Nomos sowie den Kanzleien Beulke, Krause & Kollegen, ROXIN, Ufer Knauer und stetter. Sehr dankbar sind wir zudem für die Förderung des Symposiums durch LMUexcellent im Rahmen der Exzellenzstrategie von Bund und Ländern des Bundesministeriums für Bildung und Forschung (BMBF) und des Freistaats Bayern.

München, November 2021
Alessandro Giannini, Victoria Ibold, Georg Köpferl, Karin Neßeler,
Laura Neumann, Tanja Niedernhuber, Kristina Peters, Thomas Steenbreker

Inhalt

Digitaler Hass – eine Interviewstudie mit Adressat:innen und Verfasser:innen

Hannah Heuser und Alexandra Witting

I. Einleitung

Die fortschreitende Digitalisierung der Gesellschaft birgt zahlreiche Chancen für die (Straf-)Rechtswissenschaft und -praxis. Doch neben etwa einer automatisierten Strafzumessung oder digitalem Erkenntnismanagement, die zu Helfern der Strafverfolgung werden können, bietet der digitale Raum auch neue Tatumgebungen und -möglichkeiten. Während Täter:innen teilweise ausgesprochen kreative Möglichkeiten finden, sich die Digitalisierung zu Nutzen zu machen,[1] hinkt das Strafrecht mitunter etwas müde hinterher bei dem Versuch, neue Erscheinungsformen zu erfassen und entsprechend zu ahnden.

Ein Themenfeld bei dem dies der Fall ist, ist das der Äußerungsdelikte im digitalen Raum. Bereits seit einigen Jahren unternimmt der Gesetzgeber den Versuch, dem (Straf-)Recht auch im digitalen Raum zur Geltung zu verhelfen: Angefangen 2017 mit dem Netzwerkdurchsetzungsgesetz (NetzDG), das in den kommenden Jahren, zuletzt am 3.6.2021[2], angepasst werden sollte, flankiert von zahlreichen Änderungen des materiellen und prozessualen Strafrechts. Erklärtes Ziel des Gesetzgebers ist dabei – ausweislich eines der jüngsten Gesetzestitel – die "Bekämpfung des Rechtsextremismus und der Hasskriminalität"[3].

Der strafrechtliche Umgang mit digitalem Hass ist auch Gegenstand eines dreijährigen Forschungsprojektes,[4] welches unter der Leitung von Frau Prof. Dr. Elisa Hoven seit dem Frühjahr 2020 an der Universität Leipzig durchgeführt wird. Anliegen des Projektes ist es, einen möglichen gesetzlichen Anpassungsbedarf zu ermitteln und entsprechende Reformvorschläge zu erarbeiten.

---

1 Siehe nur der Beitrag von *Nicolai* in diesem Band.
2 Durch das Gesetz zur Änderung des NetzDG, BGBl. 2021 I S. 1436.
3 BGBl. 2021 I S. 441.
4 Das Forschungsprojekt wird vom Bundesministerium der Justiz und für Verbraucherschutz gefördert.

Im Zentrum des ersten Projektjahres stand eine Untersuchung des Phänomens "Digitaler Hass". Denn ob (straf-)rechtliche Anpassungen nötig sind und wie diese sinnvollerweise ausgestaltet werden können, kann erst dann beurteilt werden, wenn neue Erscheinungsformen, deren Entstehung und Auswirkungen einer genaueren Betrachtung unterzogen und mit dem gesetzlichen Status quo abgeglichen wurden. Voreilige Anpassungen bergen hingegen die Gefahr, als reine Symbolgesetzgebung ohne praktischen Nutzen zu bleiben. Neben einer repräsentativen Bevölkerungsbefragung zum Erleben digitalen Hasses[5] wurde eine Analyse von Kommentaren auf den Facebook-Seiten reichweitenstarker deutscher Medien durchgeführt, um Einblicke in Anlässe und Inhalte digitaler Hasskommentare zu gewinnen.[6] Den Schwerpunkt der phänomenologischen Betrachtung bildete jedoch die Interviewstudie mit Adressat:innen und Verfasser:innen digitalen Hasses, deren Ergebnisse im Folgenden komprimiert vorgestellt werden sollen.[7]

II. Forschungsgegenstand und Methode

1. Forschungsgegenstand

Als Forschungsgegenstand wurde bewusst der "Digitale Hass" und nicht etwa die – häufig im Zentrum medialer Berichterstattung zu dem Thema stehende – "Hate Speech" oder Hassrede gewählt. Zwar handelt es sich bei den Begriffen allesamt nicht um juristische Termini. Während jedoch "Hate Speech" in der Regel einen verbalen Angriff auf Individuen oder Gruppen mit Bezug zu ihrer tatsächlichen oder vermeintlichen Gruppenzugehörigkeit beschreibt,[8] erlaubt der Begriff "Digitaler Hass" eine offenere Herangehensweise. Erfasst werden danach online getätigte herabwürdigende oder bedrohliche Äußerungen, unabhängig von weiteren inhaltlichen

---

5 Forschungsgruppe g/d/p in Kooperation mit *Hoven*, Universität Leipzig, Hate Speech – Ergebnisse einer repräsentativen Bevölkerungsumfrage, 2020, online abrufbar unter: https://www.jura.uni-leipzig.de/fileadmin/Fakult%C3%A4t_Juristen/Professuren/Hoven/gdp_Ergebnisse_HateSpeech_Kurzbericht.pdf (zuletzt abgerufen am 14.9.2021).

6 *Hestermann/Hoven/Autenrieth*, KriPoZ 2021, 204.

7 Ein umfänglicher Bericht über die Ergebnisse der Interviewstudie ist im Erscheinen.

8 Ausführlich zu der begrifflichen Abgrenzung etwa *Sponholz*, Hate Speech in den Massenmedien, 2018, S. 48 ff.

Merkmalen wie einem Gruppenbezug. Auch kommt es (an dieser Stelle noch) nicht auf das Überschreiten aktuell geltender Strafbarkeitsgrenzen an. Untersucht werden auch und gerade Kommentare, die sich an der Schwelle der Strafbarkeit befinden oder zwar strafwürdig erscheinen, sich aber nicht unter geltendes Strafrecht subsumieren lassen. Auf diese Weise lassen sich Strafbarkeitslücken identifizieren und gesetzgeberischer Handlungsbedarf ermitteln.

2. *Methode*

Nachdem repräsentative Befragungen bereits Schlüsse zur Verbreitung von Hass im Netz und der quantitativen Betroffenheit zuließen,[9] wurde eine qualitative Herangehensweise gewählt, um die Erscheinungsformen digitalen Hasses sowie dessen Auswirkungen auf Betroffene und die Motive der Verfasser:innen zu untersuchen. Die verwendete Methode der leitfadengestützten Interviewstudie ermöglichte hier ein induktiv-exploratives Vorgehen, sicherte aber gleichermaßen die Vergleichbarkeit der dabei gewonnenen Daten.[10] Insgesamt wurden 51 Interviews geführt und ausgewertet.

a. Sampling der Adressat:innen

Die Auswahl der Interviewpartner:innen folgte einer Kombination von qualitativem Stichprobenplan und Theoretical Sampling nach dem Grounded Theory Ansatz:[11] Zunächst wurde eine theoretisch begründete Vorabfestlegung des Samples gewählt – basierend etwa auf Alter, Geschlecht und weiteren persönlichen Merkmalen. Anhand dieser Kriterien wurden Betroffene digitalen Hasses kontaktiert. Zu einem Großteil handelte es sich um Personen, die in der Öffentlichkeit stehen und über die bekannt war, dass sie bereits zur Zielscheibe von Hasskommentaren wurden. Daneben konnten verschiedene Institutionen (Gatekeeper), unter anderem die

9 Siehe nur Forschungsgruppe g/d/p in Kooperation mit *Hoven* (Fn. 5); *Geschke et al.*, #Hass im Netz. Der schleichende Angriff auf unsere Demokratie, 2019, online abrufbar unter: https://www.idz-jena.de/fileadmin/user_upload/_Hass_im_Netz_-_Der_schleichende_Angriff.pdf (zuletzt abgerufen am 14.9.2021).

10 *Helfferich*, in: Baur/Blasius (Hrsg.), Handbuch Methoden der empirischen Sozialforschung, 2. Aufl. (2019), S. 669 (675 f.); *Döring/Bortz*, Forschungsmethoden und Evaluation, 5. Aufl. (2016), S. 192.

11 *Döring/Bortz* (Fn. 10), S. 302 f.

Betroffenenhilfe HateAid, Kontakte zu Personen mit einschlägigen Erfahrungen vermitteln.

Im Prozess der Datengewinnung und -auswertung konnte das Sample dann weiter angepasst und ergänzt werden. Dieser zirkuläre Prozess wurde abgeschlossen, als sich abzeichnete, dass weitere Fälle für die Theoriebildung keinen neuen Informationsgehalt versprachen, die theoretische Sättigung also eingetreten war.

Auf diese Weise wurden insgesamt 41 Interviews mit Adressat:innen digitalen Hasses – persönlich, telefonisch oder per Video-Call – geführt. Von den befragten Personen waren 21 männlich, 19 weiblich und eine Person nicht-binär. Das durchschnittliche Alter lag bei ca. 42 Jahren. Politisch verorteten sich die Befragten von "wertekonservativ" bis zur "antifaschistischen Queerfeministin"[12]; zudem waren Mitglieder der Parteien AfD, Bündnis 90/Die Grünen, CDU, FWG, Die Linke und SPD vertreten. Ein Anliegen der Befragung war darüber hinaus, die Erfahrungen verschiedener marginalisierter Gruppen insbesondere im Hinblick auf intersektionale Diskriminierung abzubilden. Vier Personen bezeichneten sich als People of Colour (PoC), 14 Personen gaben an, eine Migrationsgeschichte zu haben, zwei Personen fühlen sich der Gruppe der Sinti bzw. der Roma zugehörig. Es waren verschiedene Glaubensrichtungen (buddhistisch, christlich, jüdisch, muslimisch) vertreten. Zehn Personen ordneten sich der LGBTQIA*-Community zu, darüber hinaus sprachen Personen der Community der Menschen mit Behinderung.

b. Sampling der Verfasser:innen

Die Kontaktaufnahme mit Verfasser:innen gestaltete sich deutlich schwieriger; dennoch konnten neun Interviews geführt werden.

Zum einen konnten Kanzleien den Kontakt zu Mandant:innen herstellen; zum anderen waren Personen, deren Kommentare bereits Gegenstand öffentlicher Berichterstattung waren, zum Gespräch bereit. Parallel konnten Chat-Interviews mit Nutzer:innen verschiedener sozialer Netzwerke geführt werden, die sich einschlägig in öffentlich einsehbaren Kommentarspalten geäußert hatten. Die Verfasser:innen waren – mit einer Ausnahme – allesamt männlich. Die Befragten verteilten sich auf verschiedene Altersstufen: Die jüngste Person war zum Zeitpunkt der Befragung 17 Jahre, die älteste 63 Jahre alt. Auch waren verschiedene Berufsgruppen vertreten. Die

---

12 In beiden Fällen handelt es sich um Selbstbezeichnungen der Befragten.

politischen Einstellungen reichten von „Rechts“ bis zum „Anarcho-Kommunismus“.

c. Limitationen

Ziel einer qualitativen Interviewstudie ist nicht die statistische Repräsentativität, sondern allein eine qualitative Repräsentation. Eine Limitation der Studie liegt also darin, dass es sich letztlich um die Auswertung der Schilderung von Einzelerfahrungen handelt, die nicht quantifizierbar sind.[13] Dennoch lassen sich aus den beschriebenen Erfahrungen und Angaben zu eigenen Verhaltensweisen und Beweggründen Muster erkennen und Theorien ableiten, welche die Basis für weitere Überlegungen zum strafrechtlichen Umgang mit dem Phänomen "Digitaler Hass" bieten.

III. Das Phänomen "Digitaler Hass"

1. Erscheinungsformen

Digitaler Hass kann in ganz unterschiedlicher Weise geäußert werden. Neben dem Verfassen eines schriftlichen Hasskommentars kommt das Posten von Audio- oder Videoaufnahmen oder das Verwenden von GIFs, Memes oder Sharepics in Betracht. Äußerungen von Hass können sowohl öffentlich, etwa in Foren oder öffentlichen Gruppen, als auch privat, etwa in Privatnachrichten (Direct Messages, DMs) oder E-Mails erfolgen.

Aus strafrechtlicher Sicht kann eine ganze Bandbreite von Tatbeständen verwirklicht sein: neben den Ehrschutzdelikten (§§ 185 ff. StGB) und der Volksverhetzung (§ 130 StGB), der Bedrohung (§ 241 StGB), der öffentlichen Aufforderung zu (§ 111 StGB) oder Belohnung und Billigung von Straftaten (§ 140 StGB) kommt bspw. auch die Störung des öffentlichen Friedens durch Androhung von Straftaten (§ 126 StGB) .

In der Befragung spiegelten sich letztlich alle möglichen Straftatbestände wider. Als besonders typische Erscheinungsform wurde jedoch die Herabwürdigung mit Gruppenbezug genannt, bei der die Adressat:innen auf ihre – tatsächliche oder vermeintliche – Gruppenzugehörigkeit reduziert und dadurch entindividualisiert werden.

---

13 *Helfferich*, Qualität qualitativer Daten. Manual zur Durchführung qualitativer Einzelinterviews, 4. Aufl. (2011), S. 172 ff.

Darüber hinaus fiel auf, dass Frauen zwar nicht öfter, wohl aber in anderer Weise und intensiver angegriffen werden.[14] Herabwürdigungen sind häufig sexistisch gefärbt, beziehen sich bspw. auf das Aussehen und eine – vermeintlich fehlende – Intelligenz. Insbesondere sind hier auch sexualbezogene und sexualisierte Äußerungen hervorzuheben, etwa die detaillierte Schilderung von Vergewaltigungsfantasien.

Als weitere typische Erscheinungsform traten explizite oder implizite Bedrohungen, Aufrufe zu oder die Billigung von Straftaten und Gewalt auf. Teilweise nutzen die Verfasser:innen dabei geschickte Formulierungen, um sich auf die Uneindeutigkeit oder Mehrdeutigkeit ihrer Aussagen berufen zu können und so eine Strafbarkeit zu umgehen. Die Betroffenen berichteten darüber hinaus von "Doxing", also dem Öffentlichmachen privater Daten und – teilweise im Zusammenhang damit – der Veröffentlichung ihrer Namen auf „Feindes-“ oder „Todeslisten“.

2. *Besonderheiten der digitalen Begehungsweise*

Um die Tragweite digitaler Hasskommentare zu verstehen, lohnt zunächst ein Blick auf die Besonderheiten dieses Phänomens. Anders als bei einer analogen Begehungsweise – etwa einer Beleidigung in der Kneipe oder über den Nachbarszaun hinweg – kann eine online getätigte Äußerung eine ganz erhebliche Reichweite und Perpetuierung erzielen. Über die ursprüngliche Kommentarsituation hinaus kann eine Äußerung tausendfach eingesehen, geteilt und geliket und so dem persönlichen Umfeld der Adressat:innen, aber auch etwa dem oder der Arbeitgeber:in und Kolleg:innen zugänglich gemacht werden. Darüber hinaus sehen sich Betroffene häufig nicht nur mit vereinzelten Hasskommentaren konfrontiert, sondern werden Ziel von "Hate Storms", in denen sie in kurzer Zeit einer Vielzahl von Herabwürdigungen und Bedrohungen ausgesetzt sind. Die Kombination analoger Distanz und virtueller Nähe bei ständiger Verfügbarkeit sozialer Netzwerke führt dazu, dass Kommentare problemlos „wie nebenbei“ verfasst und an beliebige Adressat:innen versendet werden

---

14 In der repräsentativen Bevölkerungsbefragung gaben 20 % der Männer und 15 % der Frauen an, schon einmal von Hass im Netz betroffen gewesen zu sein; Forschungsgruppe g/d/p in Kooperation mit *Hoven* (Fn. 5). Zu ähnlichen Ergebnissen (Betroffenheit von 10 % der männlichen und 6 % der weiblichen Befragten) kamen auch *Geschke et al.* (Fn. 9), S. 23. Dazu auch *Hestermann/Hoven/Autenrieth*, KriPoZ 2021, 204, 208 ff.

können. Im Bereich des digitalen Hasses wird eine Rechtsgutsverletzung also „erleichtert, potenziert, ist permanent und kaum korrigierbar."[15]

3. *Auswirkungen*

Mit diesen Besonderheiten gehen die – teilweise ganz erheblichen – Auswirkungen digitalen Hasses einher. Betroffen von Hasskommentaren ist dabei nicht nur der oder die Einzelne, an den oder die sich ein Kommentar konkret richtet. Vielmehr wirkt sich digitaler Hass auf die Gesellschaft als Ganzes aus.

a. Auf den Einzelnen

Betroffene berichten mehrheitlich von psychischen und körperlich wahrnehmbaren Auswirkungen. Teilweise werden auch finanzielle Folgen bemerkbar, insbesondere dann, wenn die Betroffenen verursacht durch Hasskampagnen Werbekooperationen oder Auftrittsmöglichkeiten verlieren.

In einer repräsentativen Studie des IDZ Jena gaben 66 % der von Hasskommentaren im Netz betroffenen Personen an, negative Auswirkungen in ihrem Leben bemerkt zu haben.[16] Die dort abgefragten Kategorien deckten sich weitestgehend mit den in der qualitativen Interviewstudie genannten Auswirkungen: Berichtet wurde u.a. von Angstgefühlen über Selbstabwertung bis hin zu Schlafstörungen und Depressionen.

b. Auf die Gesellschaft

Über die unmittelbar spürbaren Auswirkungen hinaus, kann die Erfahrung digitalen Hasses auch mittel- und langfristig das Verhalten der Betroffenen verändern. Einige berichten, sich bewusst "Social Media Pausen" zu nehmen, in denen sie die sozialen Netzwerke nicht nutzen. Andere gaben an, sich online zurückhaltender zu äußern oder bestimmte Themen ganz zu meiden. Diese veränderten Verhaltensweisen lassen sich unter dem Stichwort "Silencing"-Effekt, also der Verdrängung von Personen und Meinungen aus dem öffentlichen Diskurs, zusammenfassen. In der reprä-

15 *Beck*, ZIS 2020, 41 (44).
16 *Geschke et al.* (Fn. 9), S. 27.

sentativen Bevölkerungsbefragung aus dem Juni letzten Jahres wurde die Verbreitung des Effekts deutlich: Von den Personen, die selbst schon von digitalem Hass im Internet betroffen waren, gaben 68 % Prozent an, aus Sorge vor weiteren Hasskommentaren darauf verzichtet zu haben, einen Beitrag zu posten, oder Beiträge bewusst vorsichtiger formuliert zu haben. Digitaler Hass entfaltet seine Wirkung jedoch auch über das Verhältnis zwischen Täter:innen und Betroffenen hinaus: Auch unter denjenigen, die selbst noch nicht davon betroffen waren, stimmten 37 % dieser Aussage zu.[17] Digitaler Hass hat also das Potential, den (sichtbaren) gesellschaftlichen Diskurs erheblich zu verändern.

4. Rechtliches Vorgehen gegen digitalen Hass

Trotz der beschriebenen negativen Auswirkungen auf die Betroffenen zeigte der Großteil der interviewten Adressat:innen Hasskommentare nicht oder nicht mehr an. Die Gründe dafür sind vielfältig: Neben Unsicherheiten und Unwissen darüber, ob Kommentare zur Anzeige gebracht werden können und auf welchen Wegen eine solche Anzeige erfolgen kann, wurde wiederholt auch mangelndes Vertrauen in die Behörden – insbesondere nach der wiederholten Aufdeckung rechtsextremer Strukturen innerhalb der Polizei – als Hinderungsgründe genannt. Daneben wurde der zu hohe Aufwand von Anzeigen genannt, und zwar einerseits angesichts der schieren Masse an Kommentaren, andererseits hinsichtlich der emotionalen und zeitlichen Belastung, die im Verfahren entsteht. Neben die wiederholte Konfrontation mit den herabwürdigenden oder bedrohlichen Inhalten bei der Anzeige und im Laufe des Verfahrens tritt teilweise eine zusätzliche Belastung durch die Reaktion der Beamt:innen: Angezeigte Vorfälle wurden bagatellisiert oder den Anzeigenden selbst Schuld zugeschrieben. Wiederholt wurde Betroffenen von digitalem Hass im Gespräch mit Polizeibeamt:innen geraten, das Internet oder soziale Netzwerke "auszuschalten" oder eine reale von Hasskommentaren ausgehende Bedrohung verneint. Hier entstand der Eindruck, dass in den Behörden zum Teil kein oder zumindest ein veraltetes Verständnis der Funktionsweise und Bedeutung digitaler Räume besteht. Hinzu tritt schließlich noch die Erfahrung geringer Ermittlungserfolge. Prominente Fälle wie die Künast-Ent-

17 Forschungsgruppe g/d/p in Kooperation mit *Hoven* (Fn. 5), S. 7.

scheidungen[18] verstärken das Gefühl der Aussichtslosigkeit von Anzeigen und der fehlenden Nachvollziehbarkeit gerichtlicher Entscheidungen.

Ein Verzicht auf rechtliche Schritte erfolgte also häufig nicht etwa deshalb, weil das Erlebte den Betroffenen selbst nicht strafwürdig erschien. Im Gegenteil wurden teils empfindliche Strafen, jedenfalls aber *irgendeine* staatliche Reaktion gefordert, die eine Grenze aufzeigt und womöglich weitere Taten verhindert. Einige Betroffene betonten dabei, dass es ihnen weniger um eine Vergeltungsmaßnahme gehe, sondern vor allem darum, dass Täter:innen mit ihrem Verhalten konfrontiert werden und bestenfalls Einsicht in das begangene Unrecht erlangen.

5. *Verfasser:innen und ihre Beweggründe*

Den Betroffenen gegenüber stehen die Verfasser:innen digitalen Hasses. Doch wer dort eigentlich spricht und welche Motive hinter den Äußerungen stehen, ist häufig für die Betroffenen selbst, aber auch für die Justiz und die Wissenschaft nicht erkennbar.

Deutlich wurde zwar, dass es "den einen typischen" Verfasser oder "die eine typische" Verfasserin nicht gibt. Geäußerte Inhalte, einzelne Tatsituationen und konkrete Beweggründe unterscheiden sich mitunter stark voneinander. Insbesondere wirken sich auch die Besonderheiten der einzelnen Plattformen – etwa der Grad der dort möglichen Anonymität und das Zielpublikum – aus. So werden sich in einem anonymen rechtsradikalen Forum andere Personen und auf andere Weise äußern als in einer Social-Media-Gruppe einer Schulklasse. In beiden Fällen kann es zu strafbaren Äußerungen kommen; beide Fälle wurden von Interviewpartner:innen beschrieben. Trotz der Unterschiedlichkeit der einzelnen Sachverhalte ließen die Interviews mit den Verfasser:innen selbst, aber auch Erfahrungen der Strafverteidiger:innen und der Betroffenen, bestimmte Muster erkennen, die sich schließlich zu fünf Verfasser:innen-Profilen verdichteten. Dabei handelt es sich jedoch nicht um abgeschlossene Kategorien; vielmehr weisen die beobachteten Muster häufig auch Schnittmengen auf.

Die Gruppe der Strateg:innen zeichnet sich durch ein planvolles gemeinsames Vorgehen aus. Sie organisieren etwa sog. "Hate Storms" und koordinieren deren Durchführung. Durch den gezielten Einsatz von Hashtags und Fake Accounts, Absprachen zum zeitlichen Ablauf und gegenseitiges "Liken" kann von einer verhältnismäßig kleinen Gruppe der Ein-

---

18 LG Berlin MMR 2019, 754; LG Berlin K & R 2020, 231; KG MMR 2020, 867.

druck einer empörten Masse erweckt werden. Am Beispiel von Facebook-Likes wurde dieser Effekt dieser "lautstarken Minderheit"[19] von *Kreißel et al.* aufgezeigt: In der untersuchten Datenmenge waren 5 % der Accounts für 50 % der Likes von Hasskommentaren verantwortlich. Ziel der Strateg:innen kann politische Meinungs- oder Stimmungsmache sein. Kampagnen können jedoch auch Einschüchterung und Silencing, in Extremfällen sogar die Vernichtung der (beruflichen oder persönlichen) Existenz verfolgen.

Mit ähnlicher Agenda handeln die Initiator:innen. Auch sie lösen „Hate Storms“ aus. Sie unterscheiden sich jedoch in ihrem Vorgehen von den Strateg:innen. Sie gehen subtiler, aber nicht weniger wirkungsvoll vor: Anstatt selbst mit Hasskommentaren anzugreifen, schaffen sie durch ihre Postings Anlässe für ihre Follower:innen, um sich gegen eine bestimmte Person zu wenden. So werden etwa Aussagen von Politiker:innen verkürzt oder völlig verzerrt dargestellt, mitunter sogar frei erfunden und verbreitet. Die Followerschaft wird so – ohne ein konkretes Vorgehen zu benennen – mobilisiert und gezielt auf Personen oder Personengruppen gelenkt.

Auf der anderen Seite stehen die "Empörten". Sie fühlen sich durch (gesellschaftspolitische) Ereignisse oder Posts anderer getriggert und handeln häufig aus einer starken Gefühlsregung – wie Angst oder Wut – heraus. Als auslösende Themen traten in besonderer Weise Klimaschutz, zivilgesellschaftliches Engagement etwa für Geflüchtete oder die LGBTQIA*-Community oder gegen Rassismus hervor. Auffällig war dabei auch, dass regelmäßig die Überzeugung bestand, dass es sich bei geposteten Kommentaren lediglich um – zwar scharfe, aber erlaubte – Kritik handele oder nur die "Wahrheit" ausgesprochen werde. Ein Unrechtsbewusstsein bestand dagegen kaum. Die Löschung eigener Posts wurde als "Zensur" umgedeutet und paradoxerweise auch durch die Verfasser:innen selbst auf "Silencing-Effekte" verwiesen.

Während Strateg:innen und Initiator:innen im Zusammenspiel mit den "Empörten" funktionieren, steht die nächste Gruppe außerhalb dieses Gefüges: Die sog. "Trolle" haben keine mittel- oder längerfristige (politische) Agenda. Ihr Ziel ist es nicht, ernsthaft am Diskurs teilzuhaben oder ihre wirkliche Meinung zu äußern. Sie handeln allein, um zu provozieren, und erfreuen sich an den verletzten Gefühlen oder der Bloßstellung anderer.

Eine letzte Gruppe bilden die Ausreißer. Anders als die "Trolle" äußern sich diese Personen aus einer tatsächlichen, oftmals intensiven Gefühlslage

19 *Kreißel et al.*, Hass auf Knopfdruck. Rechtsextreme Trollfabriken und das Ökosystem koordinierter Hasskampagnen im Netz, 2018, S. 2.

heraus, doch anders als bei den Empörten besteht bei ihnen durchaus ein Unrechtsbewusstsein. Anstatt einen Kommentar zu verteidigen, wird er oftmals anschließend bereut.

IV. Ausblick

Die Untersuchung des Phänomens "Digitaler Hass", seiner Erscheinungsformen, Ursachen und Auswirkungen, bildet die Basis für die rechtswissenschaftliche Betrachtung. Welche Schlüsse können für den (straf-)rechtlichen Rahmen, aber auch für die praktische Verfolgung und Ahndung von Hasskommentaren gezogen werden?

Die im Folgenden aufgeworfenen Fragen sollen unter Hinzuziehung weiterer empirischer Untersuchungen im zweiten und dritten Projektteil in konkrete Reformvorschläge für eine effektive strafrechtliche Bekämpfung von digitalem Hass überführt werden.

1. Materielles Strafrecht

Wie eingangs erwähnt ist der Gesetzgeber in den letzten Jahren bereits tätig geworden, um den Besonderheiten der digitalen Äußerung von Herabwürdigungen und Bedrohungen zu begegnen.

So ist etwa eine Strafschärfung für öffentlich begangene Beleidigungen in Kraft getreten, inzwischen auch die Billigung noch nicht begangener Straftaten strafbar und kürzlich die verhetzende Beleidigung (§ 192a StGB), die eine Strafbarkeitslücke zwischen der Beleidigung und der Volksverhetzung schließen soll, sowie ein neuer Straftatbestand, § 126a StGB, der Feindeslisten betrifft, im Bundestag verabschiedet worden.[20]

Einige der typischen Erscheinungsformen werden jedoch noch nicht oder nur unzureichend erfasst: Bspw. werden von dem vorgesehenen Straftatbestand der verhetzenden Beleidigung Frauen und Transpersonen nicht besonders geschützt.

Schließlich könnte auch die Einführung eines Qualifikationstatbestandes für sexualbezogene Beleidigungen sowie für gemeinschaftlich – im Rahmen eines organisierten „Hate Storms“ – begangene Beleidigungen angedacht werden. Im Zusammenhang damit sollte auch überdacht werden, wie künftig mit der Gruppe der Initiator:innen umzugehen ist. Wie sollte

---

20 BT-Drs. 19/30943.

eine angemessene strafrechtliche Erfassung aussehen, wenn selbst zwar keine Hasskommentare getätigt werden, aber bestimmte (auch verzerrte oder falsche) Informationen bewusst eingesetzt werden, um bspw. „Hate Storms" zu provozieren?

Zuletzt legt auch der beschriebene „Silencing"-Effekt, der sowohl bei direkt Betroffenen als auch bei Dritten eintreten kann, ein Umdenken (jedenfalls) bezüglich der Ehrdelikte nahe: Betroffen von herabwürdigenden Äußerungen im Netz ist nämlich nicht mehr nur die persönliche Ehre, sondern der demokratische Diskurs selbst. Die bisherige Gegenüberstellung von Ehrschutz und Meinungsfreiheit kann deshalb in dieser Form nicht bestehen bleiben.[21]

2. *Verfolgung und Ahndung*

Die Erfahrungen der Betroffenen zeigen, dass bei dem praktischen Umgang der Behörden mit Fällen digitalen Hasses teilweise erheblicher Verbesserungsbedarf besteht. Sowohl eine fachliche Fortbildung zu Besonderheiten digitaler Begehungsweisen als auch eine Sensibilisierung der Behörden für die besonderen Auswirkungen digitalen Hasses scheinen angezeigt. Darüber hinaus sollte die Möglichkeit einer Anzeige vereinfacht und der Fortgang des Verfahrens transparent gemacht werden.

Mit Blick auf die Verfasser:innen ist außerdem zu fragen, welches Vorgehen eine nachhaltige präventive Wirkung erzielt: Harte Geldstrafen, deren Verhängung an die Öffentlichkeit kommuniziert wird und so auch Dritte abschreckt? Oder sollten eher Wege abseits der üblichen Sanktionen[22] beschritten und vermehrt auf Instrumentarien der "restorative justice" wie den Täter-Opfer-Ausgleich gesetzt werden?

21 Dazu ausführlich *Hoven/Witting*, NJW 2021, 2397.

22 Mit einem Vorschlag auch *Rennicke* in diesem Band.

„Hack-back“? – Zur Rechtmäßigkeit von privaten Selbstverteidigungsmaßnahmen gegen Hackerangriffe*

Kilian Wegner

I. Einleitung

Die Gefahr von Cyberangriffen ist in einer digitalisierten Gesellschaftsordnung allgegenwärtig. Legt man die in jährlichen Lageberichten zur IT-Sicherheit publizierten Erhebungen des Bundesamts für Sicherheit und Informationstechnik zugrunde,[1] sind im Schnitt deutlich mehr als zwei Drittel der Unternehmen und Institutionen in Deutschland jährlich von solchen Angriffen betroffen, wobei regelmäßig mehr als die Hälfte der Schadensmeldungen auf die Infektion mit Malware, etwa 20 % auf Hacking und weitere 20 % auf sog. DDoS-Attacken[2] entfällt, in deren Rahmen IT-Systeme gezielt durch eine Flut von Anfragen lahmgelegt werden.

Bei der Abwehr solcher Angriffe sind die Betroffenen weitgehend auf sich allein gestellt: Einen digitalen „Polizeischutz“ gibt es – von Beratungsangeboten zur Prävention abgesehen – jedenfalls in der Breite nicht. Die meisten Unternehmen und Organisationen reagieren auf die wachsende Bedrohung mit *passiven* Abwehrmaßnahmen, zB durch eine sicherere Strukturierung ihrer Netze und Arbeitsabläufe, die Implementation von Scan-Software oder den Einsatz von Verschlüsselungstechnik. In meinem Beitrag werde ich mich mit der Frage befassen, inwieweit darüber hinaus auch *aktive* Abwehrmaßnahmen, die in die Systemintegrität potenzieller Angreifer eingreifen,[3] rechtlich zulässig und insbesondere vom Notwehr-

---

* Für eine gewinnbringende Diskussion über das Thema dieses Beitrags dankt der Verf. Herrn Rechtsanwalt Björn Krug und Herrn Rechtsanwalt Dr. Hendrik Pekárek. Wertvolle Hinweise zur Ergänzung des Manuskripts hat auch Dr. Christian Rückert geliefert.

1 Online abrufbar unter https://www.bsi.bund.de/DE/Publikationen/Lageberichte/lageberichte_node.html.

2 Damit wird ein Angriff auf ein IT-System bezeichnet, bei dem das System durch eine Vielzahl von Anfragen gezielt überlastet wird und seine eigentliche Funktion daher verweigern muss („Distributed Denial of Service“).

3 Ein Schlaglicht auf das Angebot entsprechender „Hack-back“-Dienstleistungen und die politische Diskussion darüber in den USA wirft der ausführliche Bericht

und Notstandsrecht gem. §§ 32, 34 StGB sowie vom Recht der Selbsthilfe gem. § 229 BGB gedeckt sind. Transnationale Bezüge solcher Verteidigungsstrategien bleiben aus Platzgründen außer Betracht.[4]

Als konkrete Fallkonstellation in den Blick genommen werden zunächst – unter II. – „Hack-backs", die der Aufdeckung der Identität des Angreifers dienen. Es folgt – unter III. – eine Erörterung von Trutzwehrmaßnahmen gegen DDoS-Angriffe, mit denen die angreifenden Systeme ihrerseits mittels DDoS-Attacke lahmgelegt oder – noch weitergehend – durch Datenveränderung unbrauchbar gemacht oder sogar zerstört werden.

II. Rechtmäßigkeit von Maßnahmen zur Identifizierung des Angreifers

Angriffe auf digitale Infrastruktur erfolgen häufig getarnt, so dass das betroffene Unternehmen den Angriff vielleicht bemerkt, aber nicht weiß, wer sich hinter dem Angriff verbirgt. Da zivil- oder strafrechtliche Abwehrmaßnahmen ohne die Identität des Angreifers fruchtlos sind, kann beim Angegriffenen das Bedürfnis erwachsen, die Attacke im Rahmen eines Gegenangriffs zu enttarnen. Als Beispiel hierfür soll ein im Jahr 2018 von mir im Rahmen eines Rechtsgutachtens mitbearbeiteter Praxisfall dienen, in dem Unbefugte im Zuge eines Hackerangriffs Zugriff auf die Daten zehntausender Kunden eines weltweit operierenden DAX-Unternehmens erhielten. Die Angreifer forderten die Zahlung einer Millionensumme, um im Gegenzug von einer Veröffentlichung der Kundendaten abzusehen. Angriffe dieser Art kommen häufig auch in der Variante vor, dass Daten oder Endgeräte, die für den Betrieb des Unternehmens essenziell sind, von Angreifern mittels sog. *Ransomware* gesperrt und erst gegen Zahlung des Lösegelds wieder freigegeben werden.[5]

Im hier behandelten Beispielfall ging die IT-Abteilung des Unternehmens davon aus, dass die Angreifer weiterhin Zugriff auf das kompro-

---

von *Schmidle*, The New Yorker v. 30. April 2018, online abrufbar unter https://www.newyorker.com/magazine/2018/05/07/the-digital-vigilantes-who-hack-back.

4 Einführend dazu *Stevens*, in: Christen/Gordijn/Loi (Hrsg.), The Ethics of Cybersecurity, 2020, S. 317, 326.

5 Näher zum Phänomen aus kriminalistischer Sicht *Meier*, Kriminalistik 2016, 361 ff.; zur Frage, ob das Opfer einer Ransom-Attacke sich durch die Zahlung des Lösegelds nach § 129 Abs. 1 StGB strafbar macht s. *Salomon*, MMR 2016, 575, Maume/Maute/*Rückert*, Rechtshandbuch Kryptowerte, 2020, Kap. 6 § 22 Rn. 6 f. und *ders.*, GWuR 2021, 103 ff.

mittierte IT-System nehmen konnten. Zur Aufklärung der Identität der Angreifer schlugen die IT-Spezialistinnen gegenüber der Unternehmensleitung vor, einen „Honey Pot" mit vermeintlich interessanten neuen Datensätzen in dem System zu platzieren. Sollten die Angreifer diesen Datensatz abrufen, würde Schadsoftware in den Browser der Angreifer injiziert („Hook"). Ziel der Injektion war es, den dadurch „gehookten" Browser in einen sog. „Zombie" zu verwandeln und ihn zu veranlassen, einen durch das Unternehmen designierten „Communication Server" zu kontaktieren, damit jener die wahre IP-Adresse des „Zombies" erfassen bzw. loggen kann. Die erfasste IP-Adresse der Angreifer sollte – so der Vorschlag der IT-Verantwortlichen – anschließend den Strafverfolgungsbehörden zur Verfügung gestellt werden, um die Angreifer zu identifizieren und dingfest zu machen.

Der skizzierte Plan wirft die Frage auf, inwieweit die Verantwortlichen durch einen solchen Gegenangriff selbst Straftatbestände erfüllen würden (1.) und inwieweit eine Berufung auf Rechtfertigungsgründe (2. bis 4.) möglich ist.

1. *Einschlägige Straftatbestände*

„Hack-backs" können – je nach Fallgestaltung – unter die §§ 202a ff., 303a f. StGB sowie § 42 Abs. 2 BDSG fallen.

a) §§ 202a ff. StGB

So kommt im vorstehenden skizzierten Beispielfall eine Strafbarkeit nach § 202a StGB in Betracht, weil die auszuspähende „wahre" IP-Adresse ein Datum iSv § 202a StGB darstellt, das nicht für das angegriffene Unternehmen bestimmt ist.[6] Insbesondere handelt es sich bei der IP-Adresse auch nicht um ein *öffentlich zugängliches Datum*, das dem besonderen Schutz des Tatbestands nicht unterliegt.[7] Für eine öffentliche Zugänglichkeit spricht zwar auf den ersten Blick, dass Kommunikation im Internet ohne IP-

6 Näher zu den Anforderungen an das Merkmal der „nicht für den Täter bestimmten" Daten iSv § 202a StGB MüKo-StGB/*Graf*, Bd. IV, 3. Aufl. (2017), § 202a Rn. 21 ff.; Schönke/Schröder/*Eisele*, 30. Aufl. (2019), § 202a Rn. 8 ff.; NK-StGB/*Kargl*, 5. Aufl. (2017), § 202a Rn. 7 f.; *Rübenstahl/Debus*, NZWiSt 2012, 129, 130 mwN.

7 MüKo-StGB/*Graf* (Fn. 6), § 202a Rn. 28.

Adresse nicht stattfinden kann und diese Adresse daher allen Kommunikationsteilnehmern grundsätzlich zugänglich ist. Wenn ein Nutzer aber – wie der Angreifer im Beispielfall – über verschleiernde Wege (hier durch ein Bot-Netz, gleiches würde aber bspw. für einen Proxy-Server, die Nutzung von TOR bzw. eines VPN-Zugangs gelten) kommuniziert, so ist die Zugänglichkeit der wahren IP-Adresse auf den ersten Kommunikationspartner in der Kette beschränkt und damit nicht mehr öffentlich zugänglich.[8]

Erforderlich ist für eine Strafbarkeit weiter, dass die Daten *gegen unberechtigten Zugang besonders gesichert* sind. Dieser Einschränkung kommt nach der Gesetzesbegründung für die Eingrenzung des Tatbestands besondere Bedeutung zu.[9] Daten sind dann gegen unberechtigten Zugang besonders gesichert, wenn Vorkehrungen getroffen wurden, die den Zugriff auf Daten ausschließen oder wenigstens nicht unerheblich erschweren sollen.[10] Im vorliegenden Beispielfall ist nicht bekannt, welchen Weg der Angreifer zur Verschleierung seiner IP-Adresse gewählt hat (bspw. über Proxy-Server oder durch die Nutzung von TOR bzw. eines VPN-Zugangs). In jedem Fall wird er es aber darauf angelegt haben, den Zugriff auf seine wahre IP-Adresse zu erschweren bzw. zu verhindern.

Der Täter muss schließlich sich selbst oder einem anderen Zugang zu den Daten verschaffen, womit der objektive Tatbestand auch ein Eindringen in ein Datenverarbeitungssystem umfasst.[11] Das Verschaffen des Zugangs zu den Daten muss *unter Überwindung der Zugangssicherung* erfolgen, wobei unter dem Überwinden eine Vorgehensweise zu verstehen ist, die die jeweilige Zugangssicherung außer Kraft setzt oder umgeht.[12]

Im Beispielfall soll bei einem weiteren Zugriff des Angreifers – von diesem unbemerkt – ein Java-Script durch die von ihm gewählte Form der Anonymisierung hindurch in den Browser des Angreifers implementiert werden, um die Mitteilung von dessen wahrer IP-Adresse an einen Drittserver zu bewirken. Hiermit verschafft der Verteidiger sich zweifelsfrei einen Zugang zu der IP-Adresse unter Umgehung der Zugangssicherung.[13]

---

8 Mit knapper Einführung in die Funktionsweise solcher Techniken *Mitsdörffer/Gutfleisch*, MMR 2009, 731, 732.

9 BT-Drs. 16/3656, S. 10.

10 BGH NJW 2015, 3463, 3463; MüKo-StGB/*Graf* (Fn. 6), § 202a Rn. 35.

11 BeckOK-StGB/*Weidemann*, 38. Ed. (Stand: 01.02.2021), § 202a Rn. 15.

12 BGH BeckRS 2017, 145251.

13 Vgl. Schönke/Schröder/*Eisele* (Fn. 6), § 202a Rn. 20; Wabnitz/Janovsky/Schmitt/*Bär*, Handbuch Wirtschafts- und Steuerstrafrecht, 5. Aufl. (2020), Kap. 15 Rn. 83.

Neben § 202a StGB käme auch das Abfangen von Daten nach § 202b StGB in Betracht, der jedoch gegenüber § 202a StGB formell subsidiär ist und daher hier nicht weiter betrachtet wird.

Eine eigene Abhandlung wert wäre die Frage, inwieweit schon die bloße Vorbereitung des „Hack-back“ in Gestalt der Beschaffung entsprechender Angriffs-Software dem Vorfeldtatbestand des § 202c Abs. 1 Nr. 2 StGB unterfällt. Seit jeher problematisch ist hier die Bewertung von solchen Programmen, die gleichermaßen für legale und illegale Zwecke verwendet werden können, wie bspw. Testprogramme von Sicherheitsfirmen oder Systemadministratorinnen. Nach hM sind solche *„Dual-Use-Tools“* von § 202c StGB erfasst, wenn sie von vornherein in der Absicht entwickelt wurden, die Begehung von Straftaten zu ermöglichen, und sich diese Verwendungsabsicht auch im Programm selbst oder der damit verbundenen Vertriebs- und Werbepolitik des Herstellers manifestiert hat.[14]

b) §§ 303a f. StGB

In Betracht kommt ferner eine Strafbarkeit wegen *Datenveränderung nach § 303a StGB*. Dieser Tatbestand dürfte durch Maßnahmen wie die im Beispielfall geplante Implementation des „Hooks“ in den Browser des Angreifers erfüllt sein, soweit dadurch der Quellcode des Browser-Programms verändert wird. Technisch möglich wäre es jedoch ggf. auch, die Schadsoftware ohne Manipulation des Browser-Programms zu installieren und dann lediglich über eine Schnittstelle des Browsers auszuführen. In diesem Falle wäre eine Strafbarkeit nach § 303a StGB zweifelhaft.[15]

Im Normalfall werden „Hack-backs“ mit dem Ziel der Identifikation des Angreifers die Funktionsfähigkeit von dessen IT-System nicht erheblich stören, so dass der Tatbestand der *Computersabotage gem. § 303b StGB* nicht eingreift.[16]

---

14 BVerfG BeckRS 2009, 35232; näher MüKo-StGB/*Graf* (Fn. 6), § 202c Rn. 14 mwN.

15 Vgl. näher *Koch*, Strafrechtliche Probleme des Angriffs und der Verteidigung in Computernetzen, 2008, S. 122 ff.

16 Vgl. zum diesbezüglichen Erfolgserfordernis des Tatbestands BeckOK-StGB/*Weidemann* (Fn. 11), 38. Ed. (Stand: 01.02.2021), § 303b Rn. 15 f.

c) § 42 Abs. 2 BDSG

Wenn im Rahmen eines „Hack-backs" personenbezogene Daten verarbeitet werden, kommt außerdem eine Strafbarkeit nach § 42 Abs. 2 BDSG in Betracht. Die (wahre) IP-Adresse des Angreifers wird nach hM als personenbezogenes Datum in diesem Sinne gewertet, soweit sie es jedenfalls dem Access-Provider erlaubt, die Person, der die IP-Adresse zugewiesen wurde, zu bestimmen bzw. zu identifizieren.[17] Selbst bei einem engen Verständnis des Begriffs „verarbeiten" iSd § 42 Abs. 2 BDSG gilt das Erheben und Abrufen eines solchen Datums als tatbestandsmäßige Handlung.[18] Darüber hinaus liegen auch die in § 42 Abs. 2 BDSG enthaltenen subjektiven Tatbestandsmerkmale vor. Zwar kann man daran zweifeln, ob das Arbeitsentgelt, das die für das Abrufen der IP-Adresse des Angreifers verantwortlichen Mitarbeiter des angegriffenen Unternehmens (bzw. von dessen externen IT-Dienstleister) für ihre Tätigkeit erhalten, als „Entgelt" iSv § 42 Abs. 2 BDSG zu werten ist, da es nicht konkret für die in Frage stehende Datenverarbeitung ausgezahlt wird.[19] Allerdings wird jedenfalls eine Schädigungsabsicht iSd zweiten Variante des § 42 Abs. 2 BDSG zu bejahen sein, da hier das zielgerichtete Zufügen eines Nachteils genügt und die Identifizierung des Angreifers zu Zwecken der Strafverfolgung einen solchen Nachteil darstellt.[20]

2. *Rechtfertigung nach § 32 StGB*

Zu erörtern ist nun, inwieweit die Verantwortlichen des angegriffenen Unternehmens sich auf eine Rechtfertigung nach § 32 StGB berufen können.

a) Angriff auf ein notwehr- bzw. nothilfefähiges Rechtsgut

Dafür wäre zunächst ein Angriff auf ein notwehr- bzw. nothilfefähiges Rechtsgut erforderlich. Grundsätzlich ist jedes rechtlich geschützte Indivi-

---

17 Statt vieler zu dieser lange umstrittenen Frage BeckOK-Datenschutzrecht/*Gusy/Eichenhöfer*, 35. Edition (Stand: 01.02.2021), § 1 BDSG Rn. 47 m. zahlr. N.

18 Vgl. BeckOK-Datenschutzrecht/*Brodowski/Nowak* (Fn. 17), § 42 BDSG Rn. 45; *Kubiciel/Großmann*, NJW 2019, 1050, 1054.

19 Vgl. dazu *Cornelius*, NJW 2013, 3340, 3341 und BGH NJW 2013, 2530, 2533.

20 BeckOK Datenschutzrecht/*Brodowski/Nowak* (Fn. 17), § 42 BDSG Rn. 52.

dualinteresse iSd Notwehr- und Nothilferechts verteidigungsfähig.[21] Eine Beschränkung auf besonders gewichtige Rechtsgüter (zB Leib und Leben) existiert nicht; vielmehr können sogar Rechtsgüter von § 32 StGB erfasst sein, die selbst keinen strafrechtlichen Schutz genießen.[22] In der hier beispielhaft behandelten Konstellation kommen zwei solcher Rechtsgüter in Betracht, zu deren Verteidigung die geplante Identifikation des Angreifers erforderlich und geboten sein könnte:

Erstens beeinträchtigt der Angreifer durch seinen unbefugten Zugriff auf das IT-System sowohl das formelle Interesse des angegriffenen Unternehmens an der Geheimhaltung seiner Kunden-, Mitarbeiter- und sonstigen nicht für Dritte bestimmten Daten[23] als auch die verfassungsrechtlich durch Art. 2 Abs. 1 iVm Art. 1 Abs. 1 GG abgesicherte Vertraulichkeit und Integrität der informationstechnischen Systeme der betroffenen juristischen Person.[24] Teilweise wird in der hiesigen Konstellation auch eine Verletzung des „virtuellen Hausrechts"[25] angenommen.[26] In jedem Fall handelt es sich dabei um Rechtsgüter des angegriffenen Unternehmens, so dass die von den Unternehmensmitarbeiterinnen geplanten Maßnahmen zur Identifikation des Angreifers als Not*hilfe*handlungen einzustufen sind.[27]

Zweitens liegt in der vom Angreifer ausgesprochenen Drohung, bereits erbeutete Daten unbefugt zu verbreiten, falls der Angreifer keine Zahlun-

---

21 NK-StGB/*Kindhäuser* (Fn. 6), § 32 Rn. 36; MüKo-StGB/*Erb*, Bd. I, 4. Aufl. (2020), § 32 Rn. 84 – jew. mwN; mit überzeugender einschränkender Präzisierung des Anwendungsbereichs von § 32 StGB auf Individualrechtsgüter, die den Gegenstand subjektiver Rechte bilden, Matt-Renzikowski-StGB/*Engländer*, 2. Aufl. (2020), § 32 Rn. 11 und schon *ders.*, Grund und Grenzen der Nothilfe, 2008, S. 268 ff.

22 Matt-Renzikowski-StGB/*Engländer* (Fn. 21), § 32 Rn. 11; Schönke/Schröder/*Perron/Eisele* (Fn. 6), § 32 Rn. 4.

23 Dieses sog. formelle Datengeheimnis wird von der hM als Schutzgut des – im Beispielfall vom Angreifer zweifellos verwirklichten – § 202a StGB angesehen, s. statt vieler BGH BeckRS 2017, 145251; MüKo-StGB/*Graf* (Fn. 6), § 202a Rn. 2; BeckOK-StGB/*Weidemann* (Fn. 11), § 202a Rn. 2 – jew. mwN.

24 Grundlegend zum Grundrecht auf Gewährleistung der Vertraulichkeit und Integrität informationstechnischer Systeme BVerfGE 120, 274 – „Online-Durchsuchung".

25 Dazu instruktiv OLG Köln CR 2000, 843; LG Bonn CR 2000, 245.

26 *Koch* (Fn. 15), Strafrechtliche Probleme des Angriffs und der Verteidigung in Computernetzen, 2008, S. 171.

27 An der Nothilfefähigkeit der Rechtsgüter von juristischen Personen besteht im hiesigen Kontext kein Zweifel, s. nur *Koch* (Fn. 15), S. 171 f. mit Verweis auf RGSt 63, 215, 220 und die ganz hL.

gen erhält, ein Angriff auf die Willensentschließungsfreiheit der betroffenen Entscheidungsträgerinnen des Unternehmens.[28]

b) Gegenwärtigkeit des Angriffs

Der Angriff muss ferner gegenwärtig sein, dh unmittelbar bevorstehen, gerade stattfinden oder noch andauern.[29] Im Beispielfall wäre das mit Blick auf den konkreten Zugriff auf den „Honey Pot" zwar zu bejahen, allerdings ist gerade dieser Angriff vom Systembetreiber provoziert, er soll und kann durch die Identifikation des Angreifers nicht beendet werden, so dass er für die weitere Prüfung trotz Vorliegens der Notwehrlage unbeachtet bleibt.

Denkbar wäre auch, einen Angriff alternativ darin zu sehen, dass der Angreifer durch eine vom Systembetreiber bisher nicht aufgedeckte Sicherheitslücke jederzeit Zugriff auf das System nehmen kann. Die Annahme eines solchen „Dauerangriffs" würde das Notwehrrecht allerdings erheblich ausdehnen und faktisch eine von der hM zurecht abgelehnte[30] Präventivnotwehr erlauben. Im „analogen" Vergleichsfall, in dem eine Einbrecherin sich zwar noch nicht auf dem Grundstück des anvisierten Verletzten befindet, jedoch jederzeit Zugang zu dessen Haus hat (etwa durch die Fertigung eines Nachschlüssels oder Bestechung des Wachpersonals), würde dem Hauseigentümer nach ganz hM auch kein „Erstschlagsrecht" gegenüber der potenziellen Einbrecherin zugestanden.

Eine Notwehrlage lässt sich folglich allenfalls mit dem noch andauernden Angriff auf die Willensentschließungsfreiheit begründen, der durch die Erpressung entfaltet wird. Dass hierin ein gegenwärtiger Angriff iSv § 32 StGB zu sehen ist, wurde in der Literatur zuletzt bestritten,[31] wird von der hM aber bejaht.[32]

---

28 Vgl. zur herrschend anerkannten Notwehr- bzw. Nothilfefähigkeit der Willensentschließungsfreiheit nur LK-StGB/*Rönnau/Hohn*, Bd. III, 13. Aufl. (2019), § 32 Rn. 91 f. und Matt-Renzikowski-StGB/*Engländer* (Fn. 21), § 32 Rn. 12 – jew. mwN; stark einschränkend dagegen MüKo-StGB/*Erb* (Fn. 21), § 32 Rn. 97 ff. (ebenfalls mwN); wider die hM zudem *Rückert*, Effektive Selbstverteidigung und Notwehrrecht, 2017, S. 178 ff.

29 Lackner/Kühl/*Kühl*, 29. Aufl. (2018), § 32 Rn. 4.

30 BGH NJW 1979, 2053; Matt-Renzikowski-StGB/*Engländer* (Fn. 21), § 32 Rn. 14; NK-StGB/*Kindhäuser* (Fn. 6), § 32 Rn. 56; *Weiß*, Zeitlich gestreckte Notlagen, 2020, S. 125 m. Fn. 421; zum hiesigen Kontext *Koch* (Fn. 15), S. 196.

31 Eingehend *Rückert* (Fn. 28), S. 178 ff. und *Weiß* (Fn. 30), S. 123 ff.

32 NK-StGB/*Kindhäuser*, (Fn. 6), § 32 Rn. 59 mwN.

c) Verteidigungshandlung

aa) Geeignetheit

Wie zuvor schon angedeutet, ist ein „Hack-back" mit dem Ziel der Identifizierung des Angreifers nicht geeignet, einen gerade stattfindenden bzw. noch andauernden Angriff auf das Rechtsgut der Vertraulichkeit und Integrität informationstechnischer Systeme abzuwehren, da ein solcher Angriff zunächst unabhängig davon andauern wird, ob die Identifizierung des Angreifers gelingt.[33] Dass es durch die Identifizierung gelingen mag, *zukünftigen* Angriffen vorzubeugen, steht dabei auf einem anderen Blatt: Solche Formen der Präventivnotwehr deckt § 32 StGB – wie schon gesagt – nach hM gerade nicht.[34]

Wenn der ursprüngliche Angriff – wie im hiesigen Beispielfall – mit einer Erpressung verknüpft ist, bietet die Identifizierung aber zumindest die Chance, den Angriff auf die Willensentschließungsfreiheit der Erpressungsadressaten abzuwehren, da dann ein Zugriff der Strafverfolgungsbehörden möglich ist und die Erpresser eventuell davor zurückschrecken, ihre Drohung wahrzumachen. Nach hM genügt auch eine solche – zugegebenermaßen sehr unsichere Rettungsperspektive – um das Merkmal der Geeignetheit der Notwehr- bzw. Nothilfehandlung zu bejahen.[35]

bb) Erforderlichkeit

Nachdem damit feststeht, dass die Identifizierung eines Cyber-Angreifers im Regelfall allenfalls geeignet sein wird, einen auf die Willensentschließungsfreiheit des Systembetreibers (bzw. dessen Leitungspersonen) gerichteten Angriff abzuwehren, stellt sich die Frage, ob der auf die Enttarnung des Angreifers gerichtete Gegenangriff erforderlich, dh das mildeste unter den zur Abwehr gleich geeigneten Mitteln ist.[36]

Die Zahlung des Lösegelds wird man dabei nicht als milderes Mittel berücksichtigen dürfen, weil es selbst eingedenk der schon skizzierten Beson-

---

33 *Koch* (Fn. 15), S. 196.

34 S. o. Fn. 30.

35 Instruktiv zur Position der hM MüKo-StGB/*Erb*, (Fn. 21), § 32 Rn. 150 f. m. zahlr. N. und eigener, das Geeignetheitserfordernis ablehnender Stellungnahme in Rn. 152 ff.

36 Zu den Anforderungen an die Erforderlichkeit s. statt vieler nur Matt-Renzikowski-StGB/*Engländer* (Fn. 21), § 32 Rn. 24 mwN.

derheiten bei gestreckten Notlagen mit dem Geltungsgrund der Notwehr unvereinbar ist, den Angegriffenen zur kampflosen Aufgabe seiner Rechtsposition zu zwingen.[37] Auch das bloße Ignorieren der Drohung scheidet als milderes Mittel aus, da der Angriff auf die Willensentschließungsfreiheit hierdurch nicht abgewendet, sondern schlichtweg hingenommen wird.[38]

Damit kommt als milderes Mittel nur noch das Einschalten von Polizei und Staatsanwaltschaft in Betracht. Hier gilt nach ganz hM der Grundsatz, dass Notwehr und Nothilfe *gegenüber staatlichem Schutz subsidiär* sind, wenn die staatliche Hilfe ebenso schnell und sicher Erfolg verspricht wie eine private Abwehrhandlung.[39] Umgekehrt kann der Verteidiger aber nicht auf staatliche Hilfe verwiesen werden, wenn er dafür zusätzliche Verletzungsrisiken in Kauf nehmen müsste.[40]

Hier ergibt sich nun die Besonderheit, dass der Angegriffene in gestreckten Notlagen wie zB einer Erpressung regelmäßig ausreichend Zeit hat, während des Angriffs Hilfe herbeizuholen, die zu Beginn des Angriffs noch nicht präsent ist. Im Normalfall werden hierdurch auch keine zusätzlichen Risiken für den Angegriffenen entstehen. Denn selbst wenn zB zu befürchten steht, ein Erpresser könnte seine Drohung erst recht wahrmachen, wenn er eine Involvierung der Polizei bemerkt, wird ein solcher Erpresser auf eigenständige Abwehrversuche des Erpressten nicht minder empfindlich reagieren. In Ausnahmefällen können aber Tatsachen die berechtigte Vermutung begründen, dass ein privater Abwehrversuch eine geringere Entdeckungswahrscheinlichkeit aufweist als ein polizeiliches Vorgehen – dann kann der Notwehr- oder Nothilfeübende nicht auf die Staatsmacht verwiesen werden.[41]

Wenn damit also feststeht, dass der Notwehrübende grundsätzlich verpflichtet ist, staatliche Hilfe zur Abwehr eines zeitlich gestreckten Angriffs in Anspruch zu nehmen, so gilt das allerdings nur unter der Voraussetzung, dass die staatlichen Hilfsmöglichkeiten die *gleiche Effektivität* aufwei-

---

37 Auch das dürfte unabhängig von der bereits erwähnten Frage nach dem Geltungsgrund der Notwehr richtig sein; vgl. nur LK-StGB/*Rönnau/Hohn* (Fn. 28), § 32 Rn. 181 f.

38 Matt/Renzikowski/*Engländer* (Fn. 21), § 32 Rn. 33; LK-StGB/*Rönnau/Hohn*, (Fn. 28), § 32 Rn. 203 – jew. mwN (auch zur vereinzelt vertretenen Gegenansicht).

39 Matt/Renzikowski/*Engländer* (Fn. 21), § 32 Rn. 34; MüKo-StGB/*Erb* (Fn. 21), § 32 Rn. 145; NK-StGB/*Kindhäuser* (Fn. 6), § 32 Rn. 96.

40 Matt/Renzikowski/*Engländer* (Fn. 21), § 32 Rn. 34.

41 Vgl. dazu auch Matt/Renzikowski/*Engländer* (Fn. 21), § 32 Rn. 33.

sen, wie die vom Verteidiger präferierte Verteidigungshandlung.[42] Im hier behandelten Beispielfall käme es also auf die Frage an, inwieweit staatliche Maßnahmen mit ebenso hoher Wahrscheinlichkeit zur Identifizierung des Angreifers führen, wie der private „Injection“-Gegenangriff. Dabei können zwei Konstellationen unterschieden werden:

Wenn die Staatsmacht die Hilfsanfrage aus *tatsächlichen* Gründen ablehnt, weil sie sich zB technisch nicht zum Eingreifen in der Lage sieht oder auf Grund personeller Engpässe erst dann eingreifen könnte, wenn die Chancen, den Angreifer im System noch zu fassen, bereits gesunken sind, fehlt es einem Rückgriff auf die Behörden an hinreichender Effektivität und der eigene „Hack-back“ bleibt nach ganz herrschender Auffassung erforderlich.[43]

Umstritten ist dagegen der vor allem mit Blick auf die Tatbestandsvoraussetzung der Gebotenheit der Verteidigungsmaßnahme diskutierte, aber auch das Merkmal der Erforderlichkeit berührende Fall, in dem staatliche Behörden zwar zum Eingreifen bereit und fähig sind, jedoch keine Eingriffsbefugnis besteht und sie daher aus *rechtlichen* Gründen nicht eingreifen dürfen.[44] So kommen als Eingriffsgrundlage im Beispielfall etwa der § 100b StPO sowie vergleichbare Eingriffsbefugnisse zum heimlichen Eindringen, Auslesen und Manipulieren von informationstechnischen Systemen in Betracht, wie sie – im Detail sehr unterschiedlich ausgestaltet – in manchen Bundes- und Landespolizeigesetzen zu finden sind. Diese *Formen der Online-Durchsuchung* sind jedoch auf die Verfolgung schwerer Straftaten bzw. die Abwehr schwerwiegender Gefahren beschränkt. So ist etwa konkret für eine Maßnahme nach § 100b StPO erforderlich, dass

(1.) bestimmte Tatsachen den Verdacht begründen, dass jemand als Täter oder Teilnehmer einer besonders schweren Straftat nach dem Katalog

---

42 Sehr prägnant MüKo-StGB/*Erb* (Fn. 21), § 32 Rn. 148.: *„Notwehr [ist] im Verhältnis zur staatlichen Gefahrenabwehr nur dann als subsidiär anzusehen, wenn letztere die gleiche Wirksamkeit entfaltet und damit zugleich die Erforderlichkeit weitergehender Verteidigungsmaßnahmen entfallen lässt. Bei eingeschränkter Effektivität der staatlichen Gefahrenabwehr hingegen bleibt eine private Notwehr, die eine zuverlässigere Abwehr des Angriffs ermöglicht, nach allgemeinen Grundsätzen nun einmal erforderlich.“*; s. gleichsinnig LK-StGB/*Rönnau/Hohn* (Fn. 28), § 32 Rn. 185 – jew. mwN auch zur Gegenauffassung.

43 Vgl. nur *Erb*, in: Griesbaum u. a. (Hrsg.), FS Nehm, 2006, S. 181 und Schönke/Schröder/*Perron/Eisele* (Fn. 6), § 32 Rn. 41 – jew. mwN.

44 Mit dieser Differenzierung zB *Erb* (Fn. 45), S. 181 (der zusätzlich auch noch Fälle in den Blick nimmt, in denen ein staatliches Eingreifen zwar rechtlich möglich wäre, jedoch auf Grund einer Ermessensentscheidung unterbleibt) und LK-StGB/*Rönnau/Hohn* (Fn. 28), § 32 Rn. 185.

in § 100b Abs. 2 StPO begangen oder in Fällen, in denen der Versuch strafbar ist, zu begehen versucht hat,
(2.) die Tat auch im Einzelfall besonders schwer wiegt und
(3.) die Erforschung des Sachverhalts oder die Ermittlung des Aufenthaltsortes des Beschuldigten auf andere Weise wesentlich erschwert oder aussichtslos wäre.

Gem. § 100b Abs. 3 StPO darf die Maßnahme sich ferner nur gegen den Beschuldigten richten, wobei Ausnahmen von diesem Grundsatz in § 100b Abs. 3 S. 2 und S. 3 StPO geregelt sind und gem. § 100b Abs. 3 S. 2 Nr. 1 StPO insbesondere den Fall erfassen, dass der Täter Computersysteme Unbeteiligter zur Tarnung nutzt (zB im Rahmen eines Bot-Netzes).

Im Beispielfall dürften die Voraussetzungen des § 100b StPO vorliegen, da es naheliegt, dass der Angreifer gewerbsmäßig handelt oder dass auf Grund der hohen Lösegeldforderung ein (unbenannter) schwerer Fall der (versuchten) schweren Erpressung und somit eine Katalogtat nach § 100b Abs. 2 Nr. 1 lit. k) StPO vorliegt, die auch im Einzelfall schwer wiegt und ohne eine Online-Durchsuchung kaum aufzuklären wäre. Da man dies jedoch auch anders sehen kann (entweder weil man die Gewerbsmäßigkeit und auch einen unbenannten schweren Fall ablehnt oder weil man die Konstruktion eines schweren Falls in der Konstellation des nur versuchten Grunddelikts und eines nur versuchten Regelbeispiels generell für falsch hält[45]), stellt sich die Frage, ob ein Gegenangriff in einer gestreckten Notlage auch dann nach § 32 StGB gerechtfertigt ist, wenn Abwehrmaßnahmen ergriffen werden, die staatliche Hoheitsträger aus rechtlichen Gründen nicht ergreifen dürfen.[46]

In der Literatur wurde bisher vor allem (aber nicht ausschließlich)[47] im Kontext der Diskussion um die *sog. Rettungsfolter* danach differenziert, ob staatliche Hilfe auf Grund tatsächlicher oder auf Grund rechtlicher Umstände nicht erlangt werden kann. Teilweise wird hier die Auffassung vertreten, dass der Verteidiger keine Mittel einsetzen darf, die staatlichen Hoheitsträgern in derselben Situation verwehrt wären.[48]Wie *Engländer* am Beispiel der Aussageerzwingung durch Private ausführlich nachgewiesen

---

45 S. zum Streitstand nur Schönke/Schröder/*Eser/Bosch* (Fn. 6), § 22 Rn. 58a mwN.

46 Dabei wird hier – weil es auf die Unterschiede zwischen den polizeirechtlichen Befugnissen zur Online-Durchsuchung für diesen Beitrag nicht ankommt – unterstellt, dass polizeirechtliche Eingriffsbefugnisse nicht weiter als die Befugnis nach § 100b StGB reichen, was im Einzelfall aber näher zu prüfen wäre.

47 Weitere Beispielfälle liefert *Erb* (Fn. 45), S. 181 ff.

48 NK-StGB/*Kindhäuser* (Fn. 6), § 32 Rn. 136; LK-StGB/*Rönnau/Hohn* (Fn. 28), § 32 Rn. 185.

hat,[49] lässt sich diese Position aber allenfalls dann aufrechterhalten, wenn man individualistische Elemente bei der Bestimmung des Normzwecks der Notwehr bzw. Nothilfe völlig außer Acht lässt und argumentiert, dass eine Maßnahme, die selbst der Staat nicht zum Schutz eines Rechtsguts ergreifen würde, nicht der Bewährung der Rechtsordnung dienen könne. Selbst dieses Argument hat aber keine große Durchschlagskraft, weil in einer freiheitlichen Rechtsordnung nicht gesagt ist, dass ein Rechtsgut nur dann der Bewährung würdig ist, wenn seine Verteidigung in einer bestimmten Situation dem Staat übertragen ist. Vielmehr kann es gute Gründe geben, dem Staat auf Grund der mit seiner Machtfülle einhergehenden Gefahren bestimmte Verteidigungsmaßnahmen zu versagen, die die Rechtsordnung dem Einzelnen aber zugesteht. Es ist (nicht nur) deshalb jenen zuzustimmen, die auch für solche Verteidigungsmaßnahmen eine Rechtfertigung durch § 32 StGB eröffnen, die staatliche Hoheitsträger in derselben Situation nicht vornehmen dürften.[50] Das muss jedenfalls für Maßnahmen gelten, die dem Staat nicht (wie die Folter) *per se*,[51] sondern nur in bestimmten Situationen verboten sind. Da die hier in Rede stehenden digitalen Grundrechtseingriffe dem Staat in den gesetzlich vorgesehenen Situationen erlaubt sind, lässt sich eine Einschränkung des Notwehr- bzw. Nothilferechts also weder aus den Schranken von § 100b StPO (und vergleichbaren Eingriffsnormen) noch aus ihrem besonderen Tabu-Charakter ableiten.

cc) Gebotenheit

Soweit in Fällen der Notwehr gegen Erpressungen generell Einschränkungen des zur Verfügung stehenden Abwehrinstrumentariums diskutiert werden, bezieht sich diese Diskussion stets auf die Frage, inwieweit Gewalt gegen den Erpresser ausgeübt werden darf,[52] und steht den hier diskutierten digitalen Verteidigungsmaßnahmen nicht im Wege.

---

49 *Engländer* (Fn. 21), S. 331 ff.

50 Matt/Renzikowski/*Engländer* (Fn. 21), § 32 Rn. 59; *ders.* (Fn. 21), S. 331 ff.; *Erb* (Fn. 45), S. 181 ff.

51 Eine solche Differenzierung könnte man bspw. den Ausführungen von SSW-StGB/*Rosenau*, 5. Aufl. (2020), § 32 Rn. 28 entnehmen.

52 Vgl. etwa SSW-StGB/*Rosenau* (Fn. 53), § 32 Rn. 47.

3. *Rechtfertigung nach § 34 StGB*

Anders als bei § 32 StGB kann auf Grundlage eines Notstands gem. § 34 StGB auch die Abwehr einer *sog. Dauergefahr* legitimiert sein.[53] Voraussetzung hierfür ist, dass sich für einen objektiven Beobachter *ex ante* eine Bedrohung für ein Individual- oder Kollektivrechtsgut ergibt, die jederzeit in eine Verletzung umschlagen kann. Dies kann bei Hackerangriffen von Bedeutung sein, die nicht mit einer Erpressung und folglich nicht mit einem persistenten gegenwärtigen Angriff iSv § 32 StGB verknüpft sind. Der bloße Umstand, dass ein Angriff erfolgt ist, rechtfertigt dabei für sich genommen allerdings nicht die Annahme, der Angriff könnte sich jederzeit wiederholen, wenn dies nicht durch konkrete Anhaltspunkte indiziert ist. Selbst wenn eine Dauergefahr vorliegt (zB weil ein Angreifer sich bereits *wiederholt* Zugriff auf ein System verschafft hat) wäre ein „Hack-back" zur Identifizierung des Angreifers allerdings nur erforderlich, wenn sich die Gefahr nicht durch mildere Mittel abwehren ließe. Ein solches milderes Mittel wird jedoch oftmals darin liegen, die vom Angreifer ausgenutzte Schwachstelle zu schließen. Sie – wie im Beispielfall – gezielt offenzulassen, um den Angreifer in eine Falle zu locken, wird dagegen regelmäßig nicht von § 34 StGB gedeckt sein. Etwas anderes gilt jedoch, wenn sich der Angriffsvektor nicht mit zumutbarem Aufwand ermitteln lässt oder Tatsachen die Annahme rechtfertigen, dass der Angreifer jederzeit eine andere Zugangsmöglichkeit finden wird (zB weil es Indizien dafür gibt, dass er oder sie Gehilfen im Unternehmen hat, die die dafür nötigen Zugangsmöglichkeiten jederzeit schaffen könnten). Für die Einschaltung von Polizei und Justiz gilt dann das unter II. 2. c) bb) (S. 27 ff.) Ausgeführte entsprechend.

Soweit nach den vorstehenden Grundsätzen eine gegenwärtige Gefahr gegeben und die Erforderlichkeitsschwelle überwunden ist, wird das *Verhältnismäßigkeitserfordernis des § 34 StGB* einem identifizierenden „Hack-back" regelmäßig nicht entgegenstehen, weil das Interesse, das angegriffene System vor der Dauergefahr rechtswidrigen Zugriffs zu schützen, die nur geringfügig betroffenen Interessen etwaiger beim „Hack-back" involvierter Unbeteiligter (insbesondere: Systemintegrität von als Bot-Net-Klienten vom Angreifer tarnungshalber eingeschalteten Computern, deren Eigentümer vom Missbrauch ihrer Systeme nichts wissen) überwiegt. Der Schaden für den Angreifer (Beeinträchtigung des Persönlichkeitsrechts

---

53 BGH NJW 1979, 2054 – „Spannerfall"; Matt/Renzikowski/*Engländer* (Fn. 21), § 32 Rn. 15 mwN; speziell für den hiesigen Kontext s. ferner *Koch* (Fn. 15), S. 209 f.

durch Offenlegung personenbezogener Daten; Eingriff in die Integrität seines IT-Systems) steht jedenfalls nicht außer Verhältnis zum Verteidigungsinteresse, womit der Verhältnismäßigkeit in dieser Konstellation genügt ist (Rechtsgedanke des § 228 BGB).[54]

4. Rechtfertigung nach § 229 BGB

Auch ohne einen gegenwärtigen Angriff oder eine nicht anders abwehrbare Dauergefahr für das angegriffene System kann ein „Hack-back", der der Identifizierung eines Angreifers dient, gem. § 229 BGB im Wege der Selbsthilfe gerechtfertigt sein, wenn das angegriffene Unternehmen durch den Angreifer Schäden erlitten hat, die ihm einen zivilrechtlichen Ersatzanspruch gegen den Angreifer verschaffen.[55] Denn zwar ist anerkannt, dass § 229 BGB keine Maßnahmen rechtfertigt, mit denen ein Anspruchsinhaber lediglich seine Beweisnot lindern will.[56] Selbsthilfe, die der Identifizierung eines möglichen Schadensverursachers dient, hat der BGH jedoch als vom Selbsthilferecht umfasst angesehen.[57] Streiten kann man dann allenfalls darüber, ob das Eindringen in ein IT-System auf digitalem Wege sich unter die vom Wortlaut des § 229 BGB erfassten Handlungen des „Wegnehmens, Zerstörens oder Beschädigens einer Sache" fassen lässt. Nimmt man dies an, so ist weiter zu beachten, dass Selbsthilfe auch im Rahmen von § 229 BGB subsidiär zu einem obrigkeitlichen Einschreiten ist[58] – insofern sei auf die Ausführungen zu II. 2. c) bb) (S. 27 ff.) verwiesen.

---

54 Vgl. *Koch* (Fn. 15), S. 212 ff.

55 Näher zum Anspruchsbegriff des § 229 BGB MüKo-BGB/*Grothe*, Bd. I, 8. Aufl. (2018), § 229 Rn. 3 und Gsell/Krüger/Lorenz/Reymann/*Rövekamp*, beck-online-GROSSKOMMENTAR BGB, Stand: 01.03.2021, § 229 Rn. 13 ff. – jew. mwN.

56 BGHSt 17, 328, 330 f.; Gsell/Krüger/Lorenz/Reymann/*Rövekamp* (Fn. 55), § 229 Rn. 33.

57 BGH NStZ 2021, 144 am Beispiel der Wegnahme eines Mobiltelefons, mit dessen Hilfe die Identität des Täters einer Sachbeschädigung ermittelt werden sollte.

58 MüKo-BGB/*Grothe* (Fn. 55), § 229 Rn. 4; Gsell/Krüger/Lorenz/Reymann/*Rövekamp* (Fn. 55), § 229 Rn. 27 ff.

III. Rechtmäßigkeit digitaler Trutzwehr

Nachdem bisher Maßnahmen diskutiert wurden, die der Identifikation des Angreifers dienen, ist der Blick nun auf „Hack-backs" zu richten, die sich unmittelbar gegen die angreifenden Systeme richten und diese auszuschalten versuchen. Die dabei eingesetzten Methoden können vielfältig sein und reichen von einer simplen DDoS-Attacke, um die angreifenden Systeme oder Teile davon (zB den Bot-Net-Controller im Falle eines Bot-Net-Angriffes) lahmzulegen, bis hin zum Einschleusen von Software in die angreifenden Systeme, um die Kontrolle über diese zu übernehmen oder – wenn es sich um Bot-Net-Agenten handelt – diese durch einen Patch von der Kontrolle durch den Angreifer zu befreien.[59]

Digitale Trutzwehr-Maßnahmen dieser Art können dasselbe Spektrum an Straftatbeständen erfüllen, wie es bereits unter II. 1. (S. 21 ff.) dargelegt wurde, wobei dem Tatbestand der Computersabotage (§ 303b StGB) hier eine Schlüsselrolle zukommen wird. Mit Blick auf eine mögliche Rechtfertigung ist zu differenzieren:

Wenn der Gegenangriff sich ausschließlich gegen Computersysteme des Angreifers richtet, kann er im Normalfall nach § 32 StGB gerechtfertigt werden, solange er sich gegen einen laufenden Angriff (zB eine DDoS-Attacke oder einen unautorisierten Datenabfluss) richtet.[60] Die für identifizierende „Hack-backs" diskutierten Probleme *sub specie* Erforderlichkeit der Notwehr/-hilfe-Maßnahme stellen sich insofern zumeist nicht, da ein Fall der digitalen Augenblicksgefahr für die Rechtsgüter des Angegriffenen vorliegt, bei der staatliche Hilfe nicht rechtzeitig wird eintreffen können und ein simples Abschalten des Systems dem Angegriffenen als Ausweichmaßnahme nicht zuzumuten ist. Auch für sozialethische Einschränkungen des Notwehr-/Nothilferechts wird im Normalfall kein Raum sein.

Schwieriger zu beurteilen ist der Fall, wenn durch die digitale Trutzwehr auch die Systeme unwissender Dritter in Mitleidenschaft gezogen werden, die im Zuge einer Bot-Net-Attacke vom Angreifer missbraucht werden. Da Notwehr und Nothilfe sich ausschließlich gegen die Rechtsgüter des Angreifers richten dürfen, könnte ein Rückgriff auf § 32 StGB hier gesperrt sein, es sei denn, man ordnet die infizierten Systeme gar nicht mehr ihren ursprünglichen Betreibern, sondern dem kontrollierenden An-

59 Vgl. für Beispiele *Beale/Berris*, in: Hilgendorf/Feldle (Hrsg.), Digitization and the Law, 2018, S. 21, 39.

60 Gleichsinnig aus Sicht des insofern vergleichbar gelagerten schweizerischen Strafrechts *Stevens* (Fn. 4), S. 317, 322.

greifer zu. Selbst wenn § 32 StGB nicht zur Anwendung kommen soll, läge aber jedenfalls ein Defensivnotstand vor, der den Gegenangriff nach § 34 StGB (iVm dem Rechtsgedanken aus § 228 BGB) im Regelfall erlauben dürfte, da der Schaden für die Rechtsgüter des unwissenden Dritten (nach den eingangs genannten Beispielen etwa: eingeschränkte Möglichkeit, für die Dauer eines DDoS-Gegenangriffs, den eigenen Computer zu nutzen; Eingriff in die Systemintegrität durch Aufspielen eines Patch, der das System vom Zugriff durch den Bot-Netzbetreiber befreit) zumeist nicht außer Verhältnis zur Gefahr für den Angegriffenen stehen dürfte. Bei schwereren Schäden für die Dritten kann dies im Einzelfall aber auch anders sein.[61]

IV. Fazit

Private Selbstverteidigungsmaßnahmen gegen Hackerangriffe sind in vielen Fällen durch strafrechtliche Rechtfertigungsgründe legitimiert. Für „Hack-backs", die auf die Identifikation eines Angreifers gerichtet sind, lässt sich dies jedenfalls aus dem Selbsthilferecht des § 229 BGB ableiten, soweit dem Angegriffenen ein zivilrechtlicher Ersatzanspruch gegen den Angreifer zusteht. Droht dem angegriffenen System dauerhaft die Gefahr weiterer Angriffe durch denselben Angreifer (zB weil die vom Angreifer wiederholt genutzte Sicherheitslücke sich nicht mit zumutbarem Aufwand schließen lässt), kann ein solcher identifizierender Angriff auch nach § 34 StGB gerechtfertigt werden. Wenn ein Hackerangriff mit einer Erpressung einhergeht, kann der damit verbundene dauerhafte Angriff auf die Willensentschließungsfreiheit des Erpressten nach herrschender Meinung auch einen „Hack-back" als Notwehr- bzw. Nothilfemaßnahme gem. § 32 StGB rechtfertigen.

Neben Gegenangriffen, die der Identifizierung des Angreifers dienen, können auch „Hack-backs", die die Systeme des Angreifers unschädlich machen sollen, gerechtfertigt sein. Bei laufenden Angriffen (etwa einer DDoS-Attacke) ist ein entsprechender Eingriff in die Rechtsgüter des Angreifers durch § 32 StGB gerechtfertigt. Soweit auch am Angriff unbeteiligte Dritte durch den „Hack-back" zu Schaden kommen, kann dies – wenn die Schäden sich in Grenzen halten – durch § 34 StGB (iVm § 228 BGB) gerechtfertigt sein.

Zu betonen ist, dass all dies nur für die Bewertung durch die deutsche Rechtsordnung gilt. Befinden sich die durch einen „Hack-back" be-

---

61 Ähnlich wie hier *Stevens* (Fn. 4), S. 317, 323.

einträchtigten IT-Systeme außerhalb Deutschlands und/oder geht die Maßnahme zu Lasten ausländischer Staatsangehöriger, kann der Sachverhalt zusätzlich dem Anwendungsbereich einer oder mehrerer ausländischer Strafrechtsordnungen unterfallen, die möglicherweise eine abweichende Wertung treffen. Auch dies wird in der Praxis bei der Einschätzung der strafrechtlichen Risiken eines „Hack-back" zu berücksichtigen sein.

Internetverbot – Neue Freiheiten, neue Sanktionen?

Jan Rennicke

I. Einleitung

Eine Sanktion, so die Arbeitsdefinition des Verfassers, ist der Entzug von Freiheiten des Einzelnen als Reaktion auf den Missbrauch von Freiheiten durch den Einzelnen. Offenkundig ist dies bei der Freiheitsstrafe und den stationären Maßregeln, die unmittelbar die Bewegungsfreiheit betreffen, aber auch die Geldstrafe, das Fahrverbot und die ambulanten Maßregeln beschränken spezifische Freiheiten: die ökonomische Freiheit, die Freiheit zur Teilnahme am motorisierten Straßenverkehr oder schlicht Teile der allgemeinen Handlungsfreiheit. Das Internet und die in ihm entstandene digitale Welt haben einen neuen Raum ökonomischer und sozialer Freiheiten geschaffen. Dabei handelt es sich um Freiheiten, die neben zahllosen legitimen Zwecken auch zur Begehung von Straftaten missbraucht werden können.

Dabei kann es sich einerseits um Formen der Straftatbegehung handeln, die ebenso offline denkbar sind, deren Schädigungspotenzial jedoch durch das Internet als Tatmittel potenziert wird. So haben Handelsplattformen wie Ebay zu einer ungeahnten Menge von Geschäften unter Verbrauchern geführt, die so zuvor allenfalls über Zeitungsannoncen angebahnt werden konnten, und auch im Verhältnis von Unternehmer und Verbraucher spielt der Onlineversandhandel eine gewichtige Rolle. Vor diesem Hintergrund überrascht es wenig, dass über die Hälfte der vom Bundeskriminalamt registrierten Straftaten, die mit dem Tatmittel Internet begangen werden, Fälle von Warenbetrug oder Warenkreditbetrug sind.[1] Auch die Begehung diverser Äußerungs- und Propagandadelikte – Beleidigung und übler Nachrede, Bedrohung, Volksverhetzung und anderer – wird durch die Möglichkeiten des Internets erheblich vereinfacht. In den sozialen Netzwerken treffen die Täter auf einen großen Adressatenkreis, können

1 Polizeiliche Kriminalstatistik 2019, Grundtabelle Tatmittel Internet, Schlüssel 511000. Abrufbar unter https://www.bka.de/DE/AktuelleInformationen/StatistikenLagebilder/PolizeilicheKriminalstatistik/PKS2019/PKSTabellen/BundFalltabellen/bundfalltabellen.html.

sich leicht mit Gleichgesinnten vernetzen und dabei oft anonym bleiben. Das Gleiche gilt für die Verbreitung oder den Erwerb von Kinderpornographie, die im sog. Darknet per Mausklick ausgetauscht werden kann, ohne dass die Täter ihre Identität preisgeben müssen.

Andere Formen der Straftatbegehung sind überhaupt erst durch das Internet möglich geworden. Das betrifft in erster Linie natürlich solche Straftaten, die sich unmittelbar gegen informationstechnische Systeme richten (z.B. §§ 202a, 303a f. StGB) und zwar nicht zwingend, aber doch in aller Regel über das Internet begangen werden. Andererseits haben sich durch das Internet auch neue Formen „klassischer" Straftaten entwickelt, wie etwa die Erpressung durch sog. Ransomware, bei welcher der Computer des Opfers durch einen Computervirus verschlüsselt und so faktisch gesperrt wird und der Täter verspricht, diese Sperrung gegen Zahlung eines Geldbetrags wieder aufzuheben.

Können die vom Internet geschaffenen Freiheiten also, wie diese wenigen Beispiele aus dem Füllhorn der Internetkriminalität belegen, zur Begehung von Straftaten missbraucht werden, so lässt sich überlegen, ob es (verfassungs-)rechtlich möglich und rechtspolitisch sinnvoll ist, diese Freiheiten zu Sanktionszwecken zu entziehen. Aufgeworfen ist damit einerseits die Frage, ob und in welchem Umfang das Strafrecht schon de lege lata als Sanktion die Nutzung des Internets beschränken oder verbieten kann. De lege ferenda soll andererseits geklärt werden, ob und in welcher Form ein Verbot der Internetnutzung das strafrechtliche Sanktionensystem sinnvoll ergänzen kann.

II. Internetverbot de lege lata

1. Das Internetverbot als Weisung

Obwohl das Internetverbot bislang nicht als eigenständige Sanktion normiert ist, verhängen die Strafgerichte bereits gelegentlich Internetverbote als Bewährungsweisungen i.S.d. § 56c Abs. 1 StGB.[2] Beispielhaft sei hier ein derartiges Verbot aus der Rechtsprechung des OLG Hamm geschildert:[3]

Der Verurteilte wurde wegen der Verbreitung kinderpornographischer Schriften (§ 184 b StGB) zu einer Gesamtfreiheitsstrafe von zwei Jahren

2 Siehe OLG Frankfurt a.M., NStZ-RR 2010, 389; OLG Hamm NJW 2016, 582.
3 OLG Hamm NJW 2016, 582.

und sechs Monaten verurteilt. Diese Strafe wurde nach zwei Dritteln gem. § 57 Abs. 1 StGB zur Bewährung ausgesetzt, wobei dem Verurteilten mehrere Weisungen auferlegt wurden. Eine davon lautete wörtlich: „Dem Verurteilten wird darüber hinaus untersagt, einen Internetanschluss zu betreiben oder in sonstiger Weise vorzuhalten und zu nutzen." Mit anderen Worten: Dem Verurteilten wurde ein totales Internetverbot auferlegt, dass sich gerade nicht nur auf den Betrieb eines eigenen Internetanschlusses beschränkt, sondern jede Nutzung untersagt. Die Weisung wurde später dahingehend geändert, dass dem Verurteilten die Nutzung des Internets im Rahmen einer Umschulung in den Räumlichkeiten des Anbieters dieser Umschulung gestattet wurde.

Ob eine solche Weisung – wie das OLG Hamm meint – auf Grundlage des § 56c Abs. 1 StGB zulässig ist, scheint erörterungsbedürftig.

Weisungen haben nach § 56c Abs. 1 S. 1 StGB den Zweck, dem Verurteilten dabei zu helfen, keine Straftaten mehr zu begehen. Ihre Zielsetzung ist demnach – anders als bei den auf Genugtuung gerichteten Auflagen nach § 56b StGB – rein positiv spezialpräventiv bestimmt.[4] Ihre Anordnung zu anderen Zwecken als der Resozialisierung, insbesondere zu reinen Vergeltungszwecken, ist daher unzulässig.[5] Die Verhängung eines Internetverbots ist über § 56c StGB also nicht zur Strafe möglich, sondern nur dann, wenn auf diese Weise die Legalbewährung des Verurteilten gefördert wird. Diese Voraussetzung hat das OLG Hamm im Ausgangsbeispiel ohne nähere Begründung unter Hinweis auf die vom Verurteilten begangenen Taten bejaht.[6] Das dürfte zutreffend sein: Kinderpornographische Schriften werden heute regelmäßig über das Internet ausgetauscht, so auch von dem betroffenen Verurteilten. Wenn verhindert wird, dass der Verurteilte in der Bewährungszeit Zugang zum Internet erhält, wird ihm damit nicht nur das Tatmittel genommen, sondern auch die Tatgelegenheit und womöglich sogar der situative Anreiz zur Tatbegehung. Der Entscheidung ist aus dem Schrifttum entgegengehalten worden, dass eine weniger umfassende Weisung ausreichend gewesen wäre und das konkrete Internetverbot daher nicht erforderlich war.[7] Hiernach hätte es angesichts der vom Verurteilten begangenen Tat genügt, ihn durch technische Sper-

---

4 Matt/Renzikowski-StGB/*Bußmann*, Strafgesetzbuch, 2. Aufl. (2020), § 56c Rn. 1; Handkommentar Gesamtes Strafrecht/*Braasch*, 4. Aufl. (2017), § 56c Rn. 1; NK-StGB/*Ostendorf*, 5. Aufl. (2017), § 56c Rn. 1.

5 OLG München NStZ 1985, 411 (412); NStZ 1987, 24 (25); NK-StGB/*Ostendorf* (Fn. 4), § 56c Rn. 1.

6 OLG Hamm 2016, 582 (583) Rn. 19.

7 *Cornelius*, NJW 2016, 583, 584.

ren daran zu hindern, Dateien hochzuladen oder ihm zwar den Betrieb eines eigenen Anschlusses zu verbieten, jedoch die Nutzung öffentlicher Internetzugänge, etwa in Bibliotheken, weiterhin zu gestatten.

Ob solche milderen Mittel tatsächlich ausreichend sind, hängt vom Einzelfall ab, dürfte aber regelmäßig zweifelhaft sein. Auch in öffentlichen Einrichtungen wäre es dem Verurteilten durchaus möglich, Kinderpornographie zu verbreiten. Einerseits findet hier keine durchgängige Kontrolle der Nutzeraktivitäten statt. Andererseits kann der Upload von Dateien erfolgen, ohne diese zuvor öffnen zu müssen, sodass umstehende Personen nicht wahrnehmen könnten, welches Material hochgeladen wird. Daher wäre eine solche Weisung weniger gut zur Prävention geeignet, als das vollständige Internetverbot.

Bei der Verwendung technischer Sperren ist bereits fraglich, ob und wie diese implementiert werden können, um eine Umgehung zu verhindern. Jedenfalls würden solche Sperren aber nicht verhindern, dass der Verurteilte sich kinderpornographisches Material herunterlädt oder abruft, was ebenfalls nach § 184b Abs. 3 StGB strafbar wäre. Daher sind auch die vorgeschlagenen technischen Maßnahmen jedenfalls nicht in gleicher Weise zur Verhinderung weiterer Straftaten geeignet, wie ein vollständiges Internetverbot.

2. *Das Internetverbot als grundrechtswesentliche Entscheidung*

Während die Zwecksetzung des Internetverbots also im konkreten Fall seine Verhängung als Bewährungsweisung zulässt, fragt sich, ob es auch seiner Intensität nach auf § 56c StGB gestützt werden kann. Dass das Internetverbot in den Katalogen von § 56c Abs. 2 und Abs. 3 keine Erwähnung findet, steht der Rechtmäßigkeit seiner Anordnung dabei jedenfalls nicht pauschal entgegen: Die Formulierung „namentlich“ in § 56c Abs. 2 StGB macht deutlich, dass die folgende Aufzählung nicht abschließend ist und § 56c Abs. 1 StGB als Generalklausel für weitere unbenannte Weisungen dienen kann.[8] Insoweit besteht durchaus Raum für justizielle Kreativität. Zu überdenken ist jedoch, ob eine solche Generalklausel in Anbetracht der Wesentlichkeitstheorie des BVerfG als Ermächtigungsgrundlage eines Internetverbots genügen kann. Hiernach ist der Gesetzgeber verpflichtet, „in grundlegenden normativen Bereichen, zumal im Bereich der Grund-

8 MüKo-StGB/*Groß/Kett-Straub*, Bd. 2, 4. Aufl. (2020), § 56c Rn. 14.

rechtsausübung [...] alle wesentlichen Entscheidungen selbst zu treffen."[9] Nach diesem Grundsatz bestimmt sich nicht nur, ob überhaupt eine gesetzliche Grundlage für staatliches Handeln erforderlich ist – die ja mit § 56c Abs. 1 StGB gegeben wäre –, sondern auch, wie detailliert eine solche Regelung ausfallen muss. Insofern wird teilweise vertreten, dass Grundrechtseingriffe nur durch solche Weisungen zulässig sind, die in den Abs. 2 und 3 ausdrücklich genannt sind.[10] Konsequent durchgehalten würde diese Ansicht freilich dazu führen, dass auf § 56c Abs. 1 StGB allein überhaupt keine Weisungen gestützt werden könnten, weil jedes staatliche Ver- oder Gebot wenigstens einen Eingriff in die allgemeine Handlungsfreiheit des Art. 2 Abs. 1 GG bedeutet. Daher nehmen die Vertreter dieser Ansicht Art. 2 Abs. 1 GG ausdrücklich aus und halten Eingriffe (nur) in die allgemeine Handlungsfreiheit aufgrund der Generalklausel für möglich.[11] Eine solche schematische Unterscheidung zwischen Art. 2 Abs. 1 GG und allen anderen Grundrechten ist der Grundrechtsdogmatik allerdings fremd. Die Tatsache, dass die allgemeine Handlungsfreiheit ein Auffanggrundrecht darstellt, ändert nichts daran, dass es sich um ein vollwertiges Grundrecht handelt. Beschränkungen dieses Grundrechts unterliegen damit den allgemeinen Rechtfertigungsanforderungen für Grundrechtseingriffe.[12] Damit gilt auch an dieser Stelle grundsätzlich der Wesentlichkeitsvorbehalt. Auf der anderen Seite können (vor allem leichte) Eingriffe in spezielle Grundrechte durchaus auch auf Generalklauseln gestützt werden. Entscheidend dafür, ob der parlamentarische Gesetzgeber eine spezielle Ermächtigungsgrundlage schaffen muss, ist also nicht das betroffene Grundrecht per se, sondern ob mit Blick auf dieses Grundrecht eine wesentliche Entscheidung im Sinne der Wesentlichkeitstheorie getroffen wird. Maßgeblich für die Frage, ob ein Internetverbot auf § 56c StGB gestützt werden kann, ist also, ob es sich hierbei um eine wesentliche Entscheidung handelt. Wann eine Entscheidung wesentlich ist, kann man nicht allgemein, sondern nur anhand des konkreten Falles bestimmen.[13] Immerhin bieten die Kasuistik

9 Ständige Rechtsprechung, siehe etwa BVerfGE 49, 89 (126); 61, 260 (275). Vgl. auch v. Mangoldt/Klein/Starck-GG/*Sommermann*, 7. Aufl. (2018), Art. 20 Rn. 273 ff.; *Kalscheuer/Jacobsen*, DÖV 2018, 523 (524).

10 Schönke/Schröder/*Kinzig*, 30. Aufl. (2019), § 56c Rn. 8; Lackner/Kühl/*Heger*, 29. Aufl. (2018), § 56c Rn. 2; HK-GS/*Braasch* (Fn. 4), § 56c Rn. 4.

11 Schönke/Schröder/*Kinzig* (Fn. 8), Rn. 8; Lackner/Kühl/*Heger* (Fn. 8), Rn. 8; HK-GS/*Braasch* (Fn. 8), Rn. 4.

12 Vgl. BeckOK-GG/*Lang*, 45. Ed. (2020), Art. 2 Rn. 25.

13 Maunz/Dürig/*Grzeszick*, 92. EL. (2020), Art. 20 Rn. 107; *Kalscheuer/Jacobsen*, DÖV 2018, 523 (524).

des BVerfG und die verfassungsrechtliche Literatur einige Kriterien für die Bestimmung der Wesentlichkeit, die hier kurz darzustellen sind:

Der wohl bedeutsamste Faktor ist die Intensität des Grundrechtseingriffs. Je schwerer der Eingriff wiegt, desto eher muss der parlamentarische Gesetzgeber selbst tätig werden und desto genauer muss die formell-gesetzliche Ermächtigungsgrundlage gefasst sein.[14] Darüber hinaus sollen unmittelbare und finale Grundrechtseingriffe eher eine konkrete Ermächtigungsgrundlage benötigen als bloß mittelbar-faktische.[15] Daneben kommt es auch auf die „Regelungsfähigkeit" des Gegenstands an.[16] Das bedeutet, dass der Grad der erforderlichen Konkretisierung einer Regelung auch davon abhängt, inwieweit der Regelungsgegenstand einer präzisen begrifflichen Umschreibung überhaupt zugänglich ist.[17]

Gegen das Erfordernis einer formell-gesetzlichen Regelung kann vor allem ein Bedürfnis nach Flexibilität angesichts neuer oder sich schnell verändernder Sachverhalte sprechen.[18] Eine legislatorische Antwort käme hier regelmäßig zu spät, sodass den anderen Gewalten ein größerer Freiraum eröffnet werden muss. Der Staat muss in der Lage sein, auch auf neue bzw. nicht erwartbare Bedrohungen effektiv zu reagieren. Aus einer ähnlichen Erwägung heraus könnten auch dort geringere Anforderungen an die Konkretisierung eines formellen Gesetzes zu stellen sein, wo eine umfassende und detaillierte Regelung auf der hohen staatlichen Ebene des parlamentarischen Gesetzgebers der Materie nicht angemessen ist. Das könnte insbesondere dort der Fall sein, wo sich bestimmte Probleme nur regional oder zwischen verschiedenen Regionen unterschiedlich stellen und es daher sinnvoller ist, der lokalen Entscheidungsebene größere Spielräume zu gewähren.

Unter Anwendung dieser Kriterien wird man die Verhängung eines Internetverbots heute als wesentlich bezeichnen müssen. Das Internet ist für weite Teile der Bevölkerung zum essenziellen Lebensbestandteil geworden. Diese Entwicklung wurde auch von der höchstrichterlichen Rechtsprechung im Zivilrecht anerkannt: Der BGH erklärte die Möglichkeit der Internetnutzung für zentral für die eigenwirtschaftliche Lebenshaltung.[19]

---

14 Siehe nur BVerfGE 56, 1 (13); 120, 378 (408); Dreier-GG/*Schulze-Fielitz*, Bd. 2, 3. Aufl. (2015), Art. 20 Rn. 135.

15 *Kalscheuer/Jacobsen*, DÖV 2018, 523 (526).

16 Dreier-GG/*Schulze-Fielitz* (Fn. 11), Art. 20 Rn. 135.

17 BVerfGE 56, 1 (13); 105, 279 (304).

18 Maunz/Dürig/*Grzeszick* (Fn. 10), Art. 20 Rn. 107; *Kalscheuer/Jacobsen*, DÖV 2018, 523 (526).

19 BGH NJW 2013, 1072 (1074).

Indem er bei einem Ausfall der Internetverbindung einen Anspruch auf Ersatz des Nutzungsausfallschadens anerkannte, stellte er den Zugang zum Internet mit anderen essentiellen Gütern des Lebens gleich, insbesondere mit Kraftfahrzeugen, Wohnraum und Telefonen.[20] Hiernach stellt der Verlust des Internetzugangs eine signifikante Verschlechterung der materiellen Grundlagen der privaten Lebensführung dar.[21]

Diese zivilistische Wertung findet ihre Entsprechung in der Grundrechtsdogmatik. Zwar gibt es kein spezifisches „Grundrecht auf Internet", ein Verbot der Internetnutzung kann jedoch einen tiefgreifenden Eingriff in verschiedene Grundrechte bedeuten. Allen voran werden die Kommunikationsgrundrechte des Art. 5 GG, insb. die Informationsfreiheit, eingeschränkt.[22] Nahe liegt zudem ein Eingriff in Art. 12 GG, wenn der Verurteilte das Internet beruflich nutzt.[23] Je nach Lage des Falls können auch weitere, weniger offensichtliche Grundrechte betroffen sein, z.B. Art. 4 GG, wenn der Verurteilte an Onlinegottesdiensten teilnehmen will. Bei vielen weiteren Aspekten der Internetnutzung – Onlinebanking, Versandhandel, Emailkommunikation – ist zumindest die allgemeine Handlungsfreiheit betroffen.[24] Diese Grundrechtseingriffe sind auch von hinreichendem Gewicht, um hinsichtlich der Verhängung eines Internetverbots von einer wesentlichen Entscheidung zu sprechen:

Zwar wird die Grundrechtsausübung durch ein Verbot der Internetnutzung regelmäßig nicht unmöglich gemacht.[25] Der Verurteilte kann sich meist noch aus anderen Quellen – Zeitungen, Fernsehen, Radio – informieren, in vielen (aber nicht in allen!) Berufen auch offline arbeiten und am Gottesdienst in der örtlichen Gemeinde teilnehmen, sofern es für seine Konfession eine solche gibt. Ein Eingriff ist allerdings nicht erst dann als wesentlich einzuordnen, wenn er die Wahrnehmung der betroffenen Grundrechte völlig ausschließt.[26] Auch ohnedies ist die den Verurteilten treffende Belastung schwer genug. Das Internet ist eine besonders leicht zugängliche und zugleich ergiebige Quelle für Informationen aller Art.

---

20 BGH NJW 2013, 1072 (1073); siehe auch die Grundsatzentscheidung des Großen Senats für Zivilsachen, NJW 1987, 50, 51.

21 BGH NJW 2013, 1072 (1074).

22 Vgl. BVerfG NJW 2012, 3423 Rn. 14.

23 Vgl. *Nicolai*, NStZ 2021, 136 (138).

24 Vgl. *Nicolai*, NStZ 2021, 136 (138).

25 So zutreffend für die Informationsfreiheit OLG Hamm NJW 2016, 582 (583).

26 Eine grundrechtswesentliche Entscheidung kann nach der Rspr. des BVerfG sogar dort vorliegen, wo noch nicht einmal ein Eingriff in Rede steht, BVerfG NJW 1979, 359 (360).

Viele Informationen sind schneller, einige sogar ausschließlich online verfügbar, so z.B. die verbindliche Version des Amtsblatts der Europäischen Union.[27] Zugleich hat sich der politische Diskurs zu einem beachtlichen Teil auf Plattformen wie Twitter oder Facebook verlagert und kann nur bei entsprechendem Zugang umfassend nachvollzogen werden. Damit wird der Verurteilte von bedeutsamen Möglichkeiten der politischen Information und daraus folgend der demokratischen und gesellschaftlichen Teilhabe ausgeschlossen. Auch sind viele Notwendigkeiten des täglichen Lebens, seien es Bankgeschäfte, Einkäufe oder auch behördliche Erledigungen einfacher und kostengünstiger online als offline zu erledigen. Dem Einzelnen diese Möglichkeiten vorzuenthalten mag nicht unzumutbar sein. Jedenfalls liegt darin aber eine Erschwerung der Lebensführung in einem Ausmaß, die für die Wesentlichkeit der Entscheidung spricht.

Als strafrechtliche Sanktion stellt das Internetverbot demnach nicht nur einen besonders intensiven Grundrechtseingriff dar, es handelt sich auch um eine finale und unmittelbar wirkende staatliche Maßnahme. Es lässt sich zudem kaum behaupten, dass die Formulierung von Voraussetzungen und Rechtsfolge eines Internetverbots derart schwierig wäre, dass man von einer fehlenden Regelungsfähigkeit dieses Gegenstands ausgehen könnte. Dass sich ein strafrechtliches Internetverbot präzise in Gesetzesform fassen lässt, wird später noch zu zeigen sein. Insgesamt spricht damit sehr viel für die Wesentlichkeit und damit für einen strengen Gesetzesvorbehalt.[28]

Diesen Argumenten kann jedenfalls heutzutage nicht mehr die Entwicklungsoffenheit des Sachverhalts oder ein besonderes Bedürfnis nach Flexibilität entgegengehalten werden. Das Internet ist, um eine doch reichlich abgedroschene Phrase zu bemühen, kein „Neuland“ mehr. Dass das Internet von der weit überwiegenden Mehrheit der Bevölkerung regelmäßig genutzt wird und dass es in diesem Zusammenhang immer wieder zu Straftaten kommt, ist seit vielen Jahren hinlänglich bekannt. Es gibt daher keinen Anlass mehr, auf eine formell-gesetzliche Grundlage zu verzichten, zumal sich ein Internetverbot im Katalog des § 56c Abs. 2 StGB problemlos so formulieren ließe, dass es als Reaktion auch auf noch unbekannte Formen der Internetkriminalität genutzt werden könnte. Der Gesetzgeber hatte hinreichend Zeit und Gelegenheit sich des Problems anzunehmen, er hat sich jedoch entschieden, dies nicht zu tun. Der Rückzug auf die einfa-

---

27 Siehe Art. 1 Abs. 2 der VO (EU) Nr. 216/2013 v. 7.3.2013. Zu diesem und anderen Beispielen auch *Cornelius*, NJW 2016, 583 (584).

28 A.A. *Krumm* ZRP 2011, 152 (153), der das Internetverbot für weniger schwerwiegend hält. Vgl. auch *Nicolai*, NStZ 2021, 136 (138), der ebenfalls keine spezielle gesetzliche Grundlage für erforderlich hält.

che Generalklausel lässt sich daher nicht mehr mit der Schnelllebigkeit der betroffenen Materie rechtfertigen. Ebenso wenig kann behauptet werden, dass das Internetverbot als Regelungsmaterie besser auf lokaler Ebene als beim parlamentarischen Gesetzgeber aufgehoben wäre. Weil es sich um eine strafrechtliche Sanktion handelt, ist die Rechtssicherheit auch vor dem Hintergrund des Art. 103 Abs. 2 GG von höchster Bedeutung.[29]

Die Verhängung eines Internetverbots ist also im Sinne der Wesentlichkeitstheorie als wesentlich zu bezeichnen und bedarf daher bezüglich ihrer genauen Voraussetzungen und Rechtsfolgen der detaillierten Regelung durch den parlamentarischen Gesetzgeber. Es kann daher, entgegen den genannten Entscheidungen einiger Oberlandesgerichte, nicht auf § 56c StGB gestützt werden. Damit ist nicht gesagt, dass ein Internetverbot auch in der Sache verfassungsrechtlich unzulässig wäre, erforderlich ist aber jedenfalls eine spezielle Ermächtigungsgrundlage.

III. Das Internetverbot als eigenständige Sanktion – eine Skizze

Bevor über das Für und Wider eines Internetverbots als eigenständige Sanktion diskutiert werden kann, ist es nützlich, sich eine Vorstellung davon zu machen, wie eine entsprechende Vorschrift ausgestaltet werden könnte. Denkbar wäre zunächst, entsprechend der obigen Ausführungen, das Internetverbot als eigenständige Weisung in § 56c Abs. 2 StGB zu vertypen. Wie gezeigt wurde, kann es durchaus geeignet sein, die Legalbewährung des Verurteilten zu unterstützen, wenn der Zugang zum Internet ihm Gelegenheit und Anreiz zur Tatbegehung bietet. Der Nachteil einer Kodifizierung als Weisung wäre allerdings, dass das Internetverbot dann nur zusammen mit einer zur Bewährung ausgesetzten Freiheitsstrafe verhängt werden könnte. Ein Nachteil liegt darin deswegen, weil das Internetverbot dann nicht genutzt werden könnte, um so frühzeitig in der kriminellen Karriere auf den Täter einzuwirken, dass Freiheitsstrafen gar nicht erst nötig werden und es bei Geldstrafen in Verbindung mit einem Internetverbot bleiben könnte. Zugleich kann das – vom Betroffenen sicherlich als zu vermeidendes Übel empfundene – Internetverbot auf diesem Wege nicht zu Sanktionszwecken eingesetzt werden, um eine schuldangemessene Strafe unterhalb des Freiheitsentzugs zu finden.

---

29 Zur Anwendbarkeit des Art. 103 Abs. 2 GG nicht nur auf Straftatbestände, sondern auch auf die Art und Weise der Rechtsfolgen vgl. BVerfGE 105, 135 (153 f.); Dreier-GG/*Schulze-Fielitz*, Bd. 3, 3. Aufl. 2018, Art. 103 Abs. 2 Rn. 24.

Beide Probleme lassen sich durch die Einführung eines Internetverbots als Nebenstrafe in Anlehnung an das bereits existierende Fahrverbot nach § 44 StGB vermeiden.[30] Ein entsprechend normiertes Internetverbot könnte wie folgt aussehen:

§ 44a StGB – Internetverbot

(1) Wird jemand wegen einer Straftat zu einer Freiheitsstrafe oder einer Geldstrafe verurteilt, so kann ihm das Gericht für die Dauer von einem Monat bis zu sechs Monaten verbieten, einen Internetanschluss zu betreiben oder in sonstiger Weise vorzuhalten oder zu nutzen. Das Gericht kann Ausnahmen vorsehen, insbesondere wenn und soweit der Täter für berufliche oder dienstliche Zwecke auf die Nutzung des Internets angewiesen ist.
(2) Ein Internetverbot soll in der Regel verhängt werden, wenn der Täter das Internet als Tatmittel verwendet hat und anzunehmen ist, dass er auch in Zukunft Straftaten im oder mittels des Internets begehen wird.
(3) Das Gericht bestimmt den Beginn der Verbotsfrist. Sie beginnt frühestens mit der Rechtskraft des Urteils. In die Verbotsfrist wird die Zeit nicht eingerechnet, in welcher der Täter auf behördliche Anordnung in einer Anstalt verwahrt worden ist.

Das Fahrverbot nach § 44 StGB wird regelmäßig als spezialpräventiv wirkende „Denkzettelstrafe" betrachtet.[31] Es soll dem Täter eindringlich vor Augen führen, dass sein Verhalten rechtswidrig war und dass ihm daraus Nachteile entstehen.[32] Daneben – insbesondere seit der Erweiterung des Anwendungsbereichs auf nichtverkehrsbezogene Straftaten – werden vom Gesetzgeber auch generalpräventive Aspekte ins Spiel gebracht, die jedoch gegenüber der Denkzettelfunktion nachrangig sind.[33]

Einen solchen „Denkzettel" könnte auch das Internetverbot darstellen. Es wäre eine unmittelbar spürbare Konsequenz rechtswidrigen Verhaltens, ohne gleich das Gewicht einer Freiheitsstrafe zu erreichen und zwingend existenzielle Folgen nach sich zu ziehen. Zusätzlich kann das Internetverbot, wie bereits im Zusammenhang mit den Bewährungsweisungen ausgeführt wurde, schon dadurch spezialpräventiv wirken, dass dem Ver-

---

30 Aus ähnlichen Gründen für die Einführung eines Internetverbots als Maßregel *Krumm*, ZRP 2011, 152 (153 f.).

31 BT-Drs. 18/12785, S. 44; MüKo-StGB/*v. Heintschel-Heinegg/Huber* (Fn. 6), § 44 Rn. 1; NK-StGB/*Böse* (Fn. 4), § 44 Rn. 4. Ähnlich auch das BVerfG NJW 1969, 1623 (1624), das von einer „Pflichtenmahnung zur künftigen Beachtung der Verkehrsregeln" spricht.

32 NK-StGB/*Böse* (Fn. 4), § 44 Rn. 4.

33 BT-Drs. 18/12785, S. 44.

urteilten für zukünftige Taten Tatmittel, Tatmöglichkeit und Tatanreiz genommen werden. Und schließlich kann das Internetverbot auch eine generalpräventive Dimension entfalten. Dabei dürfte die negative Abschreckungsfunktion eher in den Hintergrund treten. Bei Straftaten, die über das Internet und damit regelmäßig im Schutze der Anonymität begangen werden können, ist es plausibel, dass die meisten Täter davon ausgehen, ohnehin nicht verfolgt werden zu können. Dann erscheint eine Abschreckungswirkung durch eine Sanktion, von der die Täter glauben, dass diese sie ohnehin nicht treffen wird, fernliegend. Dabei handelt es sich freilich um keine Erwägung, die spezifisch das Internetverbot beträfe. Die gefühlte geringe Entdeckungswahrscheinlichkeit bei Straftaten über das Internet dürfte dazu führen, dass die Abschreckungswirkung strafrechtlicher Sanktionen in diesem Bereich generell gering ist.

Naheliegend dürfte dagegen ein positiv generalpräventiver Effekt sein: Wenn es dem Staat möglich wird, mittels des Internetverbots passgenau auf Internetkriminalität zu reagieren und diese Sanktion wirksam durchzusetzen, kann dies dem in Teilen der Bevölkerung – vielleicht nicht ganz zu Unrecht – bestehenden Eindruck entgegenwirken, das Internet sei ein rechtsfreier Raum und Cyberkriminelle seien dem Staat „immer einen Schritt voraus". So kann das Internetverbot auch als Signal dafür dienen, dass Souveränität und Strafgewalt des Rechtsstaats nicht vor dem Bildschirm enden und dass das menschliche Handeln im Digitalen dem gleichen Minimum an Verhaltensnormen unterliegt wie in der analogen Welt. Dieser Effekt kann zwar auch durch andere Sanktionen, etwa Freiheitsstrafen, als Reaktion auf Internetkriminalität erzielt werden. Mit der Einführung einer passgenauen Sanktion, die dem Täter darüber hinaus für die Zukunft sein Tatmittel nimmt, lässt sich indes noch deutlicher symbolisieren, dass der Staat bereit und fähig ist, der Internetkriminalität mit allen geeigneten Mittel entgegenzutreten. Dass dieser generalpräventive Effekt sich nur unter der Bedingung praktischer Wirksamkeit entfalten kann, also insbesondere die effektive Aufklärung von Internetkriminalität voraussetzt, versteht sich von selbst.

Die im hiesigen Entwurf nach Abs. 1 S. 2 vorgesehene Möglichkeit, Ausnahmen zu erlauben, dient in erster Linie der Wahrung der Verhältnismäßigkeit und ist an die beim Fahrverbot nach § 44 Abs. 1 S. 1 StGB bestehende Möglichkeit angelehnt, bestimmte Fahrzeuge vom Fahrverbot auszunehmen. In der gerichtlichen Praxis wird diese Möglichkeit unter anderem dazu verwendet, es dem Täter weiterhin zu ermöglichen, Fahrzeuge zu führen, die er für seine berufliche Tätigkeit benötigt.[34] Damit kann im Einzelfall der Verlust des Arbeitsplatzes und damit ein zukünftiger potenziell resozialisierungsschädlicher Faktor vermieden werden.[35] Analoges wäre auch beim Internetverbot möglich. Voraussetzung müsste aber regelmäßig sein, dass im Einzelfall kein Missbrauch des beruflich genutzten Internetanschlusses droht. Anderenfalls könnte der Zweck des Internetverbots nicht erreicht werden. Deshalb wird eine Ausnahme bei Personen, die von zu Hause arbeiten, kaum in Betracht kommen. Hier lässt sich kaum wirksam überwachen, ob das Internet tatsächlich nur für berufliche Zwecke verwendet wird. Anders kann es sich zum Beispiel in einem Großraumbüro verhalten. Hier könnte im Einzelfall bereits die soziale Überwachung durch Kollegen und Vorgesetzte die Begehung von Straftaten mittels des Internets ausschließen. Wer ständig damit rechnen muss, dass ihm jemand über die Schulter sieht, wird etwa den Download und Konsum von Kinderpornographie kaum wagen. Ob die so stattfindende soziale Kontrolle für ausreichend zu erachten ist, müsste dann letztlich anhand des konkreten Falles und der konkreten Umstände am jeweiligen Arbeitsplatz entschieden werden.

So lässt sich gewährleisten, dass das Internetverbot nicht schematische Reaktion auf jede im Internet begangene Straftat ist, sondern unter Beachtung des Einzelfalls so angewendet wird, dass es die größtmögliche Effektivität entfaltet, ohne dabei mehr zu zerstören als es erreicht.

Neben dem Internetverbot als Nebenstrafe kommt auch die Einführung einer parallelen Maßregel in Betracht, so wie auch das Fahrverbot schon jetzt von der Entziehung der Fahrerlaubnis nach §§ 69 ff. StGB flankiert wird. Diese Maßregel, die im Grunde die gleichen Rechtsfolgen wie das Internetverbot als Nebenstrafe auslösen würde, könnte dort greifen, wo weitere Straftaten mit dem Internet als Tatmittel zu erwarten sind, insbesondere bei massenhaften Onlinebetrügereien oder wiederholten Propagandadelikten in den sozialen Medien. Sie hätte ihren Anwendungsbereich vor allem bei schuldunfähigen Tätern, die nicht mit der Nebenstrafe belegt

---

34 Siehe etwa die Entscheidung BayObLG 1991, 397, der zufolge der Verurteilte weiterhin bestimmte Feuerlöschfahrzeuge führen durfte, die Entscheidung OLG Düsseldorf NZV 1994, 407, in der dem Verurteilten weiterhin erlaubt wird, landwirtschaftliche Fahrzeuge zu führen, oder die Entscheidung des AG Lüdinghausen NZV 2005, 593, in der Geldtransporter vom Fahrverbot ausgenommen werden.

35 Zu den positiven Zusammenhängen zwischen dem Bestehen eines Arbeitsplatzes und der künftigen Legalbewährung siehe etwa *Wirth*, BewHi 2003, 307 (311 f.); *Maelicke*, FS 2012, 158 (159).

werden können, aber dennoch fremde Rechtsgüter über das Internet gefährden. Durch den Entzug des Tatmittels würde diese Form der Tatbegehung für die Zukunft eingedämmt werden. Was den möglichen Zeitraum eines Internetverbots betrifft, sollte die Maßregel allerdings zurückhaltender ausgestaltet werden als es in § 69a StGB für die Entziehung der Fahrerlaubnis der Fall ist. Insbesondere sollte davon abgesehen werden, den Ausspruch eines dauerhaften Internetverbots zu ermöglichen, denn während bereits heute prognostizierbar ist, dass die Bedeutung des motorisierten Individualverkehrs gesamtgesellschaftlich perspektivisch sinken wird, ist das beim Internet gerade nicht der Fall. Die Bedeutung des Internets für den Einzelnen und die Gesellschaft steigt immer weiter und es ist durchaus denkbar, dass der Zugang zum Internet in naher Zukunft für die gesellschaftliche Teilhabe in einer Art und Weise notwendig sein wird, die heute noch nicht vorstellbar ist. Damit könnte ein heute angemessenes Internetverbot durch noch unabsehbare Veränderungen in der Zukunft leicht unangemessen werden. Die insoweit fehlende Abgeschlossenheit des Sachverhalts verbietet es, heute endgültige Entscheidungen für die Zukunft zu treffen.

IV. Diskussion

Abschließend ist nun zu klären, ob ein so ausgestaltetes Internetverbot eine sinnvolle Ergänzung des strafrechtlichen Sanktionenkatalogs darstellen würde oder ob ihm überwiegende Einwände entgegenstehen.

1. Einwände gegen ein Internetverbot

Gegen die Einführung eines Internetverbots mag zuerst das Gewicht der betroffenen Grundrechte streiten. Bereits bei der Frage der Wesentlichkeit wurde festgestellt, dass der Ausschluss vom Internet einen durchaus erheblichen Grundrechtseingriff darstellen kann. Mit der weiterhin wachsenden Bedeutung des Internets gegenüber klassischen Medien wird die Relevanz der Internetnutzung für den Einzelnen in Zukunft nur noch steigen. Das hat sich in besonderem Maße während der, zur Zeit der Niederschrift noch andauernden, Pandemie mit dem Virus SarsCov2 erwiesen. Das Internet ist in dieser Zeit für viele Menschen nicht nur zum wichtigsten Unterhaltungs- und sozialen Kommunikationsmittel geworden, sondern auch zu einem bevorzugten und teilweise notwendigen Instrument des

Arbeitens und – wo es funktioniert – des Lernens. Seine Bedeutung ist damit gerade auch für viele Menschen gestiegen, die keine „Digital Natives“ sind und bislang gut auf das Internet hätten verzichten können. Diese Entwicklung wird auch nach dem Ende der Pandemie nicht aufhören oder sich gar umkehren. Neben Wirtschaft und Zivilgesellschaft versucht auch der Staat die Digitalisierung voranzutreiben, indem etwa in öffentlicher Verwaltung und Justiz perspektivisch zur rein elektronischen Aktenführung übergegangen werden soll.[36] Damit entgeht dem Bürger, der von der Internetnutzung ausgeschlossen ist, ein besonders einfacher und effizienter Weg, mit staatlichen Stellen in Kontakt zu treten und staatliche Dienstleistungen in Anspruch zu nehmen. Ein vollständiger Ausschluss oder eine unzumutbare Erschwerung des Zugangs zu staatlichen Stellen, die sicherlich zur Unzulässigkeit eines Internetverbots führen würden, wird damit allerdings nicht einhergehen. Wenigstens auf absehbare Zeit wird es dem Einzelnen stets möglich bleiben, mit staatlichen Stellen analog in Kontakt zu treten.[37]

Die hohe und weiter zunehmende Bedeutung des Internets führt sicherlich zur Erforderlichkeit einer genauen und strengen Verhältnismäßigkeitsprüfung vor dem Ausspruch eines Internetverbots. Dabei sind vor allem die individuellen Lebensumstände zu berücksichtigen. So wird ein Internetverbot eher bei demjenigen in Betracht kommen, der das Internet vorwiegend zur Freizeitgestaltung nutzt als bei demjenigen, der für Beruf oder Ausbildung darauf angewiesen ist. In diesen Fällen ließe sich aber auch, analog zur Möglichkeit, das Fahrverbot auf bestimmte Fahrzeuge zu beschränken, das Internetverbot auf die private Nutzung beschränken und die berufliche weiterhin zuzulassen (s.o.).

Gegen die Einführung des Internetverbots als solchem kann die hohe Grundrechtsintensität aber nicht geltend gemacht werden. Wo der Gesetzgeber als Reaktion auf eine Straftat zulässigerweise Freiheitsstrafe anordnen kann, kann er erst recht ein Internetverbot vorsehen. Dieser Schluss a maiore ad minus ist ohne weiteres plausibel eingedenk des Umstands, dass auch während einer Freiheitsstrafe die Nutzung des Internets schon aus Sicherheitsgründen häufig unmöglich oder, wo er ermöglicht wird,

---

36 Im Zivilprozess beispielsweise sollen Akten ab dem 01.01.2026 ausschließlich in elektronischer Form geführt werden, § 298a Abs. 1a ZPO.

37 So sind im Zivilprozess ab dem 01.01.2022 zwar Rechtsanwälte und Behörden gem. § 130d ZPO verpflichtet, Schriftsätze als elektronisches Dokument zu versenden. Für Naturalparteien im Prozess vor dem Amtsgericht ist eine solche Pflicht dagegen nicht geplant.

sehr eingeschränkt ist.[38] Ein Internetverbot ist daher insbesondere dort verhältnismäßig, wo es in Kombination mit einer Geldstrafe eingesetzt werden kann, um eine sonst angezeigte Freiheitsstrafe zu vermeiden. Aber auch im Übrigen ist zu sehen, dass das Internetverbot dem Einzelnen noch einen weiten Freiraum der Grundrechtsausübung lässt und mit ihm wenn auch einschneidende, so doch nur partielle Beschränkungen einhergehen. Insbesondere werden weder die Meinungs-, noch die Informationsfreiheit in unzumutbarer Weise beschnitten. Es ist auch heute noch möglich, sich aus analogen Quellen umfassend zu informieren und seine Meinung in den Diskurs einzubringen. Schließlich sollte nicht unberücksichtigt bleiben, dass das Internetverbot, wenn es wie im hiesigen Vorschlag an das Fahrverbot angelehnt wird, nur von relativ geringer Dauer ist und keinen endgültigen Ausschluss von der Nutzung des Internets und der sog. neuen Medien nach sich zieht und zudem auf einem kongruenten Fehlverhalten des Betroffenen beruht. Das Internetverbot wäre daher, seine angemessene Anwendung im Einzelfall vorausgesetzt, grundsätzlich mit der Verfassung in Einklang zu bringen und insbesondere verhältnismäßig.

2. *Gründe für ein Internetverbot*

Diesem – zurückzuweisenden – Einwand der Grundrechtsintensität stehen gewichtige Gründe für die Einführung eines Internetverbots gegenüber.

Erstens würde die strafrechtliche Sanktionenpalette so an die Tatsache angepasst, dass das Internet erhebliches Potential für die Begehung von Straftaten bietet. Der Internetkriminalität könnte passgenau begegnet werden. Das ist auch aus straftheoretischer Sicht begrüßenswert. Abgesehen von den bereits erörterten spezial- und generalpräventive Effekten dürften auch Vertreter der absoluten Straftheorien ihre Ideen in einem solchen Verbot wiederfinden. Indem dem Verurteilten gerade diejenige Freiheit genommen wird, die er zum Rechtsbruch missbraucht hat, wird eine dem verwirklichten Unrecht kongruente Sanktion implementiert, durch die die Schuld des Täters im Einzelfall passgenau aufgewogen und vergolten werden kann.

Zweitens würde dem Strafrichter so eine weitere ambulante Sanktion neben Geldstrafe und Fahrverbot an die Hand gegeben, die für den Betrof-

38 Vgl. hierzu BVerfG NJW 2019, 1738 (1739, Rn. 11 f.), wonach sich ein Recht zur Internetnutzung durch Strafgefangene schon auf Grund der legitimen Sicherheitsbedenken weder aus der Verfassung noch der EMRK ableiten lasse.

fenen ein empfindliches Übel darstellt. Damit ist das Internetverbot geeignet, einem Missstand des deutschen Sanktionensystems entgegenzuwirken. Dieser Missstand besteht darin, dass das Sanktionensystem für Erwachsene nur den Zweiklang aus Geldstrafe und Freiheitsstrafe (sowie die zusätzliche Option eines Fahrverbots) kennt.[39] Während erstere bei schweren oder einer Vielzahl von Straftaten schon bald nicht mehr schuldangemessen ist und rein praktisch auch nicht von jedem Verurteilten bezahlt wird und werden kann, bindet letztere in großem Umfang staatliche Ressourcen und birgt die Gefahr resozialisierungsschädlicher Effekte.[40] Angesichts der Vielfalt von Straftaten und Straftätern ist dieses System, im Vergleich etwa zum Jugendstrafrecht, sehr grobmaschig und noch am ehesten im Rahmen der Bewährung durch Auflagen und Weisungen auf die Person des konkreten Täters zuzuschneiden. Zu diesem Zeitpunkt steht der Verurteilte aber im Grunde schon mit „einem Bein im Gefängnis", weil Verstöße auch dann zum Bewährungswiderruf gem. § 56f StGB führen können, wenn keine weitere Straftat begangen wird. Seine flexibelsten Werkzeuge zur Einwirkung auf den Täter stellt das Strafrecht also bislang erst dort zur Verfügung, wo es schon fast zu spät ist. Zur frühzeitigen Einwirkung auf kriminelle Karrieren sind diese Maßnahmen daher regelmäßig ungeeignet. Die Lücke an Reaktionsmöglichkeiten lässt sich durch den niedrigschwelligeren § 153a StPO schon deshalb nicht schließen, weil hierfür die Kooperation des Beschuldigten erforderlich ist. Natürlich kann das Internetverbot hier keine völlige Abhilfe schaffen, weil es selbst nur als Reaktion auf bestimmte Straftaten von bestimmten Straftätern sinnvoll Anwendung finden kann. Es kann die Reaktionsmöglichkeiten der Justiz aber wenigstens punktuell adäquat erweitern und so auch einen ersten Schritt für die wünschenswerte weitere Diversifikation des Sanktionensystems darstellen.

Drittens könnte die Einführung des Internetverbots eine Gerechtigkeitslücke schließen, die dadurch entstanden ist, dass das Fahrverbot als Nebenstrafe auch für solche Straftaten verhängt werden kann, die keinen besonderen Bezug zum Führen von Fahrzeugen aufweisen.

Das Fahrverbot trifft naturgemäß bestimmte Personengruppen erheblich schwerer als andere. Insbesondere Berufskraftfahrer, aber auch andere Berufsgruppen, die auf Mobilität angewiesen sind, können sich durch ein Fahrverbot in ihrer wirtschaftlichen Existenz bedroht finden. Das

39 Kritisch auch *Duttge*, in: Höffler (Hrsg.), Brauchen wir eine Reform der freiheitsentziehenden Sanktionen?, 2015, S. 111.

40 Zu den im Strafvollzug drohenden Haftdeprivationen und ihren Folgen s. *Laubenthal*, Strafvollzug, 8. Aufl (2019), Rn. 201 ff.

betrifft in besonderem Maße die ländliche Bevölkerung. Für andere Personengruppen, insbesondere aus einem städtischen Umfeld mit gut ausgebautem öffentlichem Nahverkehr, stellt das Fahrverbot demgegenüber eher eine verkraftbare Unannehmlichkeit dar, die weder als intensiver Denkzettel noch zur Verdeutlichung der Geltung der Rechtsordnung eine vergleichbare Wirkung entfalten könnte.

Plakativ ausgedrückt: Das Fahrverbot stellt für den Angestellten eines Start-Ups in Berlin, Hamburg oder München, der vielleicht sogar im Home-Office arbeitet, nicht nur eine mildere, sondern eine gänzlich andere Strafe dar als für den Lastwagenfahrer aus dem ostfriesischen Wiesmoor. Was für den einen bloß lästig ist, bedeutet für den anderen faktisch Berufsverbot und Isolation. Hierin liegt evident ein Problem der Gleichbehandlung. Es darf nicht sein, dass das Schwert des Strafrechts für einige Bevölkerungsgruppen schärfer geschliffen wird als für andere. In diese Lücke stößt das Internetverbot, wenn es auch für Straftaten verhängt werden kann, die keinen unmittelbaren Bezug zum Internet aufweisen. Es kann für Teile der urbanen Bevölkerung, die auf eine ausgeprägte Infrastruktur zurückgreifen können und für die die Netzwelt eine hervorgehobene Rolle spielt, eine ähnliche einschneidende Wirkung entfalten wie das Fahrverbot für die ländliche Bevölkerung. So wird für diejenigen Fälle, in denen auf Grund der Begehungsweise der zu ahndenden Straftat weder ein Fahrverbot noch ein Internetverbot besonders indiziert ist, gewährleistet, dass sehr unterschiedliche Bevölkerungsgruppen durch das Strafrecht ähnlich schwer belastet werden können.

Ein letzter gewichtiger Einwand könnte die schwierige Durchsetzbarkeit eines Internetverbots sein. In der Tat stellt sich die Frage: Wie soll verhindert werden, dass der Verurteilte nicht doch auf das Internet zugreift? Jedenfalls bezüglich des Vorhaltens bzw. Betreibens eines Internetanschlusses besteht bereits weitgehend eine geeignete Infrastruktur. Die Einrichtung und Nutzung eines stationären Internetanschlusses setzt ein Vertragsverhältnis mit einem Internetprovider voraus. In diesem Rahmen findet bereits jetzt eine persönliche Identifikation des Nutzers statt. Gem. § 111 Abs. 1 TKG muss der Provider dabei unter anderem Namen, Anschrift und Geburtsdatum des Anschlussinhabers aufnehmen und speichern, also alle Daten, die erforderlich sind, um Personen zu identifizieren, die einem Internetverbot unterliegen. Diese Form der Vorratsdatenspeicherung hat das BVerfG für verfassungsrechtlich unbedenklich gehalten.[41] Die mit der Vorschrift bezweckte „Verbesserung staatlicher Aufga-

41 BVerfGE 130, 151 (185 ff.).

benwahrnehmung insbesondere im Bereich der Strafverfolgung, der Gefahrenabwehr und der nachrichtendienstlichen Tätigkeiten ist ein legitimer Zweck, der einen Eingriff in das Recht auf informationelle Selbstbestimmung grundsätzlich rechtfertigen kann."[42] Dies gilt umso mehr, als auf diese Weise nur wenige Daten erhoben werden, die lediglich eine beschränkte Aussagekraft haben und für sich genommen nur die Zuordnung eines Anschlusses zu einem Anschlussinhaber ermöglichen.[43] Die so erhobenen Daten dürfen bereits jetzt für Zwecke der Strafverfolgung und der Gefahrenabwehr verwendet werden, §§ 112 Abs. 2, 113 Abs. 2 TKG. Mit Blick auf die nicht mit einem bestimmten Telekommunikationsvorgang verbundenen Bestandsdaten sind auch diese Vorschriften verfassungsrechtlich nicht zu beanstanden.[44] Allerdings rechtfertigen diese Vorschriften ausdrücklich nur die Weitergabe der Daten durch den Provider, nicht auch den Abruf durch staatliche Stellen (sog. Doppeltürmodell).[45] Um die gespeicherten Daten für die Überwachung von Internetverboten nutzbar zu machen, müsste also eine eigenständige Ermächtigungsgrundlage geschaffen werden, die Zuständigkeit und Verfahren der Überwachung bestimmt. Möglich wäre zum Beispiel die Anlage einer Sperrdatei, die die Daten der Verurteilten enthält. Durch Abgleich der Providerdaten mit dieser Sperrdatei könnte dann ein Vertragsschluss verhindert bzw. ein bestehender Vertrag ausgesetzt werden. Auf diese Weise könnte wenigstens verhindert werden, dass der Verurteilte selbst einen stationären Internetanschluss betreibt.

Ebenso verhält es sich bei der Verwendung des mobilen Internets, für das ebenfalls § 111 Abs. 1 TKG gilt. Auch beim Abschluss eines längerfristigen Mobilfunkvertrags oder der Freischaltung einer Prepaid-SIM-Karte werden die zur Identifikation Verurteilter notwendigen Daten also bereits erhoben und gespeichert. Allerdings dürfte es hier, anders als bei stationären Internetanschlüssen, praktisch noch vereinzelt Lücken im Datenbestand geben. Die Pflicht zur Datenerhebung bestand insbesondere für Prepaid-SIM-Karten noch nicht von Anfang an, sodass nicht zu jeder Prepaid-SIM-Karte Daten gespeichert wurden.[46] Eine unbedingte Pflicht zur Datennacherhebung sieht das TKG nicht vor. Neue Daten müssen vom Provider nur dann gespeichert werden, wenn ihm eine Datenänderung ohnehin be-

42 BVerfGE 130, 151 (187).

43 BVerfGE 130, 151 (189 ff.).

44 BVerfGE 130, 151 (192 ff.).

45 BVerfGE 130, 151 (185); Scheurle/Mayen/*Löwnau/Ipsen*, 3. Aufl. (2018), § 112 TKG Rn. 3; Beck'scher TKG-Kommentar/*Eckhardt*, 4. Aufl. (2013), § 112 Rn. 5 ff.

46 Beck'scher TKG-Kommentar/*Eckhardt* (Fn. 31), § 112 Rn. 2.

kannt wird, vgl. § 111 Abs. 3 TKG. Daher mag es noch einige SIM-Karten geben, zu denen keine persönlichen Daten gespeichert sind. Ihre Zahl wird jedoch mit der Zeit zusehends abnehmen. Etwas anderes mag freilich für im Ausland erworbene SIM-Karten gelten. Dennoch besteht bereits grundsätzlich eine geeignete Dateninfrastruktur, um zu verhindern, dass Verurteilte einen Internetanschluss erwerben oder weiterbetreiben.

Trotzdem bleibt den Verurteilten natürlich in vielen Konstellationen die Nutzung möglich. So können sie beispielsweise ein Internetcafé aufsuchen oder Anschlüsse von Freunden und Verwandten verwenden. Dieses Risiko wird sich mit verfassungsrechtlich möglichem und ökonomisch vertretbarem Aufwand nicht aus der Welt schaffen lassen. Eine durchgängige und absolute Überwachung von Verurteilten ist außerhalb des Strafvollzugs nicht möglich und im Rahmen einer ambulanten Sanktion auch gar nicht wünschenswert. Insoweit ist ein gewisses Vertrauen gegenüber dem Verurteilten erforderlich. Darin liegt immer das Risiko von Verstößen. So ist es auch beim Fahrverbot möglich, dass der Verurteilte sich ein fremdes Kraftfahrzeug beschafft und dem Verbot zuwiderhandelt. Wenn er nicht zufällig in eine Verkehrskontrolle gerät, wird dies im Zweifel niemandem auffallen. Das führt aber nicht dazu, dass das Fahrverbot in Gänze sinnlos wäre. Einerseits erschwert es die Ausübung des verbotenen Verhaltens dennoch erheblich, andererseits steht ein Verstoß gegen das Fahrverbot wie auch das Überlassen eines Fahrzeugs an eine unter Fahrverbot stehende Person selbst gem. § 21 Abs. 1 StVG unter Strafe. Gleiches würde bzw. müsste für ein Internetverbot gelten. Der Verurteilte könnte das Internet nicht mehr von zuhause bzw. mit dem eigenen Mobiltelefon nutzen, sondern wäre im Wesentlichen auf das Wohlwollen Dritter angewiesen. Dennoch vorkommende Verstöße sowie die Ermöglichung solcher Verstöße müssten ebenfalls sanktioniert werden, weil ein Verbot, dessen Verletzung keine Konsequenzen nach sich zieht, für tatgeneigte Personen de facto kein Verbot darstellen würde. Auf diese Weise lassen sich Umgehungen des Internetverbots zwar nicht endgültig ausschließen, aber doch so erschweren, dass das Internetverbot eine durchsetzbare Sanktion darstellt.

V. Fazit

Zusammenfassend bleibt festzuhalten, dass ein Internetverbot in Anlehnung an das bereits existente Fahrverbot eine sinnvolle Ergänzung des strafrechtlichen Sanktionenkatalogs darstellen würde. Es würde den Gerichten eine passgenaue Sanktion für Straftaten im und durch das Internet zur Verfügung stellen, die zugleich zur flexiblen Reaktion auf Kriminalität und zur Vermeidung von Freiheitsstrafen eingesetzt werden kann. Zudem könnten gewisse Gerechtigkeitslücken geschlossen werden, die im gegenwärtigen Sanktionensystem existieren. Die zu einer wirkungsvollen Durchsetzung notwendige Infrastruktur ist mit den Vorschriften des TKG zur Speicherung von Bestandsdaten bereits gegeben und müsste nur noch durch eine spezielle Ermächtigungsgrundlage nutzbar gemacht werden. Dennoch möglichen Umgehungen des Internetverbots müsste mit einer flankierenden Sanktionsnorm in Anlehnung an § 21 StVG entgegengetreten werden.

Vielversprechender Effektivitätsbooster oder problematischer Subsumtionsautomat?

Gedanken zum Einsatz künstlicher Intelligenz „auf der Richterbank“ in Strafverfahren

Stephan Christoph

Das Nachdenken über künstliche Intelligenz (KI)[1] im Strafverfahren mutet wie eine ständige Gratwanderung zwischen rechtswissenschaftlicher Analyse und Science-Fiction-Fantasterei an. Die Digitalisierung hält zunehmend Einzug in den Strafprozess[2] und gewinnt an Einfluss auf die Verfahrensrealität. Gerade im Bereich der KI sind die künftigen technologischen Entwicklungen nur schwer absehbar, so dass sich kaum voraussagen lässt, wohin die Reise in den kommenden Jahren und Jahrzehnten führen wird. Sieht man sich in anderen Rechtsordnungen um, so erkennt man allerdings, dass die Algorithmisierung des Strafprozesses keineswegs ein bloßes Hirngespinst ist.[3]

Die denkbare Entkoppelung des Rechts bzw. der Rechtsprechungstätigkeit vom Menschen wird in weiten Teilen der Literatur mit großer Skepsis betrachtet. *Rostalski* stellt bspw. fest, dass sich die Rechtsfindung nicht mit der automatischen Herstellung einer Tasse Kaffee durch einen simplen Knopfdruck vergleichen lasse. Das Recht habe vielmehr eine gesellschaftliche Bedeutung, die es verbiete, den Menschen vollständig aus dem Spiel zu nehmen.[4] *Greco* wiederum mahnt: *„Der Roboter-Richter ist gewiss nicht der erste, könnte aber möglicherweise durchaus unser letzter Schritt in eine falsche Richtung sein.“*[5]

---

1 Zum Begriff *Nink*, Justiz und Algorithmen, 2021, S. 146 f.

2 S. nur *Hoven/Kudlich* (Hrsg.), Digitalisierung und Strafverfahren, 2020.

3 Vgl. zu China *Gesk/Schmid*, in: Schweighofer u.a. (Hrsg.), Internet of Things, 2019, S. 425 ff.; *Zhu*, Advances in Economics, Business and Management Research 2019, 480 ff. (Internet Court in Hangzhou) sowie zu Estland *DAV* Stellungnahme Nr. 40/2020, S. 9.

4 *Rostalski*, in: Hoven u.a. (Hrsg.), Digitalisierung und Strafverfahren, 2020, S. 263 (276).

5 *Greco*, RW 2020, 29 (61).

Die weiteren Ausführungen werden zeigen, dass die warnenden Stimmen aus gutem Grund ertönen. Gleichwohl dürfte klar sein, dass die Errungenschaften der KI-Forschung auf Dauer nicht spurlos am deutschen Strafprozess vorübergehen werden. Es lohnt sich daher, frühzeitig über einen Einsatz intelligenter Systeme nachzudenken, denn wenn der Mensch erst einmal von einem Roboter verdrängt wurde, ist es dafür möglicherweise zu spät. Zentral für den vorliegenden Beitrag ist die Frage, ob künstliche Intelligenz überhaupt Einzug ins Strafverfahren finden sollte.[6] Dabei geht es vor allem um eine denkbare Ersetzung des Richters[7] durch eine Maschine bzw. Software, die nicht nur als bloßes Hilfsmittel zur Entscheidungsfindung fungieren, sondern auch autonome Entscheidungen treffen können sollte.

I. Vielversprechender Effektivitätsbooster…

Es gibt gute Gründe, die für den Einsatz künstlicher Intelligenz sprechen. Der Mensch, immer noch unangefochtener Herr über das Strafverfahren, kennzeichnet sich durch Eigenschaften, die der Effektivität der Strafverfolgung Grenzen ziehen. Er ist – provokativ ausgedrückt – nicht nur ein mangelhafter Entscheider, sondern er ist auch in seiner Arbeitskapazität limitiert.

Gemäß Art. 97 I GG haben Richter unabhängig und nur dem Gesetz unterworfen zu sein. Dabei ist klar, dass Unabhängigkeit nicht bedeutet, dass eine Entscheidung stets völlig losgelöst von objektiven und subjektiven Einflussfaktoren getroffen werden muss.[8] Der Richtende ist kein „Subsumtionsautomat“, bei dem eine Rechtsfrage eingeworfen und unter mechanischer Anwendung des Rechts ein (immer gleiches), von Eigenwer-

---

6 Eine abschließende Diskussion dieser komplexen Thematik kann hier nicht geleistet werden. Auch eine Auseinandersetzung mit Fragen zur konkreten Implementierung von KI-Systemen muss nachfolgenden Publikationen vorbehalten bleiben. Probleme stellen sich hier in allen Phasen des Prozesses vom Ermittlungs- und Zwischenverfahren über die Hauptverhandlung bis hin zur Strafvollstreckung. Sie berühren grundlegende Verfahrens- und Verfassungsprinzipien sowie die Stellung der Verfahrensbeteiligten im Prozessgefüge.

7 Das generische Maskulinum wird u.a. dort verwendet, wo es im Äußerungskontext nicht auf das Geschlecht einer Person ankommt. Da es vorliegend um Fragen des Einsatzes künstlicher Intelligenz im Strafverfahren geht, sind Geschlechtszuweisungen für die weiteren Ausführungen irrelevant. Daher wurde im Fortgang des Textes auf eine durchgehende gendersensible Schreibweise verzichtet.

8 Dreier/*Schulze-Fielitz*, GG, Bd. 3, 3. Aufl. (2018), Art. 97 Rn. 19.

tungen unbeeinflusstes Urteil ausgeworfen wird.[9] Das Amt des Richters wird durch die Person des Amtswalters ausgefüllt. Beide Ebenen lassen sich nicht voneinander trennen, sondern sind eng miteinander verwoben. Es wäre weltfremd, wenn man annehmen würde, der Richter könnte bei seinem Urteil die Amtsperson vom dahinterstehenden Individuum entkoppeln. Eine hermetische Abriegelung von außerrechtlichen Gesichtspunkten ist unmöglich.

Richterliche Entscheidungen menscheln und leiden an den damit verbundenen Defiziten. Das individuelle Rechtsgefühl beruht nicht ausschließlich auf richterlichem Judiz und (un-)geschriebenen Rechtssätzen. Es wird von persönlichen Wert- und Moralvorstellungen, individuellen Erfahrungen und Zielen beeinflusst, die im Rahmen eines komplexen Verarbeitungsprozesses in die Beurteilung einer rechtlichen Fragestellung einfließen.[10] Das Ergebnis dieses Prozesses wird nicht zuletzt auch vom Wissensstand des Richtenden, von der individuellen Deutung eines Sachverhalts, der Auslegung von Begriffen, kognitiven Dissonanzen oder Confirmation und Hindsight Biases, aber auch von Zufälligkeiten und Launen beeinflusst, die mit dem juristischen Fall nichts zu tun haben müssen.[11] Dass für die sanktionsrechtliche Bewertung eines strafrechtlichen Sachverhalts nicht nur rein autonom getroffene, objektive Erwägungen ausschlaggebend sind, ist empirisch belegt.[12] Gleiches dürfte – wenn auch in unterschiedlicher Ausprägung – überall dort gelten, wo Beurteilungs- und Ermessensentscheidungen Raum für subjektive Wertungen eröffnen.[13] Der

---

9 Vgl. auch *Haferkamp*, ZfPW 2016, 319 (320).

10 Vgl. zur Aktualgenese des Rechtsgefühls *Christoph*, MschrKrim 2020, 58 (62 ff.).

11 Vgl. *Nink* (Fn. 1), S. 45 ff.; *Volokh*, Duke Law Journal 2019, 1135 (1156 f., 1180 f.); *Wischmeyer*, AöR 143 (2018), 1 (59).

12 Vgl. zum sog. Ankereffekt staatsanwaltschaftlicher Sanktionsforderungen *Englich/Mussweiler*, Journal of Applied Social Psychology 2001,1535 ff.; *Englich/Mussweiler/Strack*, Law and Human Behavior 2005, 705 ff.; *dies.*, Personality and Social Psychology Bulletin 2006, 188 ff. Zum Einfluss der Staatsanwaltschaft auf die Anwendung des § 46b StGB s. *Christoph*, Der Kronzeuge im Strafgesetzbuch, 2019, S. 342 ff. Zur Bedeutung der beruflichen Sozialisierung eines Richters sowie zu Sanktionierungstraditionen, auf die regionale Unterschiede bei der Strafzumessung (vgl. etwa *Grundies*, in: Neubacher u.a. (Hrsg.), Krise – Kriminalität – Kriminologie, 2016, S. 511 ff.; *ders.*, in: Hermann u.a. (Hrsg.), Kriminalsoziologie, 2018, S. 295 ff.) zurückgeführt werden, s. *Kaspar*, Gutachten C zum 72. Deutschen Juristentag, 2018, C 18 ff. m.w.N.; *Streng*, Strafrechtliche Sanktionen, 3. Aufl. (2012), Rn. 645 ff.

13 Im Strafverfahren lässt sich bspw. auf die Beeinflussung des Richters durch den Inhalt der Ermittlungsakten verweisen. S. zum Perseveranzeffekt *Schünemann*, StV 2000, 159 ff.

Einsatz intelligenter Softwarelösungen könnte zu einer Rationalisierung und Vereinheitlichung der Rechtsprechung beitragen, da Maschinen rein mechanisch die zur Verfügung stehenden Input-Daten mithilfe mathematischer und statistischer Modelle verarbeiten, ohne bewusst oder unbewusst von persönlichen Stimmungen, Einstellungen oder Vorlieben beeinflusst zu werden.

Neben der Unfähigkeit, sich von (sachfremden) Einflüssen bei der Entscheidungsfindung gänzlich frei zu machen, hat der Mensch zudem mit der Endlichkeit seiner Kraftkapazitäten zu kämpfen. Das ist insofern misslich, als den Akteuren des Strafverfahrens einiges abverlangt wird. Dies beginnt bei Forderungen nach einer konsequenten Ahndung von Straftaten. Wo ein Strafgesetz bestehe, müsse ein Delikt auch verfolgt und abgeurteilt werden.[14] Aus dem Grundsatz „nulla poena sine lege“ folge im Umkehrschluss ein „nullum crimen sine poena“.[15] Daraus lässt sich zwar keine allumfassende Ermittlungs- und Sanktionierungsverpflichtung ableiten[16], doch wird deutlich, dass die Strafverfolgung die Regel, ein Absehen von ihr eher die Ausnahme sein soll.[17]

Sie soll zudem möglichst zügig erfolgen. Belastungen durch das Verfahren sollen – insbesondere in Haftsachen – durch die Beachtung des Beschleunigungsgrundsatzes in Grenzen gehalten werden.[18] Der Wert von Beweismitteln soll erhalten bleiben, da dieser (v.a. beim Zeugenbeweis) mit fortschreitendem Zeitablauf abnimmt, wodurch die Ermittlung der materiellen Wahrheit im Prozess erschwert wird.[19] Schließlich dient eine schnelle Erledigung der alsbaldigen Wiederherstellung des durch die Straftat gestörten Rechtsfriedens.[20]

---

14 *Erb*, Legalität und Opportunität, 1999, S. 118 f.; *Hoyer*, JZ 1994, 233 (235); *Schroeder*, in: Baumann u.a. (Hrsg.), Festschrift für Peters, S. 422. Vgl. auch BVerfGE 46, 214, 222 f.

15 Vgl. *Keiser*, GA 2009, 344 (347); *Schmidt-Jortzig*, NJW 1989, 129 (132); krit. *Weigend*, ZStW 109 (1997), 103 (103 ff.).

16 Krit. zum Bestehen einer Strafpflicht *Christoph* (Fn. 12), S. 147 ff.; s. auch *Erb* (Fn. 14), S. 120; *Weigend*, Anklagepflicht und Ermessen, 1978, S. 66.

17 Dass in der Praxis in weitem Umfang von Einstellungsvorschriften Gebrauch gemacht wird, wird nicht verkannt, vgl. *Jehle*, Strafrechtspflege in Deutschland, 7. Aufl. (2019), S. 20 ff.

18 MüKo-StPO/*Kudlich*, Bd. 1, 2014, Einl. Rn. 150.

19 BGHSt 26, 228 (232); SSW-StPO/*Beulke*, 4. Aufl. (2020), Einl. Rn. 67. Zur wahrheitssichernden Funktion s. BVerfGE 57, 250 (280); BVerfGE 122, 248 (273); BVerfG StV 2010, 113 (114).

20 Vgl. BVerfGE 122, 248 (273). Zum Ganzen *Roxin/Schünemann*, Strafprozessrecht, 29. Aufl. (2017), § 16 Rn. 3.

Effizienz, Konsequenz, Schnelligkeit und Sorgfalt: Dies sind hohe Anforderungen an eine Justiz, die am Rande ihrer Belastungsgrenze operiert[21] und sich in Zukunft mit ganz erheblichen Personal- und Nachwuchssorgen befassen muss[22]. Dies und die stets beklagten leeren Staatskassen machen den Einsatz künstlicher Intelligenz reizvoll. Entsprechende Programme könnten die Leistungsfähigkeit eines Menschenrichters in den Schatten stellen[23] und wesentliche Teile eines Strafverfahrens in nur wenigen Minuten abhandeln. Man stelle sich vor, eine Überwachungssoftware könnte Beleidigungen, Bedrohungen oder auffällige Finanztransaktionen erkennen und an eine Verfahrenssoftware melden. Diese bewertet die übermittelten Daten innerhalb weniger Sekunden rechtlich und formuliert aufgrund voreingestellter Textbausteine einen Strafbefehl oder eine Anklage. Bei entsprechenden elektronischen Lösungen könnte die Maschine sogar die automatische Zustellung veranlassen. Innerhalb weniger Augenblicke folgt so auf das Hassposting im Netz die Verhängung der Geldstrafe, die am Ende womöglich sogar direkt durch die Software vom Bankkonto des Täters eingezogen werden könnte. Die Maschine wäre Ermittler, Richter und Vollstrecker in einem. Wir wären mit einer veritablen „Dreddisierung“[24] des Strafverfahrens konfrontiert.

Für die einen mag eine solche Automatisierung des Prozesses wie eine Verheißung klingen, für die anderen wie der Albtraum vom orwellschen Überwachungsstaat anmuten. Doch warum sollte man den fehleranfälligen, begrenzt leistungsfähigen Menschenrichter dem nimmermüden, rational-mathematisch und blitzschnell agierenden Maschinenrichter vorziehen? Tatsächlich gibt es gewichtige normative Argumente, die dafür sprechen, rechtliche Entscheidungen nicht vollständig aus der Hand des Menschen zu nehmen. Bevor auf diese eingegangen wird, soll der Blick aber zunächst auf einen empirischen Aspekt gelenkt werden, der einem KI-Einsatz im Strafverfahren im Wege stehen könnte.

---

21 S. etwa *Molavi/Erbguth*, ITRB 2019, 160 (161).

22 Vgl. *Kilian*, NJW 2017, 3043 (3044 f.).

23 Zu Vorzügen des „iudex ex machina“ *Rollberg*, Algorithmen in der Justiz, 2020, S. 33 ff.; *Rostalski* (Fn. 4), S. 263 (267).

24 In Anlehnung an die Comicfigur *Judge Dredd*, in deren Welt die sog. Street Judges Polizisten, Richter und Vollstrecker in Personalunion verkörpern.

II. …oder problematischer Subsumtionsautomat?

1. Gesellschaftliche Akzeptanz maschineller Entscheider

Die friedensstiftende Funktion des Strafprozesses beruht nicht allein auf der Qualität eines Strafurteils. Das Verfahren und seine Ergebnisse müssen auch akzeptiert werden.[25] Juristische Entscheidungen können ihre volle Schlag- und Strahlkraft nicht entfalten, wenn sie in der Bevölkerung auf Misstrauen stoßen.[26] Auch wenn die normative Relevanz empirisch messbarer Bevölkerungseinstellungen umstritten ist[27], sollte man sie nach hier vertretener Ansicht jedenfalls im Rahmen rechtlich relevanter Entscheidungen zur Kenntnis nehmen und in (sowohl legislative als auch richterliche) Entscheidungsprozesse einbinden.

Mit Blick auf das KI-Verfahren ergeben sich insofern Probleme, als in der deutschen Bevölkerung die Skepsis gegenüber Algorithmen sehr ausgeprägt zu sein scheint.[28] Dies gilt in besonderem Maße, wenn es um folgenschwere Entscheidungen, wie die Auswahl von Stellenbewerbern auf einen Arbeitsplatz, die Diagnose von Krankheiten oder die Beurteilung des Rückfallrisikos eines Straftäters, geht.[29] Die Berührungsängste lassen sich zum Teil mit einem fehlenden technischen Hintergrundwissen erklären.[30] Algorithmen werden zudem von vielen Menschen als undurchsichtig und manipulierbar empfunden.[31] *Dietvorst* und Kollegen fanden des Weiteren heraus, dass der Mensch dem Algorithmus insbesondere dann vorgezogen zu werden scheint, wenn die Nutzer feststellen, dass die Maschine Fehler machen kann. Dies gilt selbst dann, wenn die Fehler der Maschine leichter waren oder seltener auftraten als bei ihrem menschli-

---

25 Ähnlich *Rostalski* (Fn. 4), S. 263 (273).

26 Zur Bedeutung des Vertrauens *Boehme-Neßler*, NJW 2017, 3031 (3035 f.).

27 S. dazu *Christoph*, MschrKrim 2020, 58 (72); *Kaspar/Walter* (Hrsg.), Strafen „im Namen des Volkes"?, 2019; krit. *Kölbel/Singelnstein*, NStZ 2020, 333 ff.

28 Dass menschliche Entscheidungen gegenüber Algorithmen bevorzugt werden, obwohl Maschinen in vielen Entscheidungssituationen bessere Ergebnisse erzielen, ist ein bekanntes Phänomen, das in der Wissenschaft unter dem Namen „Algorithm Aversion" diskutiert wird, vgl. *Dietvorst/Simmons/Massey* Journal of Experimental Psychology 2015, 114 ff.; *dies.*, Management Science 2016, 1155 ff.; *Burton/Stein/Jensen*, Journal of Behavioral Decision Making 2020, 220 ff.; *Castelo/Bos/Lehmann*, Journal of Marketing Research 2019, 809 ff.; vgl. aber *Logg/Minson/Moore*, Organizational Behavior and Human Decision Processes 2019, 90 ff.

29 *Fischer/Petersen*, Was Deutschland über Algorithmen weiß und denkt, 2018, S. 26.

30 Vgl. *Fischer/Petersen* (Fn. 29), S. 13 ff.

31 Vgl. *Fischer/Petersen* (Fn. 29), S. 21.

chen Pendant, so dass sie trotz aller Mängel im Schnitt immer noch die besseren Resultate erzielte.[32] Fehler werden Menschen also eher verziehen als Maschinen. Die Gründe hierfür sind noch nicht vollständig geklärt.[33] Allerdings scheint sich die Aversion abzuschwächen, wenn den Nutzern Möglichkeiten eingeräumt werden, auf das Ergebnis des Algorithmus notfalls im Nachhinein noch einwirken zu können.[34] Zudem scheint die Offenheit zu steigen, wenn eine Maschine lediglich eine beratende Funktion innehat, so dass die Letztentscheidungskompetenz beim Menschen verbleibt.[35] Auch der Aspekt der Transparenz spielt eine wichtige Rolle.[36] Menschliche Entscheidungen wirken prima facie leichter nachvollziehbar, da den Adressaten die dahinterstehenden kognitiven Abläufe vertrauter erscheinen. Bleibt unklar, wie ein Computer zu seinen Ergebnissen und Prognosen kommt, so sinkt die Akzeptanz für dessen Vorschläge. Sie steigt hingegen, wenn dem Nutzer die Arbeitsweise der Maschine näher erläutert und das Zustandekommen der Entscheidung durchsichtiger gemacht wird.[37] Auch eine Annäherung der Rechenprozesse an menschliche Denkmuster[38] oder Persönlichkeitsstrukturen[39] kann maschinelle Entscheidungen nachvollziehbarer, da menschenähnlicher, machen und das Vertrauen in Algorithmen stärken.[40]

---

32 *Dietvorst/Simmons/Massey*, Journal of Experimental Psychology 2015, 114 ff.

33 Vermutlich wird von Maschinen ein höherer Grad an Perfektion erwartet, als von Menschen, weswegen eine Enttäuschung dieser Erwartung zu einer stärkeren Beeinträchtigung des Vertrauens führt, als dies gegenüber Menschen der Fall ist, bei denen man Fehler gewissermaßen gewohnt ist, vgl. *Alexander/Blinder/Zak*, Computers in Human Behavior 2018, 279; *Prahl/van Swol*, Journal of Forecasting, 2017, 691 (697).

34 *Dietvorst/Simmons/Massey*, Management Science 2016, 1155 ff.. S. auch *Burton/Stein/Jensen* Journal of Behavioral Decision Making 2020, 220 (223 f.).

35 S. *Bigman/Gray*, Cognition 2018, 21 (30).

36 Der (rechtsstaatlich problematische) Aspekt fehlender Transparenz von Entscheidungen beim Einsatz künstlicher Intelligenz ist auch in der Rechtswissenschaft ein intensiv diskutiertes Kernproblem der Automatisierung juristischer Verfahren, vgl. *Butz u.a.*, BewHi 2021, 241 (250 ff.); *Greco*, RW 2020, 29 (42 ff.); *Nink* (Fn. 1), S. 331 ff.; *Rostalski* (Fn. 4), S. 263 (272 f.); *Sommerer*, Personenbezogenes Predictive Policing, 2020, S. 194 ff.; *Wischmeyer*, AöR 143 (2018), 1 (42 ff.).

37 Zum Ganzen *Yeomans u.a.*, Journal of Behavioral Decision Making 2019, 403 (410 f.).

38 Dazu *Jun*, Symmetry 2021, 389.

39 Vgl. *Nass/Lee*, Journal of Experimental Psychology: Applied 2001, 171 (172) m.w.N.

40 Die Menschenähnlichkeit sollte jedoch nicht zu weit gehen, vgl. *Broadbent u.a.*, International Journal of Social Robotics 2011, 291 (292) m.w.N. Zur damit zusammenhängenden Theorie des „Uncanny Valley“, vgl. *MacDorman*, in:

Es gibt also Möglichkeiten, der Abneigung vieler Menschen gegen maschinelle Entscheider zu begegnen, sei es durch eine Anpassung der Technik an gewohnte Muster menschlicher Entscheidungsfindung oder durch eine Aufklärung der Bevölkerung über die Funktionsweise von Algorithmen, sei es durch die Schaffung von Einfluss- und Kontrollmöglichkeiten, die den Nutzern die Furcht vor dem totalen Machtverlust nehmen. Bedacht werden muss darüber hinaus natürlich auch, dass sich mit zunehmender Präsenz KI-gestützter Systeme im Alltag gewisse Gewöhnungseffekte in der Bevölkerung einstellen werden, die zu einer Reduktion der bestehenden Berührungsängste beitragen werden. Dies wird sicherlich auch Auswirkungen auf die Akzeptanz eines KI-Einsatzes im Strafverfahren haben.[41]

2. *KI und das Erfordernis einer einzelfallgerechten Wertungsentscheidung*

Weitere Fragen stellen sich mit Blick auf das Erfordernis der Einzelfallgerechtigkeit, das gerade im Strafrecht vor dem Hintergrund des Schuldprinzips und des § 29 StGB von Bedeutung ist. Hier lassen sich Probleme auf Interpolations- und Extrapolationsebene unterscheiden.

Interpolation beschreibt in der Mathematik ein Verfahren zur näherungsweisen Ermittlung eines unbekannten Funktionswertes mithilfe bekannter Funktionswerte an benachbarten Stellen. Bezogen auf KI-Systeme kann man von Interpolation sprechen, wenn ein Programm ein bislang unbekanntes Problem unter Rückgriff auf bekannte bzw. gespeicherte Regeln und Datensätze selbstständig lösen kann. Hierzu kann es bei der strafrechtlichen Prüfung sowohl auf Tatbestands- als auch auf Rechtsfolgenseite kommen.

Der Rückgriff auf bestehendes Wissen ist bei der tatbestandlichen Subsumtion nicht weiter problematisch. Idealerweise wird die Maschine in ihrer Datenbank Entscheidungen vorfinden, die sich bereits mit der in Frage stehenden Verhaltensweise befasst haben, so dass die dortigen Wertungen für die aktuelle Entscheidung herangezogen werden können. Nicht anders würde ein menschlicher Richter vorgehen, der sich zur Einordnung einer Handlung unter einen Tatbestand der Kommentarliteratur bedient. Hat sich die Maschine bestimmte Entscheidungsregeln erarbeitet, so kann

---

Haensch u.a. (Hrsg.), Uncanny Interfaces, 2019, 220 ff.; *Gray/Wegner*, Cognition 2012, 125 ff.; *Wang/Lilienfield/Rochat*, Review of General Psychology 2015, 393 ff.

41 Vgl. *Nink* (Fn. 1), S. 344; *Volokh*, Duke Law Review 2019, 1135 (1171).

sie bis zu einem gewissen Grad auch für bislang unbekannte Sachverhalte eine autonome Kategorisierung treffen oder näherungsweise ermitteln, wie ein Menschenrichter den Fall wahrscheinlich entscheiden würde. Schwierigkeiten ergeben sich, wo einzelfallabhängige Wertungen erforderlich sind, die sich nicht ohne Weiteres durch Rückgriff auf vorangegangene Urteile bewerkstelligen lassen, etwa bei der Frage nach der Konkretheit einer Gefährdung oder nach der Eignung, die Lebensgestaltung schwerwiegend zu beeinträchtigen (vgl. § 238 I StGB).

Besonders anspruchsvoll gestaltet sich auf Rechtsfolgenseite die Bestimmung eines konkreten Strafmaßes. Hierfür betrachtet der menschliche Richter in der Regel nicht ausschließlich die abzuurteilende Tat, sondern er greift bei der Einordnung der Schwere eines Geschehens und bei der Bezifferung der verwirkten Strafe (auch) auf seine bisherigen Erfahrungen und auf Entscheidungen anderer Richter zurück.[42] Der „Seitenblick" auf das Sanktionsverhalten der Kollegen bzw. die Orientierung am „üblichen Strafmaß" ist keineswegs ungewöhnlich[43], zumal das geltende Recht dem Normanwender auf der Suche nach der angemessenen Sanktion nur spärlich gestreute Brotkrumen an die Hand gibt. Dass es für bestimmte Taten lokale „Straftarifsysteme" oder „Strafzumessungstraditionen" gibt, ist kein Geheimnis.[44] Der BGH sieht derlei Schematisierungen bekanntermaßen kritisch[45], zu Recht wird aber darauf hingewiesen, dass die Rechtsprechung sich in gewisse Widersprüche verstrickt, wenn sie zugleich ein starkes Abweichen vom „üblichen Strafmaß" als Indiz für eine fehlerhafte Strafzumessung deutet[46]. Jedenfalls wird man darin übereinkommen können, dass eine Orientierung an Vergleichsfällen nicht per se unzulässig ist, solange der konkrete Fall und seine Besonderheiten nicht aus den Augen verloren werden. Die Zumessung darf nicht einfach fremde Wertungen

---

42 *Bartel*, in: Frisch (Hrsg.), Grundfragen des Strafzumessungsrechts aus deutscher und japanischer Sicht, 2011, S. 187 (195 f.); *Montenbruck*, Abwägung und Umwertung, 1989, S. 45.

43 Vgl. *Maurer*, Komparative Strafzumessung, 2005, S. 175 ff.; *Kaspar* (Fn. 12), C 100 ff.

44 S. *Exner*, Studien über die Strafzumessungspraxis deutscher Gerichte 1931, 9 f.; *Dreher*, MDR 1961, 343 (344); *Bruns*, Strafzumessungsrecht, 1967, S. 48; *Meier*, Strafrechtliche Sanktionen, 5. Aufl. (2019), S. 244 f.; *Schäfer/Sander/van Gemmeren*, Praxis der Strafzumessung, 6. Aufl. (2017), Rn. 880 f., 1719 ff., 1879 ff.

45 Vgl. etwa BGHSt 56, 262 ff.

46 Vgl. *Kaspar* (Fn. 12), C 101.

aus Referenzfällen wiederkäuen, sondern aus ihr muss eine eigenständige rechtliche Wertung durch den erkennenden Richter hervortreten.[47]

Die technische Umsetzung einer rein KI-basierten Strafzumessung, die geltenden rechtlichen Anforderungen genügen kann, bereitet erhebliche Probleme. Dies beginnt bei der Einordnung einer Tat, also bei der Kategorisierung der Tatschwere im Vergleich zu gespeicherten Referenzfällen. Hierfür ist es notwendig, abstrakte Geschehnisse und zumessungsrelevante Kriterien in mathematische Formeln zu übersetzen. Das ist leichter gesagt als getan, denn wie bestimmt man etwa den Wert eines Faustschlags in den Bauch gegenüber dem Schlag mit einem Baseballschläger gegen den Kopf? Als eine Möglichkeit, die oftmals fließenden Übergänge unterschiedlicher Schweregrade einer Tat mathematisch abzubilden und dem Computer zugänglich zu machen, wird auf die Methodik der Fuzzylogik verwiesen.[48] Aber damit diese funktioniert, ist es ebenfalls erforderlich, eine Vorkategorisierung unterschiedlicher Tatmodalitäten durchzuführen. Dies mag bei Eigentums- und Vermögensdelikten durch Abstufungen hinsichtlich der Schadenshöhe[49] oder bei § 142 I Nr. 2 StGB bei der Festlegung angemessener Wartezeiten[50] gelingen, spätestens aber bei der Einstufung von Körperverletzungshandlungen oder der Schwere einer sexuellen Belästigung stößt man an Grenzen.[51] Grobkategorisierungen mögen auch hier nicht unmöglich sein, aber sie sind kompliziert und meist nur schwer konsensfähig.

Ähnliche Schwierigkeiten ergeben sich bei der Festlegung der genauen Strafhöhe, wenn das Tatunrecht quantifiziert und die für und gegen den Täter sprechenden Gesichtspunkte gegeneinander abgewogen werden sollen. Hier sind die Probleme noch größer, da in den herkömmlichen Urteilen lediglich die konkrete Sanktion als Endergebnis berichtet wird, ohne dass ersichtlich wird, wie sich einzelne Zumessungskriterien im konkreten Maß niedergeschlagen haben.[52] Hinzu kommt, dass die im Urteil

---

47 Vgl. BGH NJW 2011, 2597 (2599); *Rostalski/Völkening*, KriPoZ 2019, 265 (268); *Ruppert*, KriPoZ 2021, 90 (94).

48 Vgl. *Nink* (Fn. 1), S. 409 ff; *Rostalski* (Fn. 4), S. 263 (266 f.). S. zur Fuzzylogik allgemein *Kruse u.a.*, Computational Intelligence, 2015, S. 289 ff.; *Giannoulis*, Studien zur Strafzumessung, 2014, S. 368 ff.; *Philipps*, in: Tinefeld u.a. (Hrsg.), Institutionen und Einzelne im Zeitalter der Informationstechnik, S. 219 ff.

49 S. bspw. *Giannoulis* (Fn. 48), S. 374 ff.

50 *Philipps*, in: Haft u.a. (Hrsg.), Festschrift für Arthur Kaufmann, 1993, S. 265 ff.

51 *Nink* (Fn. 1), S., 409; *Hörnle*, in: Schünemann u.a. (Hrsg.), Gerechtigkeitswissenschaft, 2005, S. 393 (405); s. auch *Heghmanns*, ZIS 2016, 879, 882.

52 Vgl. *Rostalski/Völkening*, KriPoZ 2019, 265 (268, 271). S. auch *Montenbruck* (Fn. 42), S. 47 f.

berichteten Motive für die Strafbemessung nicht oder nicht vollständig mit den tatsächlichen übereinstimmen müssen.[53] Damit fehlen wichtige Referenzwerte für das maschinelle Lernen, die es der KI ermöglichen, Zumessungsgesichtspunkte zu gewichten, in Relation zueinander zu setzen und hieraus eine tat- und schuldangemessene Strafe zu ermitteln. Es genügt mithin nicht, dass ein Programm Milderungs- und Schärfungsgründe als solche identifizieren kann und aus den berichteten Endstrafwerten passender Vergleichsurteile mit Mitteln der Statistik eine zu verhängende Sanktion berechnet. Solange beide Rechenprozesse losgelöst voneinander verlaufen und keine Verknüpfung zwischen tragenden Zumessungskriterien und Sanktionshöhe hergestellt werden kann, ist es für die Maschine schwer, auf besondere Umstände eines Sachverhalts adäquat zu reagieren.

Wenn man – was nicht völlig unmöglich sein dürfte[54] – diese Hürden unter Kontrolle bekommt, bliebe zu klären, ob eine rein maschinelle Strafzumessung den Anforderungen an eine eigenständige Sanktionsentscheidung gerecht werden kann. Dies könnte zu bejahen sein, wenn die KI nicht einfach Wertungen aus vorangegangenen Entscheidungen auf einen aktuellen Fall überträgt und damit fremde Urteile quasi „abschreibt“, sondern wenn sie insbesondere die in der Lernphase eingegebenen Datensätze in ein komplexes Netzwerk aus Zumessungsregeln übersetzt, so dass das einzelne Referenzurteil bzw. der einzelne in der Datenbank hinterlegte Strafzumessungsvorgang seine eigenständige Bedeutung verliert. Je feiner das erlernte Regelwerk ausfällt, desto eher ist die KI imstande, die Umstände eines Falles autonom zu bewerten und bei der Festsetzung der Strafhöhe zu berücksichtigen. Es würde dann zwar eine Schematisierung des Strafbemessungsvorgangs stattfinden, die aber genügend Freiräume beließe, um Erfordernissen der Einzelfallgerechtigkeit zu genügen.[55]

Unklar ist, was passiert, wenn ein Sachverhalt sich außerhalb des Interpolationsraums bewegt, wenn er also so fremdartig ist, dass die Maschine den Fall selbst mit den zur Verfügung stehenden Daten und Regelwerken

53 *Kaspar/Höffler/Harrendorf*, NK 2020, 35 (51); *Rostalski/Völkening*, KriPoZ 2019, 265 (271); *Ruppert*, KriPoZ 2021, 90 (96).

54 An dieser Stelle sei auf Versuche einer Mathematisierung der Strafzumessung verwiesen, vgl. *Haag*, Rationale Strafzumessung, 1969; *von Linstow*, Berechenbares Strafmaß, 1974; *Kohlschütter*, Die mathematische Modellierung der Strafzumessung, 1998. Die relative Gewichtung denkbarer Fallgestaltungen erinnert zudem an die Bildung sog. Deliktsschwereindices, vgl. dazu *Meier*, Die Bestrafung von Rückfalltätern in der Bundesrepublik Deutschland und den USA, 1983, S. 106 ff.

55 S. auch *Butz u.a.*, BewHi 2021, 241 (250); vgl. aber *Ruppert*, KriPoZ 2021, 90 (97); *Sommerer* (Fn. 36), S. 101 f.

nicht erfassen kann. In einem solchen Fall ist die KI gezwungen, Daten zu extrapolieren und mathematisch mit dem unbekannten Dateninput fertig zu werden. Solche Rechenergebnisse können schnell ungenau bis unsinnig werden. Aus rechtlicher Perspektive ist dies misslich, da vor den Gerichten regelmäßig besondere Fallkonstellationen und bislang ungeklärte Rechtsfragen zu erörtern sind. Hier fragt sich, wie ein Roboterrichter in solchen Situationen reagieren wird. Nach heutigem Stand der Technik wird er wohl mit entsprechenden Sachverhalten überfordert sein.[56]

Man mag sogar das Extrapolationsproblem mithilfe komplexer statistischer Modelle oder durch ein ausgefeiltes Machine Learning unter Kontrolle bringen. Doch wäre dann immer noch unsicher, ob die Software in der Lage wäre, besonders gelagerte Fälle auch „menschlich“ zu lösen. Angesprochen sind vor allem Konstellationen, die sich nicht nur in der rechtlich korrekten Erfassung eines Sachverhalts erschöpfen, sondern bei denen sich auch schwerwiegende Gewissensfragen auftun. Eine Software dürfte wohl kaum fähig sein, dogmatisch fragwürdige Extrempositionen einzunehmen, um einen Menschen vor einem unbilligen Strafübel zu bewahren, wie es z.B. im „Badewannenfall“[57] vorgekommen ist.[58] Ebenso dürfte ein KI-Richter kaum dazu imstande sein, von eindeutigen gesetzlichen Sanktionsanweisungen abzuweichen, wie es der BGH mit seiner Rechtsfolgenlösung im Rahmen des § 211 StGB praktiziert.[59] Fraglich ist auch, ob einer Maschine die Herstellung des Rechtsfriedens durch eine „interessengerechte“ Sanktionierung möglich wäre, indem bspw. bei der Strafbemessung erhebliche Tatfolgen für den Täter berücksichtigt werden, gleichzeitig aber auch die generalpräventive Bedeutung der Bestrafung für die Allgemeinheit und die Tatopfer nicht aus den Augen verloren wird.

3. *Das „Qualiaproblem“ nicht-menschlicher Entscheider*

Roboterrichtern dürfte der Umgang mit den eben genannten Problemfeldern schwerfallen, weil sie – unabhängig vom Stand der Technik –

---

56 Damit fehlt KI-Systemen (derzeit) auch die Fähigkeit zur Weiterentwicklung des Rechts, vgl. *Rollberg* (Fn. 23), S. 83 f.; *Gless/Wohlers*, in: Böse u.a., Festschrift für Kindhäuser, 2019, S. 147 (160).

57 RGSt 74, 84 ff.

58 *Hartung*, JZ 1954, 430 ff.

59 Vgl. BGHSt 30, 105 ff.; *Günther*, NJW 1982, 353 ff.; *Rengier*, NStZ 1982, 225 (226 ff.).

menschliche Sichtweisen, Emotionen, Zwänge und Irrationalitäten nicht nachvollziehen können.[60] Maschinen haben ein „Qualiaproblem".

Hinter dem Begriff „Qualia" (sing. „Quale") steht das phänomenale Bewusstsein, also die Besonderheit von Wahrnehmungs- und Erlebniszuständen, der intrinsisch subjektive Charakter, eine Erlebnisqualität zu haben.[61] Der Begriff steht für die Art und Weise, wie uns Dinge erscheinen (z.B. wie es sich anfühlt Schmerzen zu haben, ein Glas Rotwein zu trinken oder eifersüchtig zu sein).[62] Eine Maschine weiß nicht wie es ist, ein Mensch zu sein, selbst wenn sie irgendwann über ein menschenähnliches Bewusstsein verfügen sollte. Es scheint nicht ausgeschlossen, dass menschliche Regeln, Umgangs- und Kommunikationsformen für eine Maschine bis zu einem gewissen Grad analysierbar und interpretierbar gemacht werden können, aber sie wird mangels eigener Erfahrungen niemals das Menschsein nachvollziehen können.

Das Qualiaproblem stellt sich auch im zwischenmenschlichen Bereich. Wenn jemand sich den Kopf stößt, kann der Beobachter anhand eigener Erfahrungswerte auf Schmerzerinnerungen zurückgreifen und so den Schmerz quasi „mitfühlen", doch fehlt ihm die konkrete Erfahrung desjenigen, der den Schmerz im Augenblick tatsächlich empfindet. Man kann sich dem Erleben des Dritten bestenfalls annähern, man kann es aber niemals eins zu eins in der eigenen Erfahrung reproduzieren. Es besteht insofern auch im zwischenmenschlichen Bereich eine unüberwindbare intersubjektive Erfahrungslücke. Man kann daher maschinelle Entscheider im Strafverfahren zwar mit dem Hinweis ablehnen, sie könnten nicht wissen, was es bedeutet bestraft zu werden oder über Jahre hinweg in ein Gefängnis eingesperrt zu sein.[63] Ehrlicherweise weiß der menschliche Richter das aber auch nicht. Er hat in der Regel nicht die geringste Ahnung davon, was das von ihm verhängte Strafübel für einen Angeklagten bedeutet. Allerdings verfügen Menschen über Hilfsmittel, die es ihnen ermöglichen, sich in gewissem Maße in das Empfinden des Gegenübers hineinzuversetzen und sich so seiner Erfahrungswelt anzunähern. Zu diesen Mitteln ge-

---

60 *Nink* (Fn. 1), S. 232.

61 *Prechtl*, Grundbegriffe der analytischen Philosophie, 2004, S. 46, S. 168 f. Das „Qualia"-Konzept ist nicht unumstritten, vgl. aus jüngerer Zeit *Dennett*, Topoi 2020, 5 ff.

62 *Walter*, in: Heckmann u.a. (Hrsg.), Qualia, 2001, S. 11 (12 f.).

63 Vgl. etwa *Greco*, RW 2020, 29 (58). Hinzu kommt, dass ein Strafprozess stets auch eine soziale Dimension hat (vgl. *Morison/Harkens*, Legal Studies 2019, 618 (629 ff.)), die eine Maschine nicht „verstehen" kann.

hört die Fähigkeit zur Empathie sowie die für den Richterberuf ebenfalls als wichtig erachtete Sozialkompetenz (vgl. § 9 Nr. 4 DRiG).[64]

Dies sind Fähigkeiten, über die eine Maschine bekanntermaßen nicht verfügt.[65] Zwar werden KI-Systeme immer stärker trainiert, menschliche Emotionen oder zwischenmenschliche Interaktionsprozesse in Sprache, Gestik und Mimik richtig zu deuten, um darauf angemessen reagieren zu können,[66] doch selbst wenn sie dies können, bleibt es lediglich bei einer bloßen Imitation oder Simulation menschlicher Qualitäten.[67] Daher fragt sich, wie eine Maschine, der menschliche Logiken verschlossen bleiben, zu einem adäquaten Urteilen fähig sein soll.[68] Schließlich ist es nicht nur Aufgabe des Richters, eine Rechtsfrage korrekt zu beantworten, sondern auch die spezifischen menschenorientierten Gehalte einer Rechtsnorm auf die Lebenslagen konkreter Personen verstehend anzuwenden.[69] Geschriebene und ungeschriebene Normen regeln das soziale Miteinander. Das Recht transportiert nicht nur eine Verhaltensregel. In ihm enthalten sind auch spezifisch menschliche Wertentscheidungen, die eine Maschine sich kaum herbeisimulieren können dürfte. Hinter § 212 StGB steht bspw. der Gedanke, dass die ungerechtfertigte Tötung eines anderen Menschen als gesellschaftlich unerwünscht definiert wird, weil für Menschen die Vernichtung der Existenz eines Artgenossen zu den verwerflichsten Akten zählt, die man sich vorstellen kann. Diese Wertung kann nur ein Mensch, der sich seiner eigenen Vergänglichkeit bewusst ist, nachvollziehen. Eine Maschine, die das Konzept „Tod" oder „Endlichkeit" nicht begreift, kann sich den tieferen Sinngehalt der betreffenden Regeln nicht erschließen. Sie kann allenfalls ermitteln, dass die Tötung eines Menschen etwas sein muss, dass hohe Strafen nach sich zieht.[70]

Das Fehlen bestimmter menschlicher Fähigkeiten muss nicht zwangsläufig gegen den Einsatz künstlicher Intelligenz sprechen, sofern die Maschine die Defizite auf andere Weise ausgleichen kann. Wenn bspw. für

---

64 Vgl. auch von Mangoldt/Klein/Starck/*Classen*, GG, Bd. 3, 7. Aufl. (2018), Art. 92 Rn. 28.

65 *Nink* (Fn. 1), S. 232; *Hoffmann-Riem*, AöR 142 (2017), 1 (30); *Rollberg* (Fn. 23), S. 82.

66 Zum sog. affective computing etwa *Bösel*, in: Liggieri u.a. (Hrsg.), Mensch-Maschine-Interaktion, 2019, S. 223 ff.; *Picard*, Affective Computing, 1997.

67 Vgl. *Rollberg* (Fn. 23), S. 82.

68 S. auch *Greco*, RW 2020, 29 (50 f.).

69 Von Münch/Kunig/*Meyer*, GG, Bd. 2, 7. Aufl. (2021), Art. 97 Rn. 22.

70 Mit Recht kann man auch die Frage aufwerfen, ob eine Maschine unter diesen Umständen zur Formulierung eines Schuldvorwurfs überhaupt fähig sein kann, vgl. *Kaspar/Höffler/Harrendorf*, NK 2020, 35 (51).

die Befragung von Zeugen Menschenkenntnis und Empathie verlangt wird, um eine Aussage richtig würdigen zu können[71], dann könnte man KI-kritischen Stimmen entgegenhalten, dass diese Fähigkeiten nicht selten die einzigen Mittel sind, mit denen ein Mensch die Richtigkeit einer Schilderung überprüfen kann, weil ihm andere Möglichkeiten der Glaubhaftigkeitskontrolle schlicht fehlen (das Einfühlungsvermögen wäre also lediglich ein Kompensationsmittel für anderweitige Wahrnehmungsmängel menschlicher Entscheider). Eine Maschine, die befähigt wäre, Lügen durch Auffälligkeiten in Gestik und Mimik effektiv aufzuspüren[72], könnte den Empathiemangel in diesem Bereich aufwiegen. Durch eine solche Saldierung maschineller Stärken und Schwächen werden Defizite algorithmenbasierter Entscheidungen klar benannt, ohne die Vorteile aus den Augen zu verlieren. Stellt man in (ferner) Zukunft fest, dass fehlende menschliche Attribute im Wesentlichen durch besondere Fähigkeiten intelligenter Computerprogramme aufgefangen werden können, dann könnte ein Einsatz autonomer KI-Systeme im Strafverfahren womöglich in Betracht zu ziehen sein.

Noch ergebnisorientierter argumentiert *Volokh*. Er schlägt vor, sich bei der Beurteilung von Maschinenrichtern nicht so sehr auf den Weg zur Entscheidung, sondern vielmehr auf den Output am Ende des Rechenprozesses zu konzentrieren. Schaffe es eine Maschine Urteile zu produzieren, die zu überzeugenden juristischen Ergebnissen führen und die bei einem Vergleichstest an das Niveau eines menschlichen Richters heranreichen oder dieses gar übertreffen, dann könne die Ersetzung eines Menschenrichters durch eine künstliche Intelligenz in Frage kommen. Wie die Maschine zu ihren Urteilen kommt, ist für *Volokh* von untergeordneter Relevanz.[73] Damit ist es für ihn auch unwichtig, zu welchem Grad der hinter den Ergebnissen stehende Entscheidungsprozess als „menschlich" qualifiziert werden kann, solange das Endresultat hinreichend humanoid wirkt. Das Urteil, nicht der Entscheider muss für ihn Empathie und Mitgefühl verkörpern. Sollten Maschinen wirklich irgendwann nicht nur juristisch vertretbare, sondern auch menschlich wirkende Urteile verfassen können, so würde dies – folgt man *Volokhs* Logik – für eine Ersetzung des Menschen durch die Maschine ausreichen.[74]

---

71 Vgl. *Rollberg* (Fn. 23), S. 82 f.
72 Vgl. zu KI-gesteuerter Lügendetektion *Rodenbeck*, StV 2020, 479 (481 ff.).
73 S. bspw. *Volokh*, Duke Law Journal 2019, 1135 (1161).
74 Vgl. *Volokh*, Duke Law Journal 2019, 1135 (1167).

Hiergegen lassen sich Einwände formulieren: Zunächst sind die technischen Abläufe im Prozess der Urteilsfindung keineswegs irrelevant. Deren Nachvollziehbarkeit sorgt nicht nur für eine größere Transparenz KI-richterlicher Entscheidungen, sondern ermöglicht auch eine effektive Kontrolle maschineller Urteile. Dies ist vor allem in einer Rechtsordnung von Bedeutung, die von geschriebenen Rechtsregeln geprägt wird, eine starke Dogmatisierung des Rechts aufweist und damit richterliche Entscheidungsprozesse stark vorkonturiert. Wer den Prozess hinter der Urteilsfindung aus der Debatte ausklammern möchte, der macht es sich zu leicht, weil viele Probleme schlicht mit einem einfachen Federstrich weggewischt werden. Damit schaden sich diejenigen, die für einen Einsatz künstlicher Intelligenz offen sind, sogar selbst, denn wer auf Kritik stets mit einem „Ja schon, aber wenn das Ergebnis stimmt…“ reagiert, der lässt Bedenken unbeantwortet und riskiert Lücken im Vertrauensfundament gegenüber maschinellen Entscheidungen.

4. Grenzen der Machtdelegation

Eine weitere Hürde für den Einsatz künstlicher Intelligenz in der Justiz beschreibt *Greco* mit seinem Verantwortungseinwand.[75] Nach seiner Ansicht führt der Einsatz maschineller Entscheider im Falle einer rein algorithmenbasierten Wahrnehmung von (Rechtsprechungs-)Befugnissen zu einer Entkoppelung von staatlicher Macht und Verantwortung. Es gebe beim Einsatz künstlicher Intelligenz niemanden mehr, der hinter der Entscheidung stehe. Die Maschine entscheide lediglich als leere Hülle, ohne Bewusstsein und ohne Fähigkeit zur Selbsterfahrung. Es fehlt also an einer Person, die für den Inhalt ihrer Entscheidung nach außen (gegenüber Dritten) oder nach innen (gegenüber sich selbst) einsteht.

Allerdings ist zu bedenken, dass die Verantwortung des Richters nach außen ohnehin nur schwach ausgeprägt ist und allenfalls in Ausnahmesituationen relevant wird (vgl. nur § 839 II, III BGB, § 339 StGB)[76], unter anderem, wenn sich der Richter jenseits des rechtlich Vertretbaren bewegt.

Was die Verantwortung nach innen anbelangt, so könnte man verlangen, dass der Richter nicht nur als Urheber hinter seinem Urteil stehen, sondern dass er dieses auch vor sich selbst und seinem Gewissen rechtferti-

75 *Greco*, RW 2020, 29 (48 ff.).

76 S. erg. Maunz/Dürig/*Grzeszick*, GG, 93. Lieferung (Stand: Oktober 2020), Art. 20 Rn. 237.

gen können muss. Dabei ist zu beachten, dass Art. 97 I GG lediglich die Unterwerfung des Richters unter das Gesetz postuliert. Anregungen, auch das Gewissen als begrenzende Instanz richterlicher Unabhängigkeit in die Verfassung aufzunehmen, wurden schon früh mit großer Deutlichkeit abgelehnt. Im Zweifel muss die innere Stimme des Richters dem Recht weichen.[77]

Insofern erscheint der Mangel persönlich-richterlicher Verantwortung bei KI-gestützten Systemen noch als verkraftbar, solange wenigstens deren strikte Bindung an menschengemachte Gesetze sichergestellt wird. Dies setzt voraus, dass die Maschine nicht dazu befähigt wird, autonom eigene Rechtssätze zu schaffen. Sie muss lediglich auf die Rechtsanwendung begrenzt bleiben. Es darf also nicht zu einer vollständigen Entkoppelung des Rechts vom Menschen kommen[78], sondern es sollte im Gegenteil eine stete Überprüfung der maschinenrichterlichen Tätigkeit von außen sichergestellt werden, wobei die Verantwortung dann weniger bei einem einzelnen Richter läge, sondern vielmehr bei der Gemeinschaft, vertreten durch den demokratisch legitimierten Gesetzgeber. Diesem obläge gegenüber der sich entfaltenden Maschinenrechtsprechung eine strenge Beobachtungspflicht sowie die Pflicht, Fehlentwicklungen effektiv entgegenzuwirken (für den Extremfall ist sogar über eine „Rückholkompetenz", also eine Rückübertragung richterlicher Befugnisse auf den Menschen, nachzudenken). Gesetzgeberische Überwachungs- und Nachbesserungspflichten sind nicht neu und wurden vom BVerfG im Bereich der Absprachen im Strafverfahren[79] sowie bei zahlreichen weiteren Gelegenheiten[80] formuliert. Deren Anforderungen sind bislang zugegebenermaßen allenfalls vage definiert.[81] Auf jeden Fall müsste die Evaluation KI-gestützter Rechtsprechung wissenschaftlich begleitet und institutionell, etwa durch die Einrichtung entsprechender Koordinations- und Beschwerdestellen, abgesichert werden. Natürlich würde auch die Möglichkeit, Rechtsmittel gegen maschinelle Entscheidungen einlegen zu können, die dann freilich nicht intern vom System selbst, sondern extern von menschlichen Richtern bearbeitet

---

77 Vgl. Maunz/Dürig/*Hillgruber* (Fn. 76), Art. 97 Rn. 32 ff.; von Münch/Kunig/*Meyer* (Fn. 69), Art. 97 Rn. 23.

78 *Greco*, RW 2020, 29 (61 f.); *Rostalski* (Fn. 4), S. 276.

79 BVerfG NJW 2013, 1058 (1070).

80 Vgl. BVerfG NJW 2013, 1058 (1070); Maunz/Schmidt-Bleibtreu/Klein/Bethge/*Hömig*, BVerfGG, 60. Lieferung (Stand: Juli 2020), § 95 Rn. 73 jeweils m.w.N.

81 Maunz/Schmidt-Bleibtreu/Klein/Bethge/*Hömig* (Fn. 80), § 95 Rn. 73; *Hoffmann-Riem*, AöR 130 (2005), 5 (22 Fn. 84). Einen Leerlauf dieser Verpflichtungen kritisiert *Steinbach*, ZRP 2020, 91 (92).

werden müssten, dazu beitragen, unerwünschte Rechtsprechungstendenzen frühzeitig zu identifizieren. Insofern käme der justizinternen Kontrolle durch menschliche Beschwerde- und Rechtsmittelinstanzen durchaus eine wichtige Rolle bei der Domestizierung der Algorithmen zu.

So oder so bleibt es aber dabei, dass mit der rechtsprechenden Tätigkeit des Richters Staatsgewalt ausgeübt wird, die beim Einsatz von Roboterrichtern in die Hand von Maschinen gelegt wird. Wenn aber alle Staatsgewalt vom Volk ausgehen soll (Art. 20 II 1 GG), stellt sich die Frage, ob dies impliziert, dass die Ausübung hoheitlicher Befugnisse unmittelbar auf einem menschlichen Handeln und Entscheiden fußen muss, was einer Delegation auf einen Algorithmus im Wege stünde.

Wenn das Staatsvolk Träger aller Staatsgewalt ist, so muss die hieraus entspringende Verantwortung grundsätzlich auch von diesem getragen werden. Das Recht ordnet das Zusammenleben einer Gemeinschaft. Daher ist es in einem demokratisch verfassten Rechtsstaat die ureigenste Aufgabe seiner Mitglieder, die gegenseitigen Regeln für eine friedliche Koexistenz auszuhandeln. Sie lässt sich nicht aus Bequemlichkeit oder reinem Kosten-Nutzen-Kalkül beliebig auf eine Maschine übertragen.[82] Mit Blick auf das Strafurteil kommt hinzu, dass die Erhebung eines Schuldvorwurfs und die Verhängung einer Sanktion auch der Normverdeutlichung dienen sollen. Mit der Realisierung der angedrohten Strafe ist (neben einer Übelszufügung) ein sozialethisches Unwerturteil, insbesondere auch die Missbilligung eines rechtswidrigen Verhaltens, verbunden.[83] Zugleich kann man in der Sanktionierung des Straftäters eine Solidarisierung der Rechtsgemeinschaft mit dem Tatopfer erblicken.[84] Ob derlei Botschaften auch im Urteil eines Algorithmus hinreichend transportiert werden, vor allem wenn die Gesellschaft sich in großem Ausmaß der (lästigen) Strafrechtsprechung entledigt, darf bezweifelt werden.

Gleichwohl wäre zu diskutieren, ob diese Verantwortung des Menschen als absolut zu verstehen ist oder ob eine Delegierung hoheitlicher (Straf-)Befugnisse an Maschinen nicht doch in begrenztem Umfang möglich sein kann. Maßstäbe für eine entsprechende Öffnung des Strafverfahrens könnten bspw. aus einer KI-spezifischen Weiterentwicklung der Wesentlichkeitstheorie des BVerfG abgeleitet werden. Danach verpflichten das Rechtsstaats- und Demokratieprinzip den Gesetzgeber in grundlegen-

82 *Greco*, RW 2020, 29 (62); *Rostalski* (Fn. 4), S. 276.

83 BVerfGE 20, 323 (331); 95, 96 (140); *Hörnle*, in: Hilgendorf u.a., Handbuch des Strafrechts, Bd. 1, 2019, § 12 Rn. 22; *Roxin/Greco*, Strafrecht Allgemeiner Teil, B. 1, 5. Aufl. (2020), § 2 Rn. 1e f.; *Walter*, ZIS 2011, 636, 637.

84 Zum Ganzen *Meier* (Fn. 44), S. 6, 16.

den normativen, vor allem grundrechtsrelevanten Bereichen, alle wesentlichen Entscheidungen selbst zu treffen.[85] Man könnte erwägen, eine Übertragung hoheitlicher Befugnisse auf Maschinen in Angelegenheiten zuzulassen, die nicht als wesentlich, insbesondere nicht als grundrechtswesentlich, zu bewerten sind. Dabei wäre zu beachten, dass eine Grundrechtsbetroffenheit nicht automatisch eine Entscheidung wesentlich macht, sondern dass auch die Eingriffsintensität bei der Einordnung eine Rolle spielt.[86] Entscheidungen über Freiheitsstrafen oder über freiheitsentziehende Maßregeln sollten daher einem Algorithmus nicht (allein) anvertraut werden. Dagegen könnten (einfache) Verfahren vor dem Strafrichter, in denen „lediglich" eine Geldstrafe (bis zu einem bestimmten Tagessatz) im Raume steht, einer Maschine unter Umständen übertragen werden. Dies beträfe insbesondere Bagatell- und Massendelikte, die in den Anwendungsbereich des Strafbefehlsverfahrens oder der §§ 153, 153a StPO fallen.

III. Ausblick

Die technischen, rechtlichen und gesellschaftlichen Hürden einer Implementierung autonom entscheidender Computersysteme im Strafverfahren sind schon bei der Frage nach dem Ob künstlicher Intelligenz immens. Werden sie übersprungen, so setzen sich die Schwierigkeiten beim Wie, also der konkreten Ausgestaltung des KI-Verfahrens, fort.

Öffnet man den neuen Technologien die Pforten, so müsste vor allem der Herstellung größtmöglicher Transparenz (durch eine Aufklärung der Prozessbeteiligten über die Funktionsweise von Algorithmen oder durch eine Offenlegung der maßgeblichen Rechenprozesse) besondere Aufmerksamkeit gewidmet werden, um die Akzeptanz in der Bevölkerung zu erhöhen und die Herausbildung unerwünschter Rechtsprechungsstrukturen frühzeitig zu unterbinden. Zudem wird der Aspekt der (justizinternen) Kontrolle einen erheblichen Raum einnehmen müssen. Diese kann – neben bereits bestehenden Beschwerde- und Rechtsmitteloptionen – bereits beim Gericht erster Instanz beginnen, indem bspw. vor dem Absetzen des Urteils ein menschlicher Richter eine Evidenz- und Plausibilitätskontrolle durchführt oder indem besondere nachträgliche Einspruchsmöglichkeiten

---

85 BVerfGE 88, 103 (116); 116, 24 (58 f.); 134, 141 (184); 139, 148 (174 f.); von Münch/Kunig/*Kotzur*, GG, Bd. 1, 7. Aufl. (2021), Art. 20 Rn. 156; *Baader*, JZ 1992, 394 (394 f.); *Papier*, VSSR 1990, 123 (126).

86 Von Mangoldt/Klein/Starck/*Sommermann*, GG, Bd. 1, 7. Aufl. (2018), Art. 20 Rn. 279.

geschaffen werden. Zu überlegen wäre auch, den Prozessbeteiligten im laufenden Verfahren bei Unregelmäßigkeiten Vetorechte einzuräumen, die zu einer Überleitung der Sache von der KI auf einen Menschenrichter führen.

Spannend wäre auch, wie sich die Rollen der Verfahrensakteure entwickeln würden. Denkbar ist, dass aufgrund fehlender Ermittlungsfähigkeiten des KI-Richters der Staatsanwaltschaft und der Strafverteidigung bei der Beschaffung be- und entlastender Beweismittel für Schuldspruch und Strafzumessung eine (noch) größere Bedeutung zukommen könnte, weil ein algorithmenbasiertes System maßgeblich auf den Input von außen angewiesen ist. Der Einsatz künstlicher Intelligenz würde auf diese Weise zu einer gewissen Amerikanisierung des deutschen Strafprozesses beitragen.

Wie eingangs erwähnt, sind die künftigen Entwicklungen im Bereich der Legal Tech nur schwer abzuschätzen. Daher soll es mit diesen wenigen Überlegungen sein Bewenden haben. Klar ist jedenfalls, dass der Einzug KI-gestützter Systeme mit hoher Wahrscheinlichkeit erhebliche Umwälzungen für die bestehenden strafprozessualen Strukturen mit sich bringen würde und wohl auch müsste. Richtig eingesetzt und eingehegt muss der Roboterrichter nicht unbedingt unser letzter Schritt in eine falsche Richtung sein. Ein Wagnis wäre er aber allemal.

Smarte Geräte – Smartes Strafrecht?

Florian Nicolai

A. *Hinführung*

Als im Jahr 2011 die intelligente Sprachsteuerung eines Autos Unschuldige vor der Festnahme durch die Polizei schützt, war dieser Plot des Films „Kill the Boss" seiner Realität weniger weit voraus, als die Zuschauer annehmen mochten. Auch gehackte, redende Spielzeugpuppen, über die sich Kriminelle das Vertrauen von Kindern erschleichen, um diese dazu zu bewegen, die Tür des Elternhauses zu öffnen, sind keine realitätsfernen Fantasien von Tatort-Autoren mehr.[1] Geräte des Internets der Dinge können sowohl Angriffsfläche für Straftaten als auch Ermittlungsmedium für die Strafverfolgungsbehörden darstellen, letzteres selbstverständlich nicht nur in den Fällen, in denen die Straftat gegen oder mithilfe des Internets der Dinge begangen wird, sondern bei jeglichen Kriminalitätsformen.

I. *Das Internet der Dinge*

Verschiedene Definitionsansätze zusammenfassend lässt sich festhalten, dass es sich beim Internet der Dinge um ein Netzwerk verschiedener Gegenstände handelt, die miteinander kommunizieren, eine eigene IP-Adresse haben und deren Kommunikationsprozesse nicht ausschließlich menschlich veranlasst sein müssen.[2] Die Geräte weisen dabei verschiedene Sensoren oder Steuerungsfunktionen auf.

Der Bereich denkbarer Anwendungsszenarien ist grenzenlos und schon alltäglich: So haben viele Haushalte bereits miteinander vernetzte Geräte in Betrieb, und steuern über das Smartphone Lichtschalter, Rollos und das Öffnen der Haustür. Wer in den letzten Jahren ein Auto gekauft hat,

---

1 Tatort „Wir kriegen euch alle" des Bayerischen Rundfunks, Erstausstrahlung am 2.12.2018.

2 Vgl. zum Begriff auch *Schmidt/Pruß*, in: Auer-Reinsdorff/Conrad, Handbuch IT- und Datenschutzrecht, 3. Aufl. (2019), § 3 Rn. 431 ff.; IERC, 2011, http://www.internet-of-things-research.eu/about_iot.htm (zuletzt abgerufen am 19.02.2021).

hat mit hoher Wahrscheinlichkeit ein Smart Car erworben, welches Positionsdaten, Gurtstraffer, Tür- und Sitzsensorik, die Daten sämtlicher Assistenzsysteme und vieles mehr auswerten, übertragen und speichern kann. Im Bereich der „Industrie 4.0“ sind vernetzte Geräte in sog. Smart Factories heutzutage im Stande, Fertigungsprozesse mitsamt Beschaffungs- und Logistikprozessen ohne menschliche Interaktion auszuführen.[3] Noch ein wenig wie aus einem Science-Fiction-Film klingen manche Anwendungsbereiche der „E-Health“: So können bspw. Sensoren in Tabletten Auskunft über die Einnahme durch den Patienten geben.[4] Nutzer vernetzter Geräte erhoffen sich je nach Anwendungsbereich verschiedene Vorteile, wie erhöhten Komfort, mehr Sicherheit oder Ertragssteigerungen.

II. Der Bezug zum Strafrecht – „Das Strafrecht der Dinge“

Bei Betrachtung der verschiedenen Anwendungsbereiche der Vernetzung von Geräten lassen sich Schnittpunkte dieser Systeme mit dem Strafrecht in verschiedenen Facetten ausmachen. Auf der Hand liegt zunächst, dass die Systeme und Daten selbst als Zielobjekt strafrechtlicher Handlungen in Betracht kommen, die durch einen IT-forensischen Zugriff auf das System ggf. aufgeklärt werden können. Darüber hinaus können vernetzte Geräte auch zur Aufklärung von der Technik losgelöst begangener Kriminalität beitragen. Durch die Sensorik und Datenverarbeitung nimmt das System bisweilen schon unwillkürlich Ermittlungshandlungen vor – die Behörden benötigen sodann nur noch den Zugriff darauf. Das klingt jedoch trivialer als es ist: Der Zugriff ist rechtlich nicht ausreichend reglementiert und muss sich mit Blick auf die umfassenden Daten und Informationen stets im Rahmen der Verhältnismäßigkeit bewegen. Der Fortschritt auf rechtstatsächlicher Ebene führt zu Unzulänglichkeiten der – wenn auch ständig im Wandel befindlichen[5] – Strafprozessordnung.

Doch auch in materiellrechtlicher Hinsicht kommt es für das Strafrecht zu neuen Herausforderungen, wenn das Internet der Dinge Tatobjekt oder Tatmittel ist. Der hohe Vernetzungsgrad in allen denkbaren Lebensbereichen führt zugleich fast immer zu schweren Eingriffen bei den Geschädig-

---

3 *Schmidt/Pruß*, in: Auer-Reinsdorff/Conrad (Fn. 2), § 3 Rn. 439; vgl. auch *Staffler*, NZWiSt 2018 (269).

4 *Sachs*, MPR 2018, 24 (25); Der Tagesspiegel, „Petzende Pillen“, vom 20.11.2017, online abrufbar unter https://www.tagesspiegel.de/wissen/arzneimittel-mit-sensor-und-sender-petzende-pillen/20608276.html (zuletzt abgerufen am 19.2.2021).

5 Vgl. zu den Reformen der letzten Jahre *Kudlich/Nicolai*, JA 2020, 881 ff.

ten. Ob das Strafrecht für diese rechtstatsächlichen Entwicklungen noch die passenden Antworten parat hat – sei es mit Blick auf die Funktion des Strafrechts und des Strafens, sei es mit Blick auf eine notwendige materiellrechtliche Vorschaltung für strafprozessuale Eingriffsmöglichkeiten (man denke bspw. an die zurecht hohen Hürden der Telekommunikationsüberwachung, § 100a StPO) – bedarf intensiver Betrachtung und kann nicht pauschal beantwortet werden.

Der Beitrag kann keinesfalls all diese Aspekte darstellen, soll jedoch anhand eines materiellrechtlichen und eines strafprozessualen Problems die Schnittstellen zwischen dem Internet der Dinge und dem Strafrecht aufzeigen.

B. Materiellrechtliche Herausforderungen am Beispiel des Smart Home

Die fortschreitende Digitalisierung führt dazu, dass das Strafrecht immer wieder daraufhin überprüft werden muss, ob es noch hinreichende Antworten auf neue Kriminalitätsformen gibt.

I. (K)Einbruchsdiebstahl ins Smart Home

Das Smart Home bietet verschiedene Angriffsflächen.[6] Im Folgenden sollen Wohnungseinbrüche, die mit Hilfe des in der Wohnung oder dem Haus installierten Smart-Home-Systems begangen werden, in den Blick genommen werden.

1. Funktionsweise von Smart-Home-Systemen

Von Feinheiten und Unterschieden einzelner Produkte abgesehen, sind die technischen Grundlagen des Smart Home (vereinfacht dargestellt) zumeist die folgenden: Einzelne Geräte, bspw. Türklingeln mit Videofunk-

6 Zu denken ist hierbei u.a. an Ransomware-Angriffe, vgl. *Möllers/Vogelgesang*, DuD 2016, 497 (498, 500), oder bspw. mithilfe von Hacking durchgeführte Nachstellungen.

tion[7], Rauchmelder[8], Heizungsthermostate, Bewegungsmelder[9], Rollos, Fenster, Türschlösser, Wetterstationen[10] und natürlich Sprachassistenzsysteme sind in der Regel mit einem sog. Hub verbunden, welcher wiederum eine Verbindung zum Internet hat. Mit einem ebenfalls internetfähigen Endgerät (Smartphone, Tablet) kann der Nutzer dann die einzelnen Gerätefunktionen und -aktivitäten steuern und einsehen sowie durch umfassende Sensorik der Geräte gemessene und gespeicherte Parameter überprüfen. Die technischen Möglichkeiten und die genaue technische Ausgestaltung, die Verbindungstypen (Kabel, WLAN u.a.) zwischen den Geräten und (ggf.) einem zentralen Steuergerät unterscheiden sich von Hersteller zu Hersteller. Die aus Sensorik und Steuerung entstehenden Daten werden zur Speicherung – zumeist in Clouds – über eine Internetverbindung übertragen. Der User selbst hat oft keine umfassende Einsicht in die auf dem (zumeist im Ausland liegenden) Server gespeicherten Daten und kann z.T. nur über die Benutzeroberfläche der Anwendung auf dem Smartphone auf einzelne Daten zugreifen.

2. *Sesam öffne dich – ohne sich die Finger schmutzig zu machen*

Beim Smart Home sollen Komfort und Sicherheit im Vordergrund stehen. Die der Vernetzung zugrundeliegende erhöhte Angriffsfläche kann v.a. letzteren Zweck ins Gegenteil verkehren. Sollten Daten aus dem Smart-Home-System abgefangen werden, lassen sich durch Analyse der verschiedenen Parameter nicht nur Bewegungsprofile erstellen, sondern die Gewohnheiten der Bewohner detailreich analysieren.[11]

a) Mögliche Modi Operandi

Um Zugang in ein Haus zu erlangen, könnten sich die Täter beispielsweise in das Smart-Home-System einhacken und über ein Steuergerät, bspw. ein Smartphone die Freigabe der Haustür veranlassen oder den Code für die codegesicherte Haustür erbeuten. Denkbar wäre auch die Stö-

7 *Biener/Seyboldt/Wagermann*, IoT-Security-Projektbericht Apple-Home-Gruppe, 2020, S. 11.
8 *Biener/Seyboldt/Wagermann* (Fn. 7), S. 12.
9 *Biener/Seyboldt/Wagermann* (Fn. 7), S. 11.
10 *Biener/Seyboldt/Wagermann* (Fn. 7), S. 14.
11 Vgl. auch *Möllers/Vogelgesang*, DuD 2016, 497 (498).

rung des Schließmechanismus der Haustür oder von Fenstern über einen Störsender oder – etwas ausgefallener – ein Zugriff auf das Sprachsteuerungssystem des Smart Home: Per Hack in den WLAN-Router lässt sich die Einstellung des Anrufbeantworters auf laute Wiedergabe der Anrufe aktivieren. Mit entsprechendem Befehl an die Sprachsteuerung des Smart-Home-Systems öffnen die Einbrecher sodann per Anruf die Haustür.[12] Die PIN, die die der Technik gegenüber misstrauischen und vorsichtigeren Bewohner zur Öffnung der Tür eingerichtet haben, könnten die Einbrecher bereits im Vorfeld mittels Brute-Force-Angriffs ermitteln und kurzerhand über die Smart-Home-App eingeben.

Die meisten Begehungsvarianten beim Einbruch in das Smart Home fallen jedoch von vornherein nicht in den Anwendungsbereich des § 244 I Nr. 3, IV StGB. Die von der Rspr. zu erwartende Bejahung unbenannter besonders schwerer Fälle i.S.d. § 243 I StGB ist erheblichen dogmatischen Bedenken ausgesetzt.

b) Wohnungseinbruchsdiebstahl, § 244 I Nr. 3, IV StGB

aa) Einbrechen

Typische Begehungsvarianten (s. o.) beim „Einbruch" ins Smart Home unterfallen nicht dem Merkmal des Einbrechens. Wenngleich eine Substanzverletzung für die Erfüllung dieses Merkmals nicht nötig ist,[13] ergibt sich aus dem Wort Ein*brechen*, dass der Handlung ein Gewaltmoment oder zumindest Kraftentfaltung innewohnen muss,[14] was mit Blick auf die o.g. Begehungsweisen jedoch ausscheidet.

---

12 Bemerkenswert ist an dieser Stelle auch, dass es möglich ist, mittels Laser-Signalen aus zum Teil über 100 Meter Entfernung durch Fensterscheiben hindurch Befehle an Sprachassistenten zu erteilen. Auf diese Weise konnten bspw. Garagentore geöffnet und andere typische Aktionen des Smart-Home-Systems ausgeführt werden, *Sugawara* et. al., Light Commands: Laser-Based Audio Injection Attacks on Voice-Controllable Systems, 2020.

13 MüKo-StGB/*Schmitz*, Bd. IV, 4. Aufl. (2021), § 243 Rn. 20.

14 NK-StGB/*Kindhäuser*, 5. Aufl. (2017), § 243 Rn. 12; LK-StGB/*Vogel*, Bd. VIII, 12. Aufl. (2010), § 243 Rn. 20; Schönke/Schröder/*Bosch*, 30. Aufl. (2019), § 243 Rn. 11 m.w.N.; vgl. auch SK-StGB/*Hoyer*, Bd. V, 9. Aufl. (2019), § 243 Rn. 16.

bb) Einsteigen

Für die Verwirklichung des Merkmals „Einsteigen“ müsste der Täter Hindernisse, die den Zugang nicht unerheblich erschweren, überwinden, sodass er auf nicht vorgesehene Weise in den Raum eindringt.[15] Trotz der besonderen „Geflissentlichkeit und Hartnäckigkeit“[16] scheidet das Einsteigen zumindest dann aus, wenn der Täter eine für den Zugang bestimmte Öffnung zum Betreten wählt. Mit rein teleologischer Auslegung versuchte das OLG Oldenburg ein Einsteigen zwar anzunehmen, wenn das Öffnen einer Terrassentür durch mechanische Manipulation durch ein gekipptes Fenster hindurch erfolgte.[17] Auf die Divergenzvorlage des OLG hin erteilte der BGH dieser Argumentation jedoch mit der Begründung eine Absage, dass es (zumindest für das Merkmal des Einsteigens) keine Rolle spiele, *wie* der Täter sich Zugang verschafft, solange er durch eine für den Zugang bestimmte Öffnung eintritt.[18] Das Telos der Strafschärfung allein kann dem richtigerweise nicht entgegengehalten werden, da dies zum einen die drei getrennt zu betrachtenden Begehungsvarianten verwaschen und zum anderen zu einer nicht hinnehmbaren Ausuferung des Anwendungsbereichs führen würde.[19]

cc) Eindringen mittels Schlüssel oder Werkzeug

Bei dieser Variante ist zwischen den Begehungsarten enger zu unterscheiden, da ein Angriff aufs Smart Home im Einzelfall erfasst sein kann. Denn das Eindringen mit einem falschen[20] Schlüssel, und hierunter fallen auch Code-Karten, Transponder etc.,[21] kann bei Begehungen mittels solcher Gegenstände erfüllt sein. Wird jedoch – sei es durch List oder durch einen Hackerangriff – der Zugangscode für ein Gebäude herausgefunden und

---

15 NK-StGB/*Kindhäuser* (Fn. 14), § 243 Rn. 14; zur gleichen Auslegung der Merkmale von § 243 und § 244 StGB s. Schönke/Schröder/*Bosch* (Fn. 14), § 243 Rn. 12.

16 Vgl. BGHSt 61, 166 (173); bereits das RG hatte diese Eigenschaften als kennzeichnend für das Einsteigen bezeichnet, RGSt 53, 262 (263).

17 OLG Oldenburg NStZ 2016, 98.

18 BGHSt 61, 166; zust. *Heinrich*, JR 2017, 170 (173); *Theile*, ZJS 2016, 667.

19 *Heinrich*, JR 2017, 170 (173); vgl. in diesem Zusammenhang gegen die teleologische Auslegung als „punitives Superargument“ *Kudlich*, in Jahn u.a. (Hrsg.), Festschrift für Heinz Stöckel, 2010, S. 93 (98).

20 Zum Merkmal „falsch“ s. ausf. MüKo-StGB/*Schmitz* (Fn. 13), § 243 Rn. 28.

21 MüKo-StGB/*Schmitz* (Fn. 13) § 243 Rn. 26; AnwK-StGB/*Kretschmer*, 3. Aufl. 2020, § 243 Rn. 9.

dieser dann in das Bedienfeld eingegeben, um die Tür zu öffnen, wurde kein Schlüssel verwendet, da es den Codes an der hierfür notwendigen Körperlichkeit mangelt.[22] Gleiches gilt für die eingangs erwähnte Vorgehensweise unter Zuhilfenahme der Sprachsteuerung des Systems.

Eine technisch noch feinere Differenzierung wird man wohl beim Eindringen mittels eines anderen Werkzeugs vornehmen müssen. Werkzeuge sind all diejenigen Instrumente, mit denen der Schließmechanismus ähnlich wie mit einem Schlüssel betätigt wird, bspw. Dietriche und Pick-Werkzeuge,[23] aber auch Schraubendreher und Nagelscheren.[24] Auch hierbei muss es sich wiederum um körperliche Gegenstände handeln, weshalb bloße Codes auch hiervon nicht erfasst sind.[25] Anders liegt die Beurteilung jedoch, wenn die Signale von Funkschlüsseln verlängert werden, sodass die Täter Zugänge öffnen können, ohne dass die Berechtigten in der Nähe sein müssen.[26] Das Verstärkergerät ist damit Werkzeug im Sinne des § 244 I Nr. 3 StGB. Anders verhält es sich indes beim Einsatz von Störsendern, die das Verriegeln des Schlosses verhindern. Dies unterfällt nicht dem Eindringen mittels eines anderen Werkzeugs.[27] Der Grund hierfür liegt darin, dass das Werkzeug i.S.d. § 244 I Nr. 3 StGB zwar grds. anders beschaffen sein kann, jedoch gleichwohl so wirken muss wie ein Schlüssel. Dies ergibt sich auch aus dem Wortlaut des § 243 I S. 2 Nr. 1 StGB, der von einem nicht zur ordnungsgemäßen *Öffnung* bestimmten Werkzeug spricht.[28] Der Störsender öffnet jedoch bei letzter Vorgehensweise nichts Verschlossenes, sondern hindert gewissermaßen Offenes daran verschlossen zu werden.[29]

---

22 LK-StGB/*Vogel* (Fn. 14), § 243 Rn. 25; Schönke/Schröder/*Bosch* (Fn. 14), § 243 Rn. 14.

23 MüKo-StGB/*Schmitz* (Fn. 13), § 243 Rn. 30.

24 BGHSt 5, 205.

25 LK-StGB/*Vogel* (Fn. 14), § 243 Rn. 25.

26 Verbreitet sind solche sog. „Relay-Attacken“ v.a. bei Öffnen von Autos mittels sog. Keyless-Go-Systeme, vgl. *Hoven* NStZ 2018, 212.

27 BGH NStZ 2018, 212 m. Anm. *Hoven*; AnwK-StGB/*Kretschmer* (Fn. 21), § 243 Rn. 9 a.E.

28 *Hoven* NStZ 2018, 212.

29 Zum Ganzen *Hoven* NStZ 2018, 212; vgl. auch *Kudlich* JA 2018, 228.

c) Besonders schwerer Fall des Diebstahls, § 243 StGB

aa) Keine Erfüllung des Regelbeispiels in § 243 I 2 Nr. 1 StGB

Man könnte nun auf den Gedanken kommen, dass man – von der Einordnung als Verbrechen einmal abgesehen[30] – insgesamt noch zu befriedigenden Verurteilungen kommen kann; immerhin hält die Strafzumessungsregel des besonders schweren Falls des Diebstahls, § 243 StGB, dieselbe Strafobergrenze wie § 244 I Nr. 3, IV StGB bereit. Aufgrund der identischen Auslegung der dort genannten Regelbeispiele[31] mit den Qualifikationsmerkmalen, müssten die Gerichte hierfür auf einen unbenannten schweren Fall zurückgreifen.

bb) Dogmatische Bedenken gegen die Annahme eines unbenannten besonders schweren Falles

Diesem Vorgehen stehen jedoch gerade in den Fällen des Einbruchs ins Smart Home, deren Begehungsweise (vgl. obige Beispiele) nicht von den Regelbeispielen umfasst ist, schwere dogmatische Bedenken entgegen. Grundsätzlich ist die Möglichkeit der Annahme von unbenannten schweren Fällen zwar nahezu unbestritten.[32] Dies gilt zumindest für solche Fälle der sog. weiteren Analogiewirkung, bei der die Begehungsweise keinem der genannten Regelbeispiele ähnelt, diesen jedoch in Unrechts- und Schuldgehalt gleichkommen.[33]

In der Literatur besteht hingegen Streit, wie mit Fällen der sog. engeren Analogiewirkung zu verfahren ist, in denen die Begehungsweise sehr nah

30 Zu den Folgen s. LK-StGB/*Hilgendorf*, Bd. I, 12. Aufl. (2007), § 12 Rn. 2 ff.

31 Schönke/Schröder/*Bosch*. (Fn. 14), § 243 Rn. 12.

32 A.A. *Callies*, NJW 1998, 929 (935), der die unbenannten schweren Fälle generell für zu unbestimmt und damit für verfassungswidrig hält, da die Regelbeispiele durch ihre gesetzestechnische Auslegung eigentlich Deliktsnormen seien.

33 Ausf. zur engeren und weiteren Analogiewirkung, *Eisele*, Die Regelbeispielsmethode im Strafrecht, 2004, S. 201 ff. m. zahlr. w. N.; *Zieschang* hingegen beschreibt die Konstruktion der besonders schweren Fälle an sich als „Wurzel des Übels", Jura 1999, 561 (564). Die völlige Offenheit des Begriffs sei nicht mit dem in § 103 II GG verankerten Bestimmtheitsgrundsatz zu vereinbaren; der Gesetzgeber kapituliere vor der Aufgabe, Verhaltensweisen zu umschreiben, welche besonders strafwürdig seien. Verschärft würde dieses Problem durch die fehlerhafte Handhabung durch die Rspr. (564 f.); *Kadel* stellt fest, die Regelbeispielstechnik gäbe keine Gewähr für gerechte Entscheidungen, JR 1985, 386.

an einem der genannten Regelbeispiele angelehnt ist. Wenngleich der BGH und Teile der Lit. in den den Regelbeispielen ähnlich gelagerten Fällen annehmen, diese könnten gleichwohl einen unbenannten besonders schweren Fall darstellen, bestehen hierzu unter Gesichtspunkten des Analogieverbots und des Bestimmtheitsgrundsatzes erhebliche Bedenken.

In diesen Fällen der engeren Analogiewirkung ist entgegen der Rspr. und Teilen der Lit. aufgrund des Bestimmtheitsgebots eine Gegenschlusswirkung anzunehmen. Wegen der Nichtverwirklichung des Regelbeispiels geht nicht nur die Indizwirkung des Regelbeispiels verloren. Das Nichtvorliegen des Regelbeispiels führt zu einer umgekehrten Indizwirkung, sodass grds. von einem einfachen Diebstahl auszugehen ist.[34] Die analoge Anwendung der Regelbeispiele ließe das Bestimmtheitsgebot des Strafrechts leerlaufen.[35] Die Methode der Regelbeispiele soll gerade eine ausufernde, expansive Auslegung verhindern und Konturen der richterlichen Würdigung vorgeben.[36] Es überzeugt auch nicht anzunehmen, durch die Ähnlichkeit zu den Regelbeispielen schlüge sich der für einen besonders schweren Fall sprechende Schweregehalt der Tat nieder.[37] Denn dass der Gesetzgeber diese Fälle gerade normiert hat und andere Fälle nicht, spricht dafür, dass die Nichterfüllung dieser Voraussetzungen dem Schweregrad gerade nicht entspricht. Hierfür spricht auch die Diversität der Handlungsweisen in § 243 I 2 Nr. 1 StGB, die gerade die Umgrenzung der einzelnen Varianten zeigt. Die tatbestandsähnliche Ausgestaltung der Regelbeispiele lässt sich auch an der wörtlichen Übernahme von Merkmalen aus § 243 StGB in § 244 StGB erkennen.[38]

Eine Differenzierung zwischen engerer Analogie einerseits, bei der die Ähnlichkeit des Sachverhalts für die Annahme eines unbenannten besonders schweren Falls streiten soll, sowie der Gegenschlusswirkung

---

34 Vgl. LK-StGB/*Vogel* (Fn. 14), § 243 Rn. 65.

35 NK-StGB/*Hassemer/Kargl* (Fn. 14), § 1 Rn. 74 unter berechtigtem Hinweis, dass für den Täter die Strafzumessung mind. genauso wichtig ist, wie eine strafrechtsdogmatische Abgrenzung; vgl. dazu auch *Dannecker*, in: Heinrich u.a. (Hrsg.), Festschrift für Claus Roxin, 2011, 285; *Fitting*, Analogieverbot und Kontinuität, 2016, S. 34 ff. hingegen will einen einfachen Schluss „vom Ähnlichen auf das Ähnliche" genügen lassen.

36 NK-StGB/*Hassemer/Kargl* (Fn. 14), § 1 Rn. 74; *Kadel* spricht sogar von einem „Taschenspielertrick", wenn trotz Nichtvorliegen der normierten strafschärfenden Voraussetzungen über eine Analogie ein unbenannter besonders schwerer Fall angenommen wird, JR 1985, 386 (387).

37 So aber *Eisele* (Fn. 33), S. 223.

38 Vgl. *Heinrich*, in: Arzt/Weber/Heinrich/Hilgendorf (Hrsg.), Strafrecht Besonderer Teil, 3. Aufl. (2015), § 14 Rn. 20.

andererseits, bei der trotz Ähnlichkeit diese Annahme kontraindiziert sein soll, überzeugt nicht. Die Kasuistik[39] hierzu ist zumeist nur durch „gefühlt gleich schlimm" und „gefühlt weniger schlimm" aufzuspalten. Trennscharfe Merkmale können kaum bestimmt werden.

Auch das Argument des aufgrund der entfallenden Indizwirkung nicht beeinträchtigten Bestimmtheitsgebots verfängt nicht.[40] Denn sobald trotz fehlender Indizwirkung die Begründung des besonders schweren Falles über die Nähe zum Regelbeispiel erfolgt, strahlt die Indizwirkung wieder auf diese Konstellationen aus. Die dann den erhöhten Anforderungen ausgesetzte Begründung eines besonders schweren Falls müsste sich zumindest aus Umständen speisen, die (jedenfalls ganz überwiegend) gerade nicht in der Nähe des Regelbeispiels liegen, um die Argumentation nicht ad absurdum zu führen. Gänzlich andere Gründe können damit weiterhin zur Annahme eines unbenannten schweren Falles führen – die Nähe zum Regelbeispiel entfaltet dennoch zunächst Gegenschlusswirkung.[41]

III. Ergebnis

Ein Großteil der denkbaren, technisch (bereits) möglichen Verhaltensweisen, bei denen unter Vornahme eines Angriffs auf das Smart-Home-System Zugriff auf die Räumlichkeit gewonnen wird, um hieraus Diebstähle zu begehen, ist nicht von § 244 I Nr. 3, IV StGB und i.d.R. auch nicht von § 243 I 2 Nr. 1 StGB umfasst. Selbst bei Berücksichtigung der mitverwirklichten Datendelikte (das Verschaffen des Zugangscodes zur Haustür bspw. kann je nach Begehungsform ggf. gem. § 202a oder § 202b StGB strafbar sein) und dem Hausfriedensbruch, § 123 StGB, bildet der Schuldspruch nicht das Unrecht eines verwirklichten Verbrechens ab. Darüber hinaus ist zu erwarten, dass auch bei Bildung einer Gesamtstrafe, aufgrund der insgesamt niedrigeren Strafrahmen der verwirklichten Delikte, die Strafe hinter einer aus dem Rahmen des § 244 IV StGB gebildeten Strafe zurückbleibt.

Dies könnte als gesetzgeberische Entscheidung so hinzunehmen sein. Gerade mit Blick auf die mit den Taten einhergehenden schwerwiegenden Eingriffe in den persönlichen Lebensbereich und die damit verbunde-

39 Beispiele bei *Eisele* (Fn. 33), S. 203 und LK-StGB/*Vogel* (Fn. 14), § 243 Rn. 64.

40 So aber Eisele (Fn. 33), S. 223.

41 Ähnlich *Heinrich* in: Arzt/Weber/Heinrich/Hilgendorf (Fn. 38), § 14 Rn. 21; *Heinrich* JZ 2016, 167 (173 f.); *Kadel*, JR 1985, 386.

nen finanziellen Auswirkungen, psychischen Folgen sowie auf die massive Schädigung des Sicherheitsgefühls hat der Gesetzgeber im Jahr 2017 den Wohnungseinbruchsdiebstahl in Privatwohnungen zum Verbrechen erhoben.[42] Diese Aspekte entfallen jedoch nicht nur, weil der Täter sich elektronisch Zugang zur Wohnung verschafft. Daher besteht für den Gesetzgeber Nachholbedarf bei der Normierung der Strafbarkeit „smarter Einbrüche".

Selbst wenn man der Versuchung nachgäbe, vom „ähnlich tiefen Unrecht", mit dem dieser Beitrag gerade die notwendige gesetzgeberische Nachjustierung fordert, auf das Vorliegen eines unbenannten, besonders schweren Falles zu schließen – ein aus dogmatischen Gründen abzulehnender Weg – wäre das Unrecht eines *Verbrechens* nicht vollkommen abgebildet und stünde gerade dem in der Reform von 2017 ausgedrückten Gesetzgeberwillen weiterhin nach. Darüber hinaus kann diese fehlende materielle „Vorschaltung" zum Leerlauf der Erweiterung der Katalogtaten des § 100g II StPO um § 244 IV StGB für die o.g. Konstellationen führen.[43]

C. *Strafprozessuale Herausforderungen*

Auch strafprozessrechtlich stellen vernetzte Geräte die Strafrechtspflege vor neue Herausforderungen, bieten zugleich aber auch Chancen. Aufgrund von Tür- und Sitzsensoren in Fahrzeugen aufgeklärte Tötungsdelikte sind bereits Realität, Aufklärung von Straßenverkehrsdelikten aufgrund von Fahrzeugdaten (fast) schon Alltag.[44] Auch im Kontext mit dem bereits oben erwähnten Smart Home lassen sich Szenarien zeichnen, in denen ein strafprozessualer Zugriff auf die Daten der vernetzten Geräte eine (möglicherweise sogar die einzige) Aufklärungshilfe für Straftaten darstellen kann. Daten smarter Geräte können aufschlussreiche Informationen für Strafverfolgungsbehörden liefern, die Hilfe zur Aufklärung von Straftaten aller Art, bis hin zu Kapitalverbrechen, bieten können. Die Grenzen solcher breitgefächerten Zugriffsmöglichkeiten werden vor allem im Hinblick auf Deliktsschwere und Art der Rechtsgutsverletzung enger oder weiter zu fassen sein. Hierbei ist stets der Verhältnismäßigkeitsgrundsatz im Auge zu behalten, der auch für die strafprozessualen Eingriffe gilt.[45]

---

42 BT-Drs. 18/12359, S. 1.

43 Vgl. hierzu BT-Drs. 18/12359, S. 2.

44 Vgl. u.a. LG Köln, Urteil v. 23.05.2016 – 113 KLs 34/15.

45 Meyer-Goßner/Schmitt/*Schmitt*, 64. Aufl. (2021), Einl. Rn. 20 ff.; KK-StPO/*Griesbaum*, 8. Aufl. (2019), § 160 Rn. 28.

Den sich dadurch neu ergebenden Herausforderungen muss sich das Strafprozessrecht stellen. Neben Problemen bei Herausgabepflichten bereits gespeicherter Daten oder beim Zugriff auf im Ausland befindliche, ggf. auf Cloud-Servern gespeicherten Daten, ergibt sich im Rahmen der Überwachung eine Regelungslücke in der StPO, die die Kommunikationsüberwachung der Geräte untereinander betrifft.

I. Fehlende Eingriffsnorm für Geräte-zu-Geräte-Kommunikation

Nicht nur der Zugriff auf gespeicherte Daten der IoT-Systeme, sondern auch die Überwachung von laufender Gerätekommunikation kann von Interesse für die Strafverfolgungsbehörden sein. In den o.g. Fällen des Einbrechens in das Smart Home wird zumeist eher ein nachträglicher Zugriff auf Daten relevant sein, mit dem die Nutzer in der Regel einverstanden sein werden. Die Möglichkeit der Erstellung umfassender Bewegungsprofile und Überwachung verschiedenster Aspekte des Lebensbereichs (s. o.) eines Tatverdächtigen können jedoch das Interesse der Ermittlungsbehörden an der (Quellen-)Überwachung dieser Kommunikation wecken. Gleiches gilt bspw. für die beim Betrieb eines Fahrzeugs anfallenden Daten.[46] Die nicht in jedem Schritt menschlich veranlasste Kommunikation von Geräten untereinander entbehrt momentan indes einer Überwachungsmöglichkeit über § 100a StPO. Eine Überwachung von IoT-Kommunikation darf nach jetzigem Recht nicht stattfinden. Dies ergibt sich daraus, dass diese Datenübertragung zwar z.T. Kommunikation im Sinne des Art. 10 GG darstellt, Eingriffe jedoch nicht von § 100a StPO umfasst sind und ein Rückgriff auf die Ermittlungsgeneralklausel, § 161 StPO, ausscheidet.

1. IoT-Kommunikation ist grundrechtlich geschützt

a) Art. 10 GG

Durch das Telekommunikationsgeheimnis wird die Vertraulichkeit solcher Informationen geschützt, die mit Hilfe des Telekommunikationsverkehrs übermittelt werden.[47] Das einschränkende Merkmal, es müsse sich

---

46 Vgl. hierzu *Janovsky/Goger*, RAW 2019, 99 (101 f.).

47 *Hermes*, in: Dreier (Hrsg.), Grundgesetz, Bd. I, 3. Aufl. (2013), Art. 10 Rn. 36 m.w.N.

um individuelle Kommunikation handeln, dient dazu, Massenkommunikation und Rundfunk abzugrenzen.[48] Art. 10 GG schützt nicht nur die Kommunikation zwischen Personen, sondern auch zwischen Telekommunikationseinrichtungen.[49] Unter diesen Begriff fallen sämtliche Geräte, die der Telekommunikation dienen.[50] Getrennt davon ist die Frage zu betrachten, ob es sich erst dann um Kommunikation handelt, wenn Sender und Empfänger nicht identisch sind. In diesem Rahmen wird z.T. der Schutz des Art. 10 I Var. 3 GG für die Übermittlung von Informationen an eine Cloud verwehrt, sofern nur die Person, die die Daten in die Cloud lädt, Zugriff hierauf hat.[51] Mit dieser Argumentation ließe sich sodann auch der Schutz durch Art. 10 I Var. 3 GG für Geräte-zu-Geräte-Kommunikation ablehnen, solange sich die Übermittlung noch nicht aus dem Herrschaftsbereich der Person herausbewegt, in dem die Kommunikationsdaten entstehen (bspw. vom einzelnen vernetzten Gerät zum Hub). Spätestens jedoch bei (typischer) Übersendung und Speicherung auf den Cloud-Speichermedien des Herstellers oder Dienstleisters, auf der die Daten verarbeitet werden und (wenn überhaupt) nicht ausschließlich dem Nutzer des IoT-Systems zur Verfügung stehen, wird der Vorgang vom Telekommunikationsgeheimnis des Art. 10 GG umfasst sein. Dass die einzelnen Kommunikationsvorgänge hierbei nicht jedes Mal durch menschlichen Befehl ausgelöst werden, darf unter dem Aspekt des umfassenden Grundrechtsschutzes keinen Unterschied machen. Zwar soll ein rein technischer Austausch nicht von Art. 10 GG geschützt sein,[52] jedoch handelt es sich bei der Gerätekommunikation im Internet der Dinge oft nicht um rein betriebserhaltende, maschinelle Kommunikation.[53] Es werden immer auch Daten der Sensorik und der Steuerung übermittelt und gespeichert, die Informationen über Nutzer und Nutzungsverhalten geben, welche vom Empfänger, bspw. dem Betreiber eines solchen Systems oder dem Hersteller des Smart Cars, „ent-

48 *Chr. Gusy*, in: v. Mangoldt/Klein/Starck (Hrsg.), Grundgesetz, Bd. I, 7. Aufl. (2018), Art. 10 Rn. 62.

49 BVerfGE 120, 274 (306).

50 *Schmidl*, IT-Recht von A-Z, 2. Aufl. 2014, Telekommunikationseinrichtung.

51 Vgl. BVerfGE 141, 220 (303 ff); s. auch BeckOK-GG/*Ogorek*, 48. Ed. (Stand: 15.05.2021), Art. 10 Rn. 41 f.

52 BGH NJW 2007, 351; vgl. auch Martini, in: v. Münch/Kunig (Hrsg.), Grundgesetz, Bd. I, 7. Aufl. 2021, Art. 10 Rn. 71 ff.

53 Zur reinen betriebserhaltenden Kommunikation s. auch *B. Gercke*, Bewegungsprofile anhand von Mobilfunkdaten im Strafverfahren, 2002, S. 101.

gegengenommen“ und ausgewertet werden,[54] sodass der Datenaustausch im Internet der Dinge gleichwohl eine Interaktion zwischen menschlichen Individuen darstellen kann.

b) IT-Grundrecht

Selbst wenn man die IoT-Kommunikation in Teilen – aus welchen Gründen auch immer (s.o.) – nicht unter Art. 10 GG fassen wollte, wäre diese Kommunikation nicht ohne Grundrechtsschutz.[55] Das vom BVerfG herausgearbeitete Grundrecht auf Gewährleistung der Vertraulichkeit und Integrität informationstechnischer Systeme (Computer- oder IT-Grundrecht) bildet eine Ausprägung des allg. Persönlichkeitsrechts, Art. 2 I i.V.m. Art. 1 I GG.[56] In der dieses Grundrecht schöpfenden Entscheidung hebt das BVerfG hervor, dass informationstechnische Systeme zum einen allgegenwärtig und für die Lebensführung vieler Bürger von zentraler Bedeutung sind,[57] dass die zunehmende Verbreitung vernetzter informationstechnischer Systeme zum anderen aber auch Persönlichkeitsrechtsgefährdungen birgt.[58] Die Schutzlücke, die das IT-Grundrecht schließen soll, sieht das BVerfG in der Gefahr fremder Zugriffe auf große und aussagekräftige Datenbestände, gegen die Art. 10 I, 13 I GG und das Recht auf informationelle Selbstbestimmung keinen ausreichenden Schutz gewähren können.[59] Genau diese durch das BVerfG formulierte Gefahr findet in der Vernetzung verschiedenartiger Geräte eine besondere Ausprägung. Vernetzte Geräte, deren Daten(kommunikation) aus welchen Gründen auch immer (vgl. oben) gerade nicht vom Schutzbereich des Art. 10 GG umfasst sind, sollen durch dieses Grundrecht vor staatlicher Infiltration und Kontrolle geschützt werden.[60] Aufgrund der Vernetzung der einzelnen Geräte und

---

54 Vgl. u.a. *Altiparmakoglu/Lindenmeier/Müller/Schramm*, IoT-Security-Projektbericht Gruppe „Amazon“, 2020, S. 28; *Schmidt/Westermeyer*, IoT-Security-Projektbericht Gruppe „Google“, 2020, S. 23; *Janovsky/Goger*, RAW 2019, 99.

55 Ausf. zum IT-Grundrecht *Dreier*, in: Dreier (Fn. 47), Art. 2 Rn. 82 ff. zur genauen Differenzierung zwischen IT-Grundrecht, Telekommunikationsgeheimnis und dem Schutz informationeller Selbstbestimmung Art. 10 Rn. 44 ff.

56 BVerfGE 120, 274 (302 ff.); umfassend zu Herleitung und Funktion *Lepsius*, in: Roggan (Hrsg.), Online-Durchsuchungen, 2008, S. 21 ff.; s. auch *Kunig/Kämmerer*, in: v. Münch/Kunig (Fn. 52), Art. 2 Rn. 81.

57 BVerfGE 120, 274 (303).

58 BVerfGE 120, 274 (305).

59 BVerfGE 120, 274 (307 ff.).

60 *Martini*, in: v. Münch/Kunig (Fn. 52), Art. 10 Rn. 234.

einer Verbindung zum Internet ist auch ein für das IT-Grundrecht erforderliches komplexes informationstechnisches System gegeben, wegen der umfassenden Datenerhebung bspw. im Smart Car oder Smart Home auch die notwendige Persönlichkeitsrelevanz.[61] Ein System vernetzter Geräte – das Internet der Dinge – unterfällt gerade dem vom BVerfG festgestellten Gefahrenkreis, in dem ein Zugriff auf Systeme oder technische Vernetzungen vielfältige personenbezogene Daten produzieren kann, durch die umfassende Erkenntnisse über wesentliche Teile der Lebensgestaltung einer Person gewonnen werden können oder sogar ein eindrückliches Persönlichkeitsbild erstellt werden könnte.[62]

2. *Kein Zugriff über § 100a StPO*

Eine Überwachung der Gerätekommunikation in vernetzten Systemen wie bspw. dem Smart Home oder auch in der Übermittlung von Smart-Car-Daten ist nicht von § 100a StPO gedeckt, eine (Quellen-)TKÜ zur Überwachung der Gerätekommunikation damit nicht möglich. Dies gilt ohnehin für die Gerätekommunikation, die nicht von Art. 10 GG umfasst sein soll, da sich per § 100a StPO vorgenommene Eingriffe nur gegen von Art. 10 GG geschützte Kommunikationsformen richten darf.[63] Da diese Feststellung in Abhängigkeit dazu steht, wie der Begriff der Telekommunikation in § 100a StPO zu verstehen ist, muss dieser Umstand zunächst geklärt werden.

a) Rein technischer Telekommunikationsbegriff

Vertreter eines rein technischen Telekommunikationsbegriffs wollen den Begriff der Telekommunikation in § 100a StPO durch die Definition in § 3 Nr. 22 TKG festgelegt wissen.[64] Dort wird Telekommunikation als techni-

---

61 Ausf. zu dieser Voraussetzung *Grözinger*, Die Überwachung von Cloud-Storage, 2018, S. 145 ff.

62 BVerfGE 120, 274 (314), anders, so das BVerfG, sei das aber bspw. bei nicht vernetzten Geräten der Haustechnik, bei denen ein nur punktueller Bezug zu einem bestimmten Lebensbereich des Betroffenen besteht; s. auch *Kunig/Kämmerer*, in: v. Münch/Kunig (Fn. 52), Art. 2 Rn. 81.

63 S. u.a. *Fezer*, NStZ 2003, 625 (627).

64 So bspw. KK-StPO/*Bruns* (Fn. 45), § 100a Rn. 4; BeckOK-StPO/*Graf*, 38. Ed., Stand 01.10.2020, § 100a Rn. 18; KMR-StPO/*Bär*, 91. Lfg., § 100a Rn. 11 ff.; *Seitz*, Straf-

scher Vorgang des Aussendens, Übermittelns und Empfangens von Signalen mittels Telekommunikationsanlagen definiert. Vorteil dieses Begriffsverständnisses wäre die Möglichkeit einer allumfassenden Überwachung jeder technischen Übertragung von Daten,[65] mithin auch der IoT-typischen Gerätekommunikation.

b) Technikorientierte Auslegung des BGH

Nach dem Verständnis des BGH ist der Begriff der Telekommunikation i.S.d. § 100a StPO grds. inhaltsgleich mit dem Begriff in § 3 Nr. 22 TKG.[66] Einschränkungen nimmt der BGH sodann jedoch insoweit vor, als er verlangt, dass es sich um die Versendung von Nachrichten handeln muss, mithin menschliche Kontakte notwendig sind und sich eine Person einer Telekommunikationsanlage bediene.[67] An die menschliche Beteiligung stellt der BGH jedoch keine hohen Anforderungen. Er verlangt hierfür nicht einmal, dass der Kommunikationsvorgang mit Willen oder Wissen der betroffenen Person vollzogen wird, insofern soll bereits das Einschalten eines Mobiltelefons ausreichen.[68] Darüber hinaus begrenzt der BGH einerseits den Anwendungsbereich des § 100a StPO auf Eingriffe in die grundrechtlich geschützte Telekommunikationsfreiheit, begründet jedoch andererseits den umfassenden Anwendungsbereich zugleich mit dem umfassenden Schutzbereich des Art. 10 I Var. 3 GG.[69]

Ob der BGH unter Zugrundelegung dieser aufgestellten Grundlagen zum Ergebnis käme, Gerät-zu-Geräte-Kommunikation sei einem Eingriff nach § 100a StPO unterworfen, bleibt wohl bis zur ersten Entscheidung in einer solchen Sache abzuwarten. Vorerst bleibt es Spekulation, ob die niedrige Hürde, die der BGH für die von ihm geforderte menschliche Komponente fordert, durch den Betrieb bspw. eines Smart Homes oder Smart Cars bereits als genommen gelten soll.

---

verfolgungsmaßnahmen im Internet, 2004, 264 ff.; *Grözinger* (Fn. 60), S. 183 ff. m.w.N., vgl. auch LG Ellwangen ZD 2014, 33 m. Anm. *Bär*.

65 Vgl. *Hiéramente/Fenina*, StraFO 2015, 365 (369).

66 BGH NJW 2003, 2034.

67 BGH NJW 2003, 2034, 2035.

68 BGH NJW 2003, 2034, 2035; NJW 2001, 1587; hierzu auch LR-StPO/*Hauck*, 27. Aufl. 2019, § 100a Rn. 29.

69 BGH NJW 2001, 1587; *Kudlich*, JuS 2001, 1165 (1166 f.); vgl. auch *Grözinger* (Fn. 60), S. 187.

c) Grundrechtsanaloge Auslegung

Die Vertreter der grundrechtsanalogen Auslegung wollen den Begriff der Telekommunikation in § 100a StPO fest an den Begriff der Telekommunikation des Art. 10 GG knüpfen.[70] Eine notwendige restriktive Auslegung des Telekommunikationsbegriffs in § 100a StPO spräche nicht gegen diese Koppelung, da durch die Verknüpfung des Grundrechts mit der Eingriffsbefugnis sichergestellt wäre, dass Eingriffe in Art. 10 GG sich stets an den hohen Hürden des § 100a StPO messen lassen müssten.[71] Nach dieser Ansicht wäre ein Eingriff in die IoT-Kommunikation soweit gedeckt, wie man diese von Art. 10 I Var. 3 GG umfasst sieht.

d) Genuin strafprozessualer Telekommunikationsbegriff

Die überwiegenden Stimmen in der Literatur streiten für einen genuin strafprozessualen Telekommunikationsbegriff. Auch wenn die genauen Umgrenzungen dieses Begriffs nicht einheitlich festgelegt werden, so einen diese Ansicht jedenfalls die Gegenargumente gegenüber den anderen Auslegungen sowie die Überzeugung, dass dem Begriff der Telekommunikation aufgrund der Zielrichtung der StPO eine eigenständige Auslegung zukommen muss, die weder eng an das Grundrecht der Telekommunikationsfreiheit gekoppelt noch rein technisch definiert werden kann. Dieses Verständnis von Telekommunikation wird zwar vom grundrechtlichen Begriff umgrenzt, Schutzbereich und Weite der Eingriffsnorm laufen jedoch nicht gleich,[72] m.a.W.: § 100a StPO kann grundsätzlich nur Eingriffe in Telekommunikation i.S.v. Art. 10 I Var. 3 GG ermöglichen, jedoch nicht in jede grundrechtlich geschützte Form von Telekommunikation. Gefordert wird zumeist eine soziale Interaktion zwischen den Kommunizierenden oder das Handeln mit Mitteilungswillen.[73] Diese Forderung deckt sich mit dem Telos der Telekommunikationsüberwachung. Ursprünglich sollte diese dazu dienen, „Ganovengespräche“ abzuhören und

---

70 *Grözinger* (Fn. 61), S. 197 m.w.N.; MüKo-StPO/*Günther*, Bd. I, 2014, § 100a Rn. 34; *ders.* NStZ 2005, 485 (492).

71 *Neuhöfer*, Der Zugriff auf serverbasiert gespeicherte E-Mails beim Provider, S. 49; vgl. auch *Grözinger* (Fn. 61), S. 197 f.

72 Grözinger (Fn. 61), S. 199 m.w.N.

73 *Dalby*, CR 2013, 361 (368); *Wicker*, Cloud Computing und staatlicher Strafanspruch, S. 380; *Grözinger* (Fn. 61), S. 201; *Fezer* NStZ 2003, 625 (627).

Informationen über Tat und Täter zu eruieren.[74] Gerade aufgrund der limitierten technischen Möglichkeiten zu Zeiten der Ursprungsfassung des § 100a StPO ist davon auszugehen, dass der Gesetzgeber von einem sozialen Kommunikationsbegriff ausging und es ihm darauf ankam, einen Informationsaustausch zwischen Tatverdächtigen überwachen zu können, der ohne Schriftwechsel und Verlassen der Wohnung möglich war.[75]

e) Stellungnahme

(aa) Ablehnung des rein technischen Telekommunikationsbegriffs

Der rein technische Telekommunikationsbegriff ist abzulehnen. Die Zielrichtungen von Telekommunikationsgesetz und Strafprozessordnung sind zu verschieden, weshalb die Begriffe keinesfalls deckungsgleich sein müssen. Ziel des TKG ist es gem. § 1, durch technologieneutrale Regulierung den Wettbewerb im Bereich der Telekommunikation und leistungsfähige Telekommunikationsinfrastrukturen zu fördern und flächendeckend angemessene und ausreichende Dienstleistungen zu gewährleisten.[76] Um diesem Zweck gerecht zu werden, muss das TKG möglichst weit gefasst sein und sämtliche Übertragungsvorgänge lückenlos miteinbeziehen.[77] Die StPO hingegen rechtfertigt Eingriffe in das Grundrecht der Telekommunikationsfreiheit, Art. 10 I Var. 3 GG. Eine Übernahme der weiten Definition scheidet damit aus, § 100a StPO ist vielmehr im Lichte des Zwecks der StPO zu betrachten.[78] Auch systematische Gesichtspunkte sprechen gegen den Gleichlauf der Begriffe: Während bspw. in § 100g I StPO ein klarer Verweis auf das TKG zu finden ist, fehlt dieser Hinweis in § 100a StPO, was darauf hindeutet, dass der Gesetzgeber gerade keinen Bezug der Begrifflichkeiten zueinander herstellen wollte.[79] Die rein technische Auslegung würde zu einer Gleichsetzung von Telekommunikation selbst und der technischen Mittel führen.[80] Ferner wird aus den im Gesetzesentwurf zur Bekämpfung des Rechtsextremismus und der Hasskriminalität geplan-

---

74 *Hiéramente/Fenina*, StraFO 2015, 365 (369).
75 *Hiéramente/Fenina*, StraFO 2015, 365 (370).
76 Ausf. zu den Regelungszielen *Cornils*, in: Beck'scher TKG-Kommentar, 4. Aufl. 2013, § 1 Rn. 11 ff.
77 *Fezer*, NStZ 2003, 625 (626).
78 Vgl. MüKo-StPO/*Günther* (Fn. 70), § 100a Rn. 33.
79 MüKo-StPO/*Günther* (Fn. 70), § 100a Rn. 33.
80 HeidelbK-StPO/*Gercke*, 6. Aufl. 2019, § 100a Rn. 10 m.w.N.

ten Änderungen der StPO ersichtlich, dass der Gesetzgeber zumindest einen reinen Gleichlauf des Telekommunikationsbegriffs des § 100a StPO mit § 22 Nr. 3 TKG abzulehnen scheint: Denn während er eine aufgrund eines Urteils des EuGH[81] notwendig gewordene Differenzierung zwischen Telekommunikationsdiensten und Telemediendiensten in den §§ 100g, 100j StPO vornimmt, hält er eine solche Implementierung in § 100a StPO ausdrücklich für überflüssig.[82]

(bb) Ablehnung der Definition des BGH

Ebenfalls ist die Auslegung des BGH nicht zustimmungswürdig. Zum einen gilt auch hier das grds. zur Ablehnung des Gleichlaufs von Telekommunikationsbegriff aus TKG und StPO Gesagte. Zum anderen vermag das weite Verständnis von menschlicher Beteiligung an der Telekommunikation nicht zu überzeugen. Diese weite Auffassung ist mit dem Telos des § 100a StPO nicht vereinbar (s.o.). Die Norm des § 100a StPO dient der konkreten Überwachung von Kommunikationsinhalten. Eine enge Bindung an das TKG und die damit einhergehende technische bzw. technikorientierte Auslegung führt zu einer Gleichsetzung der Telekommunikation als solcher mit dem Mittel der Telekommunikation.[83] Dass für Telekommunikation i.S.d. § 100a StPO mit Blick auf den Zweck der Norm (s.o.) ein kommunikativer Akt vorausgesetzt werden muss, gerät dabei aus dem Blick.

(cc) Ablehnung der grundrechtsorientierten Auslegung

Eine enge Koppelung an den grundrechtlichen Telekommunikationsbegriff des Art. 10 I Var. 3 GG muss schon aufgrund der diametral entgegengesetzten Regelungsrichtungen der Grundrechtsnorm einerseits und der strafprozessualen Eingriffsnorm andererseits ausscheiden. Hierbei stehen sich nicht nur die im Sinne hoher Grundrechtseffektivität weite Auslegung des Schutzbereichs der Grundrechte zum einen,[84] und die unter den Gesichtspunkten des Grundrechtsschutzes und des Bestimmtheitsgebots er-

---

81 EuGH NJW 2019, 2597.
82 BT-Drs. 19/17741, S. 31.
83 LR-StPO/*Menges/Hauck*, 27. Aufl. 2019, Bd. III/1, § 100a Rn. 30.
84 Vgl. BVerfGE 39, 1 (38); 59, 231 (265).

forderliche restriktive Auslegung strafprozessualer Eingriffsbefugnisse zum anderen entgegen.[85] Nur weil eine Norm einen Eingriff in ein Grundrecht rechtfertigt, rechtfertigt diese nicht schlichtweg *jeden* Eingriff in dieses Grundrecht.[86] Ein Schluss von der Eröffnung des Schutzbereichs auf den Anwendungsbereich der Eingriffsnorm ist gerade nicht ohne weiteres möglich.[87] Der Grundrechtsschutz würde völlig unterlaufen, wenn alles, was ggf. auch neu vom Grundrechtsschutz umfasst wird, im selben Moment – ohne gesetzgeberische Handlungsnotwendigkeit – von der Eingriffsnorm umfasst und damit den Ermittlungsbehörden zugänglich wäre.[88] Vertreter dieser Ansicht, die behaupten, diese Auslegung sei am grundrechtsschonendsten, da sich jeder Eingriff an den hohen Hürden des § 100a StPO messen lassen müsste, verkennen, dass bei Entkoppelung der Begriffe nicht jeder nicht von § 100a StPO umfasste Eingriff schrankenlos möglich ist, sondern bei Nichterfassung von § 100a StPO gerade *kein* Eingriff erfolgen kann.[89]

(dd) Vorzugswürdigkeit eines genuin strafprozessualen Telekommunikationsbegriffs

Vorzuziehen ist ein strafprozessualer Telekommunikationsbegriff, der zwar einerseits durch Art. 10 GG insofern begrenzt ist, als nur vom Schutzbereich der Telekommunikationsfreiheit umfasste Kommunikation über § 100a StPO überwacht werden kann, der sich jedoch andererseits mit Blick auf das Telos des § 100a StPO auf die Überwachung tatsächlicher Kommunikation i.S.e. Nachrichtenaustauschs zweier Individuen beschränkt. Dieser Auslegung kann auch nicht entgegengehalten werden, sie sei technischem Fortschritt gegenüber versperrt. Das Telos der Norm wird jedoch von der Offenheit gegenüber technischen Entwicklungen nicht berührt – die Zielrichtung des § 100a StPO bleibt gleich.[90] Die ursprüngliche soziale Komponente des in § 100a StPO verankerten Telekommunikationsbegriffs kann nicht aufgrund technischer Weiterentwicklung entfallen,

85 *Kudlich*, JuS 2001, 1165 (1167).
86 Vgl. *Becker/Meinicke*, StV 2011, 50 (51); *Kudlich*, JuS 2001, 1165 (1167).
87 So auch *Kudlich*, GA 2011, 193 (206); *Hiéramente/Fenina*, StraFO 2015, 365 (371); HeidelbK-StPO/*Gercke* (Fn. 80), § 100a Rn. 9; *ders.* GA 2012, 474 (488); s. auch BVerfG NJW 2009, 2431 (2433).
88 *Gercke*, GA 2012, 474 (488).
89 So auch *Hiéramente/Fenina*, StraFO 2015, 365 (371).
90 Vgl. dazu *B. Gercke* (Fn. 53), S. 105.

wenngleich natürlich auch neue Kommunikationsformen von § 100a StPO umfasst sein müssen, soweit deren Überwachung dem ursprünglichen Ziel des „Abhörens“ im entferntesten Sinne noch entspricht.[91]

Diese enge Auslegung des strafprozessualen Telekommunikationsbegriffs steht auch nicht im Widerspruch zum hier vertretenen weiten Grundrechtsschutz und der Fassung der IoT-Kommunikation unter Art. 10 GG, da die Auslegung gerade nicht kongruent ist und der weite Grundrechtsschutz einerseits dem Telos der Eingriffsnorm andererseits gegenübersteht.[92]

3. *Keine Subsumtion unter den genuin strafprozessualen Telekommunikationsbegriff*

Einen solchen, nach dem genuin strafprozessualen Telekommunikationsbegriff notwendigen, Mitteilungswillen hat der Systemnutzer jedoch zumeist nicht.

Der Nutzer des Smart Cars oder Smart Homes bspw. nimmt womöglich – sofern er sich überhaupt hierüber Gedanken macht – die Übertragung bestimmter Inhaltsdaten bspw. in eine Cloud und auch eine etwaige Kenntnisnahme durch den Hersteller oder Dritte in Kauf. Er teilt die Daten jedoch nicht mit, damit jemand anders davon Kenntnis erlangt, sondern weil er das System schlichtweg nutzen, möglicherweise durch Übertragung der Daten noch optimieren möchte. Mit anderen Worten: Der Autofahrer möchte Autofahren, keine Nachrichten übermitteln; der Nutzer des Smart- Home-Systems möchte ebenfalls keine Nachrichten übermitteln, sondern das Licht ein- oder seinen Ofen ausschalten und das Garagentor öffnen. Dem Telos des § 100a StPO entspringenden genuin strafprozessualen Telekommunikationsbegriff vermag diese Form der Kommunikation damit nicht zu unterfallen. Allein der Betrieb des „funkenden Systems“ kann hierfür nicht ausreichen. Anders mag dies ggf. in solchen Situationen zu beurteilen sein, in denen die Nachrichtenübertragung explizit der Mitteilung gilt, bspw. Fälle automatischer Nachbestellungen im Rahmen des e-Commerce o.ä. Die so übertragenen Inhalte könnten die Anforderungen an eine Kommunikation i.S.d. § 100a StPO erfüllen. In der überwiegenden Zahl der IoT- Kommunikation wird dies jedoch nicht der Fall sein.

---

91 So auch *Hiéramente/Fenina*, StraFO 2015, 365 (370).

92 S. auch *B. Gercke* (Fn. 53), S. 98 f.

4. Kein Rückgriff auf die Ermittlungsgeneralklausel

Ein Rückgriff auf die Generalbefugnis aus § 161 StPO muss aufgrund der Eingriffstiefe ausscheiden, gleichgültig ob es sich um Eingriffe in das Telekommunikationsgeheimnis oder in das IT-Grundrecht handelt. Zwar sind durch § 161 StPO auch Maßnahmen umfasst, die in Grundrechte eingreifen.[93] Eine Überwachung der IoT-Kommunikation stellt jedoch keinen durch die Generalklausel gerechtfertigten niedrigschwelligen Eingriff dar. Sowohl Eingriffe in Art. 10 GG als auch Eingriffe in das IT-Grundrecht bedürfen einer *Lex specialis*, die den Eingriff unter den Vorbehalt richterlicher Entscheidung stellt.[94]

II. Ergebnis

Soweit man die Kommunikation von IoT-Geräten nicht als von Art. 10 I Var. 3 GG umfasst sieht, unterfällt diese dem IT-Grundrecht. Bei Begrenzung des § 100a StPO auf von der Telekommunikationsfreiheit umfasste Kommunikationsformen bedeutet dies, dass diese Form der Gerätekommunikation a priori nicht von § 100a StPO umfasst ist. Bei der Fassung unter den Begriff der Telekommunikationsfreiheit – hiergegen spricht nicht per se die Kommunikation von Gerät zu Gerät, da zumeist auch Inhaltsdaten zur Speicherung und Auswertung übermittelt werden und es sich nicht um eine reine betriebserhaltende Kommunikation der Geräte untereinander handelt – ist jedoch ein Zugriff mit der vorzugswürdigen genuin strafprozessualen Auslegung des Telekommunikationsbegriffs nicht von § 100a StPO gedeckt. Möglicherweise könnte der BGH in Fortführung seiner technikorientierten Auslegung zur Annahme einer Überwachung kommen. Gegen diese technikorientiere Auslegung sprechen jedoch Sinn und Zweck der TKÜ in der StPO, die nicht sachgemäße Anlehnung an die Begrifflichkeiten des TKG sowie der Schluss vom Grundrecht auf die Eingriffsnorm, der nicht nur der grundrechtsanalogen Auslegung, sondern bisweilen auch dem BGH unterlaufen ist. Da auf § 161 StPO aus Gründen

---

93 LR-StPO/*Erb*, Bd. V/2, 27. Aufl. 2018, § 161 Rn. 2; HeidelbK-StPO/*Zöller* (Fn. 80), § 161 Rn. 2.

94 Zum IT-Grundrecht s. BVerfGE 120, 274; für Eingriffe in Art. 10 GG ergibt sich dies – wenngleich der Telekommunikationsbegriff des § 100a StPO von dem grundrechtlichen abweicht (s.o.) – aus § 100a StPO und den übrigen *Leges speciales*, vgl. hierzu MüKo-StPO/*Kölbel*, Bd. II, 2016, § 161 Rn. 8; LR-StPO/*Erb* (Fn. 93), § 161 Rn. 2.

der Eingriffstiefe nicht zurückgegriffen werden kann, existiert für die beschriebene Art der IoT-Kommunikation keine strafprozessuale Eingriffsnorm.

D. Fazit

Sowohl materiell als auch prozessual stellt das Internet der Dinge das Strafrecht vor neue Herausforderungen. Die aufgezeigten Problemkreise sind nur Fragmente aus einer Palette voller Reibungspunkte zwischen vernetzten Geräten und Strafrecht. Sie sollten aufzeigen, dass diese neue Kommunikationsform auch aus strafrechtlicher Sicht Beachtung bekommen sollte. Dass die Rspr. im Ernstfall (Not-)Lösungen bereithalten könnte, ist nur ein schwacher Trost, sofern sich diese den o.g. (dogmatischen) Bedenken ausgesetzt sehen. Sinnvoll wäre es, rechtzeitig mit sauberen Lösungen und ggf. nötigen Reformen den neuen Herausforderungen zu begegnen.

Beschuldigtenrechte im Zeitalter von Big Data

Eine Analyse am Beispiel der Unschuldsvermutung

Athina Sachoulidou

I. Einleitung

Kommunikation via Smartphone, Interaktion in sozialen Medien und Smart Home-Geräte prägen den Alltag der Mehrheit der Menschen auf der Welt. Je mehr Menschen auf Datensammlung und -management basierte Technologien verwenden, desto mehr ist die Rede vom *digitalen Fußabdruck*.[1] Dieser umfasst Unmengen verschiedenartiger Informationen, die dank schnellerer Computerprozessoren, größerer Speicherkapazitäten und neuer Auswertungstechniken zusammengeführt und tiefgreifend analysiert werden. Diese neue Realität und ihre Auswirkung auf Entscheidungsfindungen wird oft mit dem Begriff *Big Data* beschrieben.[2] Dieser verweist auf gewaltige Datenmengen (*Volume*) aus verschiedenen Quellen[3], verschiedene Erhebungs-, Speicherungs- und Zugriffsmöglichkeiten (*Variety*) und rasche Datenverarbeitung (*Velocity*).[4] Ferner umfassen die zur Beschreibung von *Big Data* verwendeten sog. fünf „V" *Veracity*, nämlich neue Formen der Überprüfung der Datenstimmigkeit, und *Value* im Sinne neuer Geschäftsmodelle und Möglichkeiten diverser Wertschopfungen.[5]

Big Data Analytics vermag drei unterschiedliche Fragen zu beantworten: 1) Was ist passiert und wann ist es passiert? (deskriptive Analytik); 2) Was wird passieren? (prädiktive Analytik); und 3) Welche ist die optimale Antwort unter Unsicherheit? (präskriptive Analytik).[6] Damit „zielt [sie] auf die vor allem durch den Einsatz künstlicher Intelligenz ermöglichende

1 *Sjöberg u.a.*, in: Gamberini u.a. (Hrsg.), Symbiotic Interaction, 2016, S. 155 f.

2 *Lyon*, Big Data & Society 2014, 1 (2).

3 *Europäische Kommission für die Effizienz der Justiz des Europarates (CEPEJ)*, Europäische Ethik-Charta über den Einsatz künstlicher Intelligenz in der Justiz und in ihrem Umfeld, 2018, S. 78.

4 S. COM (2014) 442 final, S. 4; *Drewer/Miladinova*, Computer Law & Security Review 2017, 298 (301); *Hoffmann-Riem*, in: ders. (Hrsg.), Big Data – Regulative Herausforderungen, 2018, S. 19.

5 *Hoffmann-Riem* (Fn. 4), S. 19 f. mwN.

6 *Shun/Huo*, Journal of Computer Information Systems 2021, 154 (155).

Ausweitung und Nutzung des durch Daten aller Art generierbaren Wissens in einer Vielzahl von Anwendungsfeldern".[7] *Big Data* können nicht nur zur Erfüllung privater, sondern auch staatlicher Aufgaben eingesetzt werden, wie z.B. die polizeiliche Gefahrenabwehr, die Strafverfolgung und die (Straf-)Justiz.[8]

Der Staat will sich die massenhaft erhobenen und analysierten Daten zunutze machen, um u.a. künftiges deviantes Verhalten zu verhindern, vergangene Straftaten aufzuklären und darauf hinzuwirken, dass sie nicht wiederholt werden. Dabei tragen *Big Data* beispielsweise zur Sammlung (eventuell) beweiskräftigen Materials oder zur Erleichterung digitaler Entscheidungsfindung im Gerichtssaal, ferner zur Erstellung umfassender Bürgerprofile und zur Ermöglichung staatlicher Überwachung bei.[9] In diesem Rahmen liegt die Frage nahe, wie die Rechte der davon betroffenen Verdächtigen und Beschuldigten zu schützen sind. Diese Frage wird erheblich komplizierter, wenn Daten *ohne individualisierten Verdacht* erhoben, gespeichert und verarbeitet werden – dies, weil sich der Schutzbereich der einschlägigen Verfahrensrechte nur auf diejenigen beschränkt, die die Eigenschaft „Verdächtiger" oder „Beschuldigter" im strafprozessualen Sinne der Begriffe erworben haben.

Im Folgenden werden zunächst konkrete Beispiele der Heranziehung von *Big Data* in polizei- und strafrechtlichen Verfahren vorgestellt und ein Überblick über die damit verbundenen Chancen und Risiken gegeben (II.). Vor diesem Hintergrund wird anschließend der Fokus auf die Auswirkungen der *Big Data*-Auswertungen auf die Beschuldigtenrechte und die Unschuldsvermutung im Konkreten und deren Anpassungs- bzw. Ergänzungsbedarf gelegt (III.). Zur Veranschaulichung dieser Analyse werden europarechtliche Vorgaben herangezogen, insbesondere jene der Europäischen Menschenrechtskonvention (EMRK), der EU-Grundrechtecharta (GRCh) und der Richtlinien zur Stärkung der Strafverfahrensrechte iVm unionsrechtlichen Vorschriften zum Datenschutz und Zugriff auf digitale Beweismittel.

---

7 *Hoffmann-Riem* (Fn. 4), S. 21.
8 *Hoffmann-Riem* (Fn. 4), S. 22 f.
9 S. *Ferguson*, University of Pennsylvania Law Review 2015, 327 (352 f.); *Blechschmitt*, MMR 2018, 361 (361 f.).

II. Der Einsatz von Big Data im Rahmen der Gefahrenabwehr und des Strafprozesses

1. Big Data im Dienst der Polizei

Die Polizei übernimmt unterschiedliche Aufgaben, die von Gefahrenabwehr und Kriminalitätsprävention bis hin zur Strafverfolgung reichen und die davon geprägt sind, dass sie Zwangsgewalt und invasive Überwachungsmethoden einsetzen kann.[10] Die allmähliche Automatisierung dieser Aufgaben spiegelt sich u.a. im Begriff *Predictive Policing*[11] wider, der Polizisten, Software, Algorithmen und Datensätze im Bereich der Straftatenvorhersage zusammenbringt.[12]

Die unter *Predictive Policing* verhandelten Methoden zielen darauf ab, Verbrechen oder Orte erhöhter krimineller Aktivität vorherzusagen oder zu prognostizieren, welche Personen als Täter in kriminelle Vorhaben involviert sind oder ihnen zum Opfer fallen werden.[13] Je nach dem verfolgten Ziel wird zwischen raum- und personenbezogener *Vorhersage* unterschieden. Instrumente der ersten Kategorie benutzen historische Kriminalitätsdaten, die oft mit Umgebungsparametern (z.B. Bevölkerungsdichte) kombiniert werden.[14] Dies ist nicht der Fall bei Programmen, die die Vorhersage künftigen kriminellen Verhaltens ermöglichen, indem sie Kommunikations- und Ortsdaten *bestimmter* Personen oder aus öffentlichen *Social Media*-Konten extrahierte Informationen, Vorstrafenregister und sonstige polizeiliche Daten auswerten.[15] In beiden Fällen wird ermöglicht, *Big Data* sinnvoll zu nutzen und aus verstreuten Datensätzen eine Bedeutung zu extrahieren.[16]

Predictive Policing verortet sich zwischen Polizei- und Strafrecht. Aus einer polizeirechtlichen Perspektive mag es insofern, als die unmittelbar

---

10 *Bowling/Reiner/Septycki*, The politics of the police, 5. Aufl., 2019, *passim*.

11 S. *Singelnstein*, NStZ 2018, 1; *Fuster*, Artificial Intelligence and Law Enforcement. Impact on Fundamental Rights. Study requested by the LIBE Committee, 2020, S. 22 f.

12 *Egbert/Leese*, Criminal Futures. Predictive Policing and Everyday Police Work, 2020, S. 3.

13 Vgl. *Quattrocolo*, Artificial Intelligence, Computational Modelling and Criminal Proceedings. A framework for a European Legal Discussion, 2020, S. 39 f.; *Završnik*, ERA Forum 2020, 567 (570).

14 *European Union Agency for Fundamental Rights (FRA)*, Getting the Future right. Artificial intelligence and fundamental rights, 2020, S. 34 f.

15 *FRA* (Fn. 14), S. 35.

16 *Završnik*, ERA Forum 2020, 567 (570).

bevorstehende Straftatbegehung den polizeirechtlichen Gefahrtatbestand erfüllt und polizeiliches Früheingreifen erlaubt, – auf den ersten Blick – nicht etwas völlig Neues sein.[17] In dem Maße, wie *Predictive Policing* zu einer „vollkommen anlasslose[n], systematische[n] und automatisierte[n] Prognoseberechnung" führt, stellt es sich aber als ein Novum dar.[18] Auch im Strafrecht ist die Prävention kein innovativer Gedanke,[19] selbst wenn die Strafe primär als ein „Unwerturteil über den Täter wegen der von ihm schuldhaft *begangenen* Rechtsverletzung"[20] verstanden wird. Dies zeigt sich nicht nur bei der Konzeption der Prävention als allgemeinen Strafzweck, sondern auch bei den zukunftsorientierten Maßnahmen der Besserung und Sicherung.[21] Im Gegensatz zur mittelbaren Wirkung der strafrechtlichen Präventionsvorstellungen verweist *Predictive Policing* aber auf ein „umfassendes, unmittelbares präventives Tätigwerden".[22]

Predictive Policing geht vom strafbaren Verhalten aus, generiert aber *abstrakte* Risikoberechnungen, die als Basis weiterer Polizeimaßnahmen gelten können.[23] Dabei verschwimmen der Zweck der Verhinderung der *künftigen* Straftat (Stichwort: Gefahrenabwehr) und jener der Strafverfolgung, wenn die vorhergesagte Straftat begangen wird. Insofern ist *Singelnstein* zuzustimmen, dass *Predictive Policing* eine „neuartige, in ihrer Zielrichtung zunächst unklare Interventionsform" ist.[24] Ebenso unklar ist der Status des Adressaten, zumal der den Verfolgungszwang auslösende und den Status „Verdächtiger" etablierende Anfangsverdacht erst dann vorliegt, wenn es nach kriminalistischer Erfahrung möglich erscheine, dass eine *bestimmte*, verfolgbare Straftat *begangen* worden sei und mithin die Möglichkeit einer späteren Verurteilung bestehe.[25] Sollte der Schwerpunkt auf

---

17 *Singelnstein*, NStZ 2018, 1 (5); *Böttcher*, in: Momsen/Schwarze (Hrsg.), Strafrecht im Zeitalter von Digitalisierung und Datafizierung (KriPoZ Junges Publizieren), 2020, 4 (10; 13 f.). Vgl. auch BVerfG, Urt. v. 8.12.2018 – 1 BvR 142/15, wo aber klargestellt wird, dass solche Systeme nur bei einem objektiv bestimmten und begrenzten Anlass eingesetzt werden dürfen (Rn. 91), wohingegen ein anlassloser Einsatz nur als eine Reaktion auf ein gefährliches bzw. risikobehaftetes Tun toleriert werden kann (Rn. 94).

18 *Singelnstein*, NStZ 2018, 1 (5).

19 S. *Roxin/Greco*, Strafrecht AT Bd. 1, 5. Aufl. 2020, § 3 Rn. 11 ff.

20 *Jescheck/Weigend*, Lehrbuch des Strafrechts AT, 5. Aufl. 1996, § 8 S. 65 (Hervorhebung der Verfasserin).

21 *Roxin/Greco* (Fn. 19), § 1 Rn. 3; § 3 Rn. 64.

22 *Singelnstein*, NStZ 2018, 1 (5).

23 *Singelnstein*, NStZ 2018, 1 (5).

24 *Singelnstein*, NStZ 2018, 1 (6).

25 So z.B. MüKo-StPO/*Peters*, Band 2, 2016, § 152 Rn. 35.

der *künftigen* Straftat liegen, so ist der *Predictive Policing*-Adressat als *Vor-Verdächtiger* anzusehen, bei dem – mangels einer repressiven Intervention – strafprozessuale Garantien wie die Unschuldsvermutung nicht anwendbar sind.

Der Einsatz von *Big Data* beschränkt sich allerdings nicht auf das Stadium vor der Straftatbegehung. Es gibt auch Anwendungsmöglichkeiten *ex post facto* und insbesondere bei der Strafverfolgung. Nimmt man die deutsche Rechtsordnung als Beispiel, so stehen den Strafverfolgungsbehörden unterschiedliche Möglichkeiten zur Ansammlung und Abschöpfung digitaler Beweismittel (§§ 94 ff. StPO) zur Verfügung, wobei zwischen offenen und verdeckten Ermittlungsmaßnahmen zu unterscheiden ist.[26] Darunter fällt mit § 100b StPO eine Regelung für *Polizei-Hacking* in der Form des Eingriffs in informationstechnische Systeme und der Erhebung der darin enthaltenen Daten – eine Maßnahme, die unter Umständen (§ 100b Abs. 3 StPO) auf nicht beschuldigte Personen erstreckt werden kann und damit (je nach der Interpretation des Begriffs „benutzt") selbst einer grenzenlosen Überwachung den Weg zu ebnen vermag.[27]

Die Strafverfolgungsbehörden setzen sowohl analoge als auch digitale Technologien ein, um Daten zu erheben und auszuwerten. Diese Daten dienen zunächst als Ermittlungshinweise und anschließend, wenn vertrauenswürdig, (allein oder zusammen mit andersartigen Beweismitteln) als die Grundlage der Erhebung der öffentlichen Klage (vgl. § 170 StPO). Die Beispiele reichen von Tools zur Analyse von Social Media-Konten oder Smartphone-Metadaten, die z.B. den Standort und die Uhrzeit der mittels Messenger-Diensten erfolgten Interaktionen offenbaren,[28] bis hin zu von Polizisten körpernah getragenen Aufzeichnungsgeräten (sog. *Bodycams*), deren Audio- und Videomaterial u.a. die Straftatermittlung verbessern soll.[29] Weiterhin wird die Kombination solcher Kameras und andersartiger Videoüberwachung oder Gesichtserkennungssysteme diskutiert oder bereits probiert. So hat z.B. die Hamburger Polizei ein System eingesetzt, das mathematische Modelle menschlicher Gesichter herstellte und diese anschließend mit den Gesichtern der G20-Proteste verglich.[30]

---

26 Näher dazu *Blechschmitt*, MMR 2018, 361 (363 ff.).

27 *Blechschmitt*, MMR 2018, 361 (365).

28 S. *Ferguson*, University of Pennsylvania Law Review 2015, 327 (356); *Fairfield/Luna*, Cornell Law Review 2014, 981 (1004); *Benedict*, in: Momsen/Schwarze (Hrsg.), Strafrecht im Zeitalter von Digitalisierung und Datafizierung (KriPoZ Junges Publizieren), 2020, 74 ff.

29 *Bowling/Iyer*, International Journal of Law in Context 2019, 140 ff.

30 *Fährmann*, MMR 2020, 228 (232) mwN.

Wie bei einem Puzzle ergeben weitere Teile zusammengesetzt das komplette Bild. Diese Teile sind mit unterschiedlichen digitalisierten Aktivitäten verbunden, die von monetären Transaktionen bis hin zu alltäglichen Haushaltsarbeiten dank der *Internet of Things*-Technologie reichen.[31] Darüber hinaus entwickelt sich das Konzept der digitalen Ermittlungen parallel zur Digitalisierung (und Interoperabilität) von Polizeiakten, sei es auf nationaler oder transnationaler Ebene (z.B. Europol-Informationssystem[32]).

Die Kombination der oben genannten oder ähnlicher Instrumente resultiert in zahlreichen, (lang) anhaltenden, zu verknüpfenden und auszuwertenden Daten, die das Ermittlungsverfahren verkomplizieren und, wie noch zu zeigen ist, die Rechte der davon betroffenen Personen unter Druck setzen.[33]

2. *Big Data im Strafgerichtssaal*

Der Rückgriff auf *Big Data* im Hauptverfahren wird regelmäßig unter dem Stichwort *Algorithmic Justice* verhandelt. Dieser Begriff verweist auf den Einsatz algorithmischer Modelle zur Berechnung und Bewertung des Rückfallrisikos, deren Ergebnis anschließend bei der Entscheidungsfindung über z.B. die Untersuchungshaft, die vorzeitige Haftentlassung oder die Strafzumessung zu berücksichtigen ist.[34] Der Algorithmus bewertet die für eine bereits begangene (mutmaßliche) Straftat verantwortliche Person in der Regel auf der Grundlage einer *statistischen* Auswertung von Datensätzen einer *relevanten* bzw. *ähnlichen* Population.[35]

Algorithmenbasierte Entscheidungsfindung stellt keine verbreitete Praxis in europäischen Strafgerichten dar.[36] In Deutschland ist die Idee der Schematisierung und Mathematisierung der Strafzumessung in der Rechtsprechung des BGH abgelehnt worden.[37] Dies ist aber nicht der Fall in den

---

31 Vgl. *Fairfield/Luna*, Cornell Law Review 2014, 981 (1002).

32 *Europol*, Consolidated Annual Activity Report, 2019, online: https://www.europol.europa.eu/publications-documents/consolidated-annual-activity-reports-caar (letzter Abruf: 1.9.2021).

33 S. *Fährmann*, MMR 2020, 228 (231).

34 S. z.B. *Ofterdinger*, ZIS 2020, 404 ff.; *Melzer*, InTeR 2020, 145.

35 *Quattrocolo* (Fn. 13), S. 131.

36 S. *CEPEJ* (Fn. 3), S. 14.

37 *Ofterdinger*, ZIS 2020, 404 (404) unter Verweis auf BGH NJW 1987, 3014 (3015); BGH StV 2010, 480.

USA,[38] wo z.B. das Programm COMPAS (Correctional Offender Management Profiling for Alternative Sanctions) zur Berechnung der Rückfallwahrscheinlichkeit[39] eingesetzt wird, um die Richter u.a. bei Entscheidungen über die Untersuchungshaft oder die Bewährung zu unterstützen.[40] Trotz des Mangels an Beispielen aus dem europäischen Raum wird im Schrifttum bereits bezweifelt, inwiefern der Übergang zu einer durch Algorithmen ermöglichten, teilweise auf statistischen Datenauswertungen basierten Entscheidungsfindung mit der *individualisierten* strafrechtlichen Verantwortlichkeit vereinbar ist.[41] Dies führt zu einem breiten Diskurs darüber, welche Daten aus jenen, die der Richter bei der Entscheidung über die strafrechtliche Verantwortlichkeit beurteilt, ausgewertet werden sollen und wie viel von ihnen einem Algorithmus „gefüttert" werden können, damit das Output als eine der richterlichen Kontrolle zu unterwerfende Entscheidung gelten kann. In ähnlicher Weise bleibt es fraglich, inwieweit dasselbe Output die im Regelungsbereich „Strafrecht" getroffenen normativen Entscheidungen widerspiegelt und eine die strafprozessualen Grundprinzipien respektierende Beurteilung[42] ermöglicht.

3. *Chancen und Risiken*

Zunächst soll der Zugriff auf einen großen Informationspool der Polizei erlauben, tatsächlich kriminell handelnde Personen ins Visier zu nehmen, wodurch rechtstreue Bürger von unnötigen Polizeikontrollen und dem damit verbundenen Eingriff in deren Privatsphäre verschont werden sollen.[43] Damit soll auch ein effektiver Ressourceneinsatz erreicht werden.[44] Zudem erhofft man sich eine bessere Dokumentation des polizeilichen Verdachts, eine umfassendere Begründung des polizeilichen Eingreifens und damit die Begrenzung des Missbrauchs der polizeilichen Macht.

---

38 Näher dazu *Ofterdinger*, ZIS 2020, 404 (405 f.).

39 Vgl. State v. Loomis, 881 N.W.2d 749; näher dazu *Wisser*, American Criminal Law Review 2019, 1811 ff.

40 S. *Fuster* (Fn. 11), S. 27 f.; *Quattrocolo* (Fn. 13), S. 151 f.

41 Z.B. *Quattrocolo* (Fn. 13), S. 131 f.

42 Vgl. *Heger*, in: Momsen/Schwarze (Hrsg.), Strafrecht im Zeitalter von Digitalisierung und Datafizierung (KriPoZ Junges Publizieren), 2020, 38 (46).

43 Dazu und zum Folgenden *Ferguson*, University of Pennsylvania Law Review 2015, 327 (389 ff.).

44 S. *Singelnstein*, NStZ 2018, 1 (3).

Im Gerichtsaal sollen *Big Data* insofern, als sie bei der Strafverfolgung eingesetzt werden, sowohl belastendende als auch entlastende Beweise umfassen und damit *selbst* die Entscheidung über die Schuldfrage untermauern.[45] Nicht zuletzt ist der Einsatz von Algorithmen, die gegebenenfalls die Auswertung zahlreicher Daten ähnlicher Bevölkerungsgruppen ermöglichen, – zumindest theoretisch – mit der Hoffnung auf eine unparteiliche Entscheidungsfindung und eine Beschleunigung des Gerichtsprozesses verbunden.[46]

Ob *Big Data* tatsächlich die richtige Entscheidung zum richtigen Moment ermöglichen und damit die menschliche Leistung zugunsten der betroffenen Individuen rationalisieren, hängt maßgeblich von der Datenzuverlässigkeit ab. Selbst bei zuverlässigen Daten ist das Risiko fehlerhafter Verknüpfungen nicht auszuschließen. Dies kann aber zu sog. *False Positives* führen und sich unmittelbar auf die Behandlung Verdächtiger und beschuldigter Personen auswirken.[47]

In einem transparenten Ermittlungs- bzw. Gerichtsverfahren soll darüber hinaus die Funktion von Technologien, die z.B. Beweismittel mithilfe von *Big Data* generieren, vollständig begründet und dessen Output validiert werden. Dies erfordert, entweder Standards zu etablieren, die *ex ante* gewährleisten, dass *Reverse Engineering* möglich ist, oder Überprüfungsmodelle festzulegen, die eine *ex post*-Validierung des Ergebnisses ermöglichen.[48] Dazu ist eine enge Zusammenarbeit zwischen dem Designer bzw. Hersteller des jeweils eingesetzten Programms und dem Endnutzer erforderlich, wobei bestimmte Informationen über den Kode und dessen Entschlüsselung offengelegt werden müssen. Das Geschäftsgeheimnis[49] stellt sich dabei (selbst nur teilweise; vgl. ErwG. 63 DSGVO) als erhebliches Hindernis heraus, während die *Unfähigkeit zu erklären*, wie z.B. der Algorithmus tatsächlich funktioniert, ein realistisches Problem[50] darstellt.[51] Die Existenz einer „Blackbox“[52] kann allerdings nicht toleriert werden, wenn sie eine strafrechtliche Verurteilung zur Folge hat und zugleich dem

45 S. *Fairfield/Luna*, Cornell Law Review 2014, 981 ff.

46 Vgl. *Melzer*, InTeR 2020, 145 (148 f.).

47 S. *Ferguson*, University of Pennsylvania Law Review 2015, 327 (398 ff.); *Singelnstein*, NStZ 2018, 1 (5).

48 So *Quattrocolo* (Fn. 13), S. 93.

49 Vgl. *FRA* (Fn. 14), S. 77; *Melzer*, InTeR 2020, 145 (149).

50 Vgl. *FRA* (Fn. 14), S. 58, 77; *Melzer*, InTeR 2020, 145 (149).

51 S. *European Data Protection Supervisor (EDPS)*, Opinion 7/2015. Meeting the challenges of big data. A call for transparency, user control, data protection by design and accountability, 2015, S. 8.

52 Vgl. *Singelnstein*, NStZ 2018, 1 (7).

Betroffenen der Zugang zu den die jeweilige Entscheidung entmystifizierenden Informationen verwehrt wird.

Selbst die Überwindung des Transparenzproblems löst aber das etwaige Gerechtigkeitsproblem nicht. In einer Gesellschaft, in der diskriminierende Praktiken verbreitet oder zumindest vorhanden sind, werden die gesammelten Daten diese Praktiken widerspiegeln und das Auswertungssystem wird sie höchstwahrscheinlich reproduzieren.[53] Dieses Risiko existiert insbesondere mit Blick auf marginalisierte Gruppen, deren Mitglieder oftmals mehr „relevante" Daten „produzieren" – oft allein wegen ihrer Familienverhältnisse, sozialen Kontakte mit z.B. bereits verurteilten Personen oder weil sie bloß in einem armen Viertel wohnen, in dem sie von Verbrechen umgeben sind.[54] Es kann sein, dass sie erhöhte polizeiliche Aufmerksamkeit aufgrund der Analyse eines Vorhersageprogramms erfahren oder selbst als „hohes Risiko" mittels algorithmenbasierter Entscheidungsfindungssysteme im Gerichtssaal eingestuft werden. Dies kann nicht nur zu einer Simplifizierung des Kriminalitätsphänomens führen,[55] sondern auch die davon betroffenen Personen einer Festnahme, einer Untersuchungshaft oder einer ungünstigen Gerichtsentscheidung im Allgemeinen aussetzen, die weder auf Kausalität noch auf tatsächlich kriminellem Verhalten beruht. Dahinter steht jedoch ein Wandel weg von der Aufklärung und Ahndung begangener Straftaten hin zur Antizipation und Verhinderung noch bevorstehender Delikte.[56]

Der einseitige Zugang zu Datenunmengen und die Erstellung umfassender Bürgerprofile können nicht zuletzt auch zu einer Wissensasymmetrie zwischen Staat und Bürger führen, nämlich die Waffengleichheit iSe Facette des Fairnessgebots beeinträchtigen.[57] Legt man das Gewicht auf strafprozessuale Garantien, so ergeben sich weitere Herausforderungen wie eine durch Massendatenerhebung und -analyse ausgelöste Beweislastumkehr.[58] Eine umfassende Analyse der einschlägigen Implikationen für die Unschuldsvermutung steht mit wenigen Ausnahmen[59] noch aus.

---

53 S. *Singelnstein*, NStZ 2018, 1 (4 f.); *FRA* (Fn. 14), S. 69.

54 S. *Fuster* (Fn. 11), S. 42 ff.; *Završnik*, ERA Forum 2020, 567 (578).

55 Dazu *Singelnstein*, NStZ 2018, 1 (4 f.).

56 *Singelnstein*, NStZ 2018, 1 (5); in ähnlichem Sinne *Böttcher* (Fn. 17), S. 11 mwN.

57 S. *EDPS* (Fn. 51), S. 8; *Quattrocolo* (Fn. 13), S. 91.

58 Vgl. *Reidenberg*, Wake Forest Law Review 2014, 583 (605); *Fuster* (Fn. 11), S. 23.

59 Z.B. *Sommerer*, in: Bayaamlioglu/Baraliuc/Janssens/Hildebrandt (Hrsg.), Being Profiled, 2018, 58 ff.; *Završnik*, ERA Forum 2020, 567 (578); *Giannakoula/Lima/Kaiafa-Gbandi*, Combating Crime in the Digital Age: A Critical Review of EU Information Systems in the Area of Freedom, Security and Justice in the Post-Interoperability Era. Challenges for Criminal Law and Personal Data Protection, 2020,

III. Beschuldigtenrechte und Big Data: eine Analyse am Beispiel der Unschuldsvermutung

Jede Person, die einer Straftat angeklagt ist, gilt bis zum gesetzlichen Beweis ihrer Schuld als unschuldig. So lautet Art. 6 Abs. 3 EMRK, dem Art. 48 Abs. 1 GRCh nahezu wörtlich entspricht. Dabei geht es um das von allen Rechtsstaaten anerkannte Prinzip der Unschuldsvermutung.[60] In der angelsächsischen Doktrin umfasst dies zwei prozessuale Elemente: die Beweisführungslast auf der Seite des Staates und einen Beweisstandard „beyond reasonable doubt".[61] Nach der EGMR-Rechtsprechung[62] umfasst die Unschuldsvermutung – neben dem allgemeinen Anspruch auf eine „unvoreingenommene Behandlung des Beschuldigten im Verfahren"[63] – unterschiedliche Metaregeln, die vom Grundsatz „nemo tenetur se ipsum accusare"[64] bis hin zur richterlichen Pflicht, einen noch nicht rechtskräftig Verurteilten öffentlich nicht als „schuldig" zu bezeichnen[65], reichen.[66]

In ähnlicher Weise behandelt die RL 2016/343/EU (sog. Richtlinie Unschuldsvermutung (RLU)) die Unschuldsvermutung als eine Beurteilungs- und Behandlungsregel.[67] Sie beinhaltet – neben den Kernvorschriften zur Unschuldsvermutung (Art. 3) und zur Beweislast (Art. 6) – Vorschriften über die Bezugnahme auf die Schuld in öffentlichen Behördenerklärungen und nicht die Schuld betreffenden Gerichtsentscheidungen (Art. 4), die Darstellung von Verdächtigen und Beschuldigten vor Gericht oder in der Öffentlichkeit (Art. 5) und dessen Recht, die Aussage zu verweigern und sich nicht selbst belasten zu müssen (Art. 7).[68]

Die nachfolgende Analyse geht von den oben vorgestellten unionsrechtlichen Gewährleistungen aus und untersucht, inwieweit der Einsatz von *Big Data* bei der Strafverfolgung (z.B. bei der Beweismittelsammlung) und

---

S. 73 ff.; *Sachoulidou*, Journal of Contemporary European Studies 2021 (ohne Seiten).

60 Meyer/Hölscheidt-GRCh/*Eser/Kubiciel*, 5. Aufl. 2019, Art. 48 Rn. 2.

61 Vgl. *Campbell*, Modern Law Review 2013, 681.

62 S. *Barrot*, ZJS 2010, 701 ff.

63 KK-StPO/*Fischer*, 8. Aufl. 2019, Vor § 1 Rn. 135.

64 Vgl. Meyer/Hölscheidt-GRCh/*Eser/Kubiciel* (Fn. 60), Art. 48 Rn. 12.

65 Vgl. Meyer/Hölscheidt-GRCh/*Eser/Kubiciel* (Fn. 60), Art. 48 Rn. 21.

66 S. COM (2006) 176 final, S. 5; *Ulväng*, Netherlands Journal of Legal Philosophy 2013, 205 (207).

67 *Villamarín López*, ERA Forum 2017, 335 (342 ff.).

68 Näher zu den einzelnen Vorschriften *European Union Agency for Fundamental Rights (FRA)*, Presumption of innocence and related rights – Professional perspectives, 2021, S. 25 ff.

im Gerichtssaal die Anwendbarkeit der Unschuldsvermutung im engeren Sinne[69], einschließlich der Beweislastregel, infrage stellt. Darüber hinaus soll diskutiert werden, inwieweit der Anwendungsbereich der Unschuldsvermutung auf nicht repressive Maßnahmen und sog. Vor-Verdächtige erweitert werden sollte. Zur Beantwortung dieser zweiten Frage ist – neben dem Einsatz von *Big Data* zur Generierung abstrakter Risikoberechnungen – ein allgemeiner Übergang von einer *Post-Crime-* zu einer *Pre-Crime*-Logik mitzubetrachten. Dieser ist auch auf gesetzgeberischer Ebene mit Blick auf das Ergreifen vor-präventiver Maßnahmen (einschließlich der Kriminalisierung selbst) in unterschiedlichen Kriminalitätsfeldern erkennbar, wobei die Terrorismusbekämpfung vielleicht das bezeichnendste Beispiel ist.[70] In diesem Rahmen könnte jeder als *Vor-Verdächtiger* oder sog. „person of interest"[71] angesehen und zum Gegenstand einer (sowieso) präventiv ausgerichteten Gefahrenabwehr oder einer wegen einer Umorientierung (ebenso) präventiv handelnden Strafverfolgung werden.[72]

Die Kategorie „person of interest" umfasst diejenigen, die auf der Basis von u.a. auf *Big Data* gestützten Risikoberechnungen überwacht werden oder selbst administrativen, in der Regel nicht von Justizbehörden verhängten „Maßnahmen" unterliegen, die von Einreiseverboten bis hin zur Sicherungsverwahrung reichen.[73] Dabei stellt sich die Frage, inwieweit die Unschuldsvermutung auf diese Personen, die nicht als Verdächtige oder Beschuldigte im strafprozessualen Sinne der Begriffe gelten, anwendbar ist (oder sein sollte).

1. *Die Unschuldsvermutung als strafprozessuale Garantie in der Big Data-Ära*

Nach der RLU greift die Unschuldsvermutung ab dem Zeitpunkt, zu dem jemand *verdächtigt* oder beschuldigt wird, eine (mutmaßliche) Straftat begangen zu haben (Art. 2; ErwG. 12)[74] und gilt, bis die Schuld rechtsförm-

---

69 Damit ist das Recht gemeint, als unschuldig zu gelten, bis die Schuld rechtsförmlich nachgewiesen wird (Art. 3 RLU).

70 S. *Kaiafa-Gbandi*, European Criminal Law Review 2019, 141 ff.

71 S. *Bachmaier*, in: Sieber/Mitsilegas/Mylonopoulos/Billis/Knust (Hrsg.), Alternative Systems of Crime Control, 2018, S. 171 ff.

72 Vgl. *Galetta*, European Journal of Law and Technology 2013 (ohne Seiten).

73 *Kaiafa-Gbandi*, European Criminal Law Review 2019, 141 (173) im Anschluss an *Bachmaier* (Fn. 71), 171 (174; 184 ff.).

74 In diesem Sinne ist der Anwendungsbereich der RLU weiter als jener des Art. 6 Abs. 2 EMRK. Dazu *FRA* (Fn. 68), S. 39.

lich nachgewiesen wird (Art. 3). Außerdem muss ein insgesamt faires Verfahren, bei dem niemand seine eigene Unschuld beweisen muss, gewährleistet werden. Dies bedeutet, dass die Beweislast für die Schuldfeststellung bei der Strafverfolgungsbehörde liegt – unbeschadet u.a. „des Rechts der Verteidigung, gemäß dem geltenden nationalen Recht Beweismittel vorzulegen" (Art. 6 Abs. 1).

Die Unschuldsvermutung soll bei allen Verdächtigen und beschuldigten Personen ohne Ausnahmen gelten. In der Praxis können allerdings frühere Verurteilungen zu Vorurteilen im Ermittlungs- oder selbst im Gerichtsverfahren führen und sich damit negativ auf die Unschuldsvermutung auswirken.[75] *Big Data* erleichtern den Zugriff auf ein größeres Bild, aber Letzteres ist, wie bereits gezeigt, nicht unbedingt frei von Vorurteilen.[76]

Im Hinblick auf die Beweislast „läge ein Verstoß gegen die Unschuldsvermutung vor, wenn [diese] von der Strafverfolgungsbehörde auf die Verteidigung verlagert würde" – unbeschadet u.a. der Anwendung von Tatsachenvermutungen bezüglich der strafrechtlichen Verantwortlichkeit eines Verdächtigen oder Beschuldigten (ErwG. 22 RLU). Diese Vermutungen sollten auf ein vertretbares Maß beschränkt werden, widerlegbar sein und in jedem Fall nur angewendet werden, wenn die Verteidigungsrechte gewahrt sind (ErwG. 22 RLU). Geht es bei der Tatsachenvermutung um eine auf *Big Data* gestützte Vermutung, die z.B. einen Zusammenhang zwischen dem sozialen Hintergrund des Angeklagten und der (mutmaßlichen) Straftat etabliert, so ist fraglich, wie der Angeklagte eine solche Vermutung widerlegen kann, ohne Zugang zu ebenso großen Datensätzen oder modernen technologischen Hilfsmitteln zu haben. Der Schwerpunkt liegt dabei auf dem Nexus zwischen der Unschuldsvermutung und der Waffengleichheit als Facette des Fairnessgebots (Art. 6 Abs. 1 EMRK; Art. 47 Abs. 2 GRCh).[77]

Die Ressourcenasymmetrie ist zwar nicht gleichbedeutend mit einer materiellen Beweislastumkehr (welche sowieso u.U. nicht jegliche Beweislastumkehr ausschließt)[78], die der Strafverfolgungsbehörde verfügbaren *Big Data* können aber faktisch für die betroffene Person ähnliche Wirkungen entfalten.[79] Dies gilt auch mit Blick auf den Zusammenhang zwischen der

---

75 S. FRA (Fn. 68), S. 9.

76 Vgl. FRA (Fn. 68), S. 70 f.

77 Vgl. auch Art. 1 Abs. 1, Art. 2 Abs. 1, Art. 20 Abs. 3, Art. 19 Abs. 4, Art. 103 Abs. 1 GG. Dazu *Melzer*, InTeR 2020, 145 f. im Anschluss an BVerfGE 26, 66; 86, 288.

78 Meyer/Hölscheidt-GRCh/*Eser*/*Kubiciel* (Fn. 60), Art. 48 Rn. 15 mwN.

79 Vgl. *Marx*, Law and Social Inquiry 2005, 339 (357).

Beweislast und des Verteidigungsrechts, Beweismittel vorzulegen (vgl. Art. 6 Abs. 1 RLU). Wenn der Verdacht und anschließend die Anklage auf mithilfe von *Big Data* generierten, gesammelten und ausgewerteten Beweismittel beruhen, sind die Chancen des Verdächtigen bzw. Beschuldigten, überzeugende Gegenbeweise vorzulegen, *um die Gerichtsentscheidung zu beeinflussen*,[80] eher begrenzt.[81] Dies gilt nicht nur mit Blick auf die eventuell aus technischen Gründen begrenzte Zugänglichkeit der einschlägigen Beweismittel, sondern auch deswegen, weil diese dem Richter wegen ihres Umfangs oder technischen Hintergrunds den Eindruck von Objektivität vermitteln.[82] Damit wird aber die „Unschuldsschwelle" im Vergleich zur Vorhandenen deutlich höher.[83]

2. *Bedarf an weiteren strafprozessualen Schutzklauseln?*

Da es momentan keine Regelung gibt, die sich ausschließlich oder explizit mit dem *Big Data*-Paradigma und dessen Auswirkung auf die Unschuldsvermutung befasst, und die RLU keine Bezugnahme auf ähnliche technologische Entwicklungen enthält, sind beim Suchen nach bereits auf EU-Ebene gegebenen Antworten benachbarte Regelungsbereiche zu prüfen.

Die RL 2016/680/EU (sog. JI-Richtlinie (JIRL))[84], die die Datenverarbeitung und -erhebung durch die Polizei und Justiz in Strafsachen regelt,[85] stellt einen möglichen Ausgangspunkt dar. Ihre Verabschiedung stand im Einklang mit der festgestellten Notwendigkeit einer Reform, die u.a. *die Menschenrechte im Zeitalter rasanter technologischer Entwicklungen stärken* sollte.[86] Trotzdem umfasst die JIRL (ebenso wie die DSGVO auch) keine explizite Regelung zu *Big Data* – eine Entscheidung, die mit zweierlei Gründen gerechtfertigt wird: technologische Neutralität und das Ziel, ein Gesetz, das die technologische Innovation berücksichtigt, zu schaffen, oh-

---

80 Vgl. *EGMR*, Guide on Article 6 of the European Convention on Human Rights. Right to a fair trial, 2020, S. 31.

81 Vgl. *Ashworth/Zedner*, Criminal Law and Philosophy 2008, S. 21 ff.

82 Vgl. *Heger* (Fn. 42), S. 46.

83 *Galetta*, European Journal of Law and Technology 2013 (ohne Seiten); vgl. auch *Milaj/Misfud Bonnici*, Computer Law & Security Review 2014, 419 (425).

84 Die JIRL hat den Rahmenbeschluss 2008/977/JI des Rates aufgehoben und ersetzt.

85 S. *Singelnstein*, NStZ 2020, 639 ff.

86 *Marquenie*, Computer Law & Security Review 2017, 324 (328).

ne es allzu häufig überarbeiten zu müssen (ErwG. 15 DSGVO; ErwG. 18 JIRL).[87]

Die JIRL enthält keine bestimmte Regelung über automatisch erzeugte Daten, verbietet aber ausdrücklich eine allein auf einer automatischen Verarbeitung beruhende Entscheidung (einschließlich Profiling), wenn diese die betroffene Person benachteiligt oder erheblich beeinträchtigt (Art. 11). Nicht verboten ist eine solche Praktik dann, wenn die automatisierte Entscheidungsfindung durch Unionsrecht oder mitgliedstaatliches Recht zugelassen wird, das die Rechte und Freiheiten der betroffenen Person angemessen schützen und ihr zumindest das Recht auf persönliches Eingreifen einräumen soll (Art. 11 Abs. 1 JIRL; vgl. § 54 Abs. 1 BDSG[88]).[89] Die dazu erforderlichen Garantien werden lediglich in ErwG. 38 JIRL erwähnt, nach dem die Verarbeitung mit einem Recht auf „Darlegung des eigenen Standpunkts, auf Erläuterung der nach einer entsprechenden Bewertung getroffenen Entscheidung oder auf Anfechtung der Entscheidung“ verbunden sein soll. Art. 13 JIRL, der die Informationspflichten des für die Datenverarbeitung Verantwortlichen enthält, gleicht das Fehlen verbindlicher, bestimmter Garantien nur teilweise aus, was auch mit einer abstrakten Bezugnahme auf die Unschuldsvermutung in ErwG. 31 JIRL einhergeht. Die darin innewohnende Gefahr liegt aber in der uneinheitlichen Regelung der Sache in den Mitgliedstaaten[90] und insbesondere in jenen, die keine oder nur begrenzte Erfahrung in diesem Bereich haben.

Dies führt zur Unsicherheit und Inkonsistenz in einem besonderen Moment, in dem die Regelung des grenzüberschreitenden Zugangs zu elektronischen Beweismitteln verhandelt wird. Diese Initiative umfasst einen Vorschlag für eine Verordnung über Europäische Herausgabe- und Sicherungsanordnungen für elektronische Beweismittel in Strafsachen (VO-E) und eine Richtlinie zur Festlegung harmonisierter Regeln für die Bestellung von Vertretern zu Zwecken der Beweiserhebung in Strafsachen.[91] Dadurch soll dem Umstand Rechnung getragen werden, dass sich die Strafverfolgungsbehörden auf riesige Datenmengen, die von nicht immer im

---

87 *Pagallo*, European Data Protection Law Review 2017, 36 (37; 43).

88 S. zum Rechtsgrundlage-Erfordernis Paul/Pauly DS-GVO BDSG/*Frenzel*, 3. Aufl. 2021, § 54 Rn. 5.

89 Weitere Einschränkungen gelten für besondere Kategorien personenbezogener Daten und das Profiling (Art. 11 Abs. 2–3 JIRL).

90 *Marquenie*, Computer Law & Security Review 2017, 324 (331).

91 COM (2018) 225 final; COM (2018) 226 final. Vgl. dazu den Beitrag von *Abraham* in diesem Band sowie *Böse*, An assessment of the Commission's proposals on electronic evidence. Study requested by the LIBE Committee, 2018.

ersuchenden Staat ansässigen Privatdienstanbietern kontrolliert werden, zu stützen haben.[92]

Der EU-Gesetzgeber legt den Schwerpunkt auf Daten, die sich im Besitz eines Anbieters von Internetinfrastrukturdiensten befinden und die für Strafverfahren von besonderer Bedeutung sind, da sie die Identifizierung von Straftätern oder Opfern krimineller Aktivitäten ermöglichen (ErwG. 18 VO-E). Die europäischen Herausgabe- und Sicherungsanordnungen werden je nach dem Typ der Daten (Teilnehmer-, Zugangs-, Transaktions- und Inhaltsdaten; Art. 2 Nr. 7–10 VO-E) nach unterschiedlichen Voraussetzungen erlassen und ausgeführt werden (Art. 4–10 VO-E).

Im Unterschied zum *Big Data*-Paradigma, das die Möglichkeit der Analyse unstrukturierter Datenmassen umfasst, sollen die Regeln für den grenzüberschreitenden Zugang zu elektronischen Beweismitteln u.a. den Verhältnismäßigkeitsgrundsatz wahren (ErwG. 12 VO-E). Der Anwendungsbereich der europäischen Herausgabe- und Sicherungsanordnungen beschränkt sich auf bestimmte Strafverfahren „gegen bestimmte bekannte oder noch unbekannte Urheber einer konkreten, bereits begangenen Straftat“ (ErwG. 24 VO-E), wobei diese während sowohl des Ermittlungs- als auch des Gerichtsverfahrens erlassen werden können (Art. 3 Abs. 2 VO-E). Angesichts dessen sollten rein präventive Maßnahmen und sog. „persons of interest“ vom Anwendungsbereich des VO-E ausgenommen werden.

Der VO-E enthält weiterhin mehrfache Aussagen zur Priorisierung des Grundrechtsschutzes (z.B. ErwG. 2, 6, 12, 14, 23; Art. 1 Abs. 2). Unmittelbare Garantien sind für das Recht auf einen wirksamen Rechtsbehelf gegen die EU-Herausgabeanordnung (Art. 17 VO-E) vorgesehen. Verdächtige und Beschuldigte können dieses Recht vor einem Gericht des Anordnungsstaates während des Strafverfahrens ausüben, was sich auf die Zulässigkeit oder die Gewichtung des einschlägigen Beweismittels auswirken kann (Art. 17 Abs. 3 VO-E). Dasselbe Recht steht auch anderen Personen zu, deren Daten herausgegeben wurden, *ohne Verdächtige oder Beschuldigte in einem Strafverfahren zu sein* (Art. 17 Abs. 2). Dabei wird aber nicht erklärt, auf welcher Grundlage diese Personen solchen Ermittlungsmaßnahmen unterliegen, wenn die europäischen Herausgabe- und Sicherungsanordnungen nicht zu Massenüberwachungszwecken erlassen werden dürfen. Im Kompromissvorschlag, über den der LIBE-Ausschuss im Dezember

---

92 Vgl. *Europol*, SIRIUS EU Digital Evidence Situation Report, 2020, online: https://www.europol.europa.eu/publications-documents/sirius-eu-digital-evidence-situation-report-2nd-annual-report (letzter Abruf: 1.9.2021). S. auch *Raab*, MMR-Aktuell 2019, 413687.

2020 abgestimmt hat,[93] ist sowohl Art. 17 Abs. 2 VO-E als auch die Verweise auf den „unbekannten Täter" gestrichen worden. Stattdessen soll die Anordnungsbehörde individuell identifizierbare Personen oder zumindest einen eindeutigen Identifikator angeben (Art. 5 Abs. 5c; Art. 6 Abs. 3c VO-E LIBE-Ausschuss-Fassung). Dies ist aber nicht gleichbedeutend mit einem expliziten Verbot sog. „fishing expeditions"[94], das notwendig wäre, um sicherzustellen, dass die Bürger als rechtstreu behandelt werden, bis der Staat das Gegenteil beweist.

Weiterhin sollen die Mitgliederstaaten nach Art. 17 Abs. 6 VO-E sicherstellen, dass bei der Bewertung mittels einer EU-Herausgabeanordnung eingeholter Beweismittel die Verteidigungsrechte gewahrt werden und ein faires Verfahren gewährleistet wird. Was die Unschuldsvermutung im Einzelnen angeht, wird ihr Schutzbedarf allein in den nicht verbindlichen ErwG. 12 und 14 unterstrichen. Diese Aussagen sind allerdings nicht gleichbedeutend mit einem expliziten Verbot oder zumindest Begrenzung der Verwertung eventuell mithilfe von *Big Data* generierter und dem Beschuldigten nicht zugänglicher, digitaler Beweismittel. Der Rückgriff auf solche Beweismittel kann aber, wie gezeigt, die Unschuldsvermutung iVm der Waffengleichheit gefährden, wenn nicht sogar verletzen.

Der Mangel an deutlichen Schutzklauseln und gegebenenfalls expliziten Verboten[95] bezüglich der meisten Verfahrensrechte, einschl. der Unschuldsvermutung, bei VO-E und JIRL, aber auch im Allgemeinen, beeinträchtigt das Gesamtschutzniveau, und zwar zu einem Zeitpunkt, zu dem die Harmonisierung dieser Rechte noch nicht völlig erreicht worden ist.[96] Vor diesem Hintergrund sollte der EU-Gesetzgeber die oben vorgestellten Regelungen neugestalten – und zwar so, dass sie klare Verfahrensgarantien umfassen, die u.a. an die *Big Data*-Realität angepasst sind.[97]

---

93 *LIBE Ausschuss*, Report on the proposal for a regulation of the European Parliament and of the Council on European Production and Preservation Orders for electronic evidence in criminal matters, online: https://www.europarl.europa.eu/doceo/document/A-9-2020-0256_EN.html (letzter Abruf: 1.9.2021).

94 *Berthélémy*, EDRi Blog 2020, online: https://edri.org/our-work/e-evidencemixed-results/ (letzter Abruf: 1.9.2021); vgl. *Burchard*, ZRP 2019, 164.

95 Vgl. *Quattrocolo* (Fn. 13), S. 96.

96 Vgl. *Kommission*, October infringements package: key decisions, 2020, online: https://ec.europa.eu/commission/presscorner/detail/en/inf_20_1687?fbclid=IwAR1xfkOUshtUhxD6ayLYgfXlziXYwBK91rzOwKGYlbGowkGsN18z3NiUxgg (letzter Abruf: 1.9.2021).

97 So *Sachoulidou*, Journal of Contemporary European Studies 2021 (ohne Seiten).

3. *Big Data, „persons of interest" und Unschuldsvermutung*

Der Anwendungsbereich der Unschuldsvermutung wurde durch die RLU neugestaltet, um Verdächtige und beschuldigte Personen zu umfassen, schon *bevor* sie von den zuständigen Behörden durch amtliche Mitteilung oder auf sonstige Weise darüber unterrichtet werden, dass sie verdächtigt oder beschuldigt werden (ErwG. 12; Art. 2 RLU). Unabhängig von der Mitteilungszeit gilt die Unschuldsvermutung nicht bei jenen, die noch nicht verdächtigt oder beschuldigt werden, eine (mutmaßliche) Straftat *begangen* zu haben. In diesem Sinne fällt die Person, bei der allein eine *zukunfts*orientierte Risikoprognose (aber kein Tatverdacht) vorliegt, aus dem Schutzbereich der Unschuldsvermutung heraus.[98]

Dies kann insofern als problematisch betrachtet werden, als Überwachung ohne individuellen Anlass ermöglichende Technologien eine ganze Gruppe ins Visier nehmen können – oft im Namen von Sicherheitsgefahren und für weit über die Strafverfolgung hinausgehende Zwecke.[99] Dies birgt das Risiko der Erweiterung der Kategorie „Verdächtiger" auf sog. „persons of interest", das dem Risiko der Stigmatisierung ähnlich ist. Auf Letzteres hat der EGMR im Urteil vom 4.12.2008 über die Aufbewahrung von Fingerabdrücken und DNA-Proben beim Freispruch und bei der Strafverfahrenseinstellung hingewiesen. In *S. and Marper v. UK* mag das Gericht einen Verstoß gegen Art. 8 EMRK (und nicht Art. 6 EMRK) festgestellt haben, es hat aber unterstrichen, dass eine derartige Praxis zu einem Stigmatisierungsrisiko führe, das sich daraus ergebe, dass Personen, die nicht wegen einer Straftat verurteilt sind und damit einen Anspruch auf Unschuldsvermutung haben, wie verurteilte Personen behandelt werden.[100] In ähnlicher Weise kann jemand unter einem „Verdacht" im weiteren Sinne des Begriffs stehen und die damit verbundene Stigmatisierung erleben, ohne unter der Prämisse der Unschuldsvermutung betrachtet zu werden.

Angesichts dessen liegt der Fokus der nachfolgenden Anmerkungen eher auf der Massenüberwachung, der Massendatensammlung und -speicherung aufgrund abstrakter Risikoberechnungen iSv Umständen, die das Vertrauensverhältnis zwischen Staat und Bürger zu sabotieren vermögen.

---

98 Vgl. *Singelnstein*, NStZ 2018, 1 (8).

99 Vgl. *Galetta*, European Journal of Law and Technology 2013 (ohne Seiten).

100 EGMR, Urt. v. 4.12.2008, S. and Marper v. UK, 30562/04, 30566/04, Rn. 122.

Dieses Verhältnis manifestiert sich rechtlich u.a. in der Unschuldsvermutung und unterscheidet den Rechts- vom Polizeistaat.[101]

4. Bedarf an einem weiteren Verständnis der Unschuldsvermutung?

Art. 6 JIRL regelt ein Differenzierungsgebot hinsichtlich der von einer Datenverarbeitung betroffenen Personen nach den folgenden Kategorien: 1) Personen, gegen die ein begründeter Verdacht besteht, dass sie eine Straftat begangen haben *oder in naher Zukunft begehen werden*; 2) verurteilte Straftäter; 3) Opfer einer Straftat oder Personen, bei denen bestimmte Fakten darauf hindeuten, dass sie Opfer einer Straftat sein könnten; sowie 4) andere Parteien im Zusammenhang mit einer Straftat (z.B. Zeugen). Diese an den für die Datenverarbeitung Verantwortlichen adressierte Unterscheidung verdeutlicht die Notwendigkeit, Daten auf Basis des Ausmaßes und der Weise, in der die betroffene Person in das kriminelle Unternehmen verwickelt ist, unterschiedlich zu klassifizieren und zu verarbeiten,[102] wobei die Wahrung der Unschuldsvermutung zu beachten ist (ErwG. 31 JIRL)[103]. Konkrete Ermächtigungsgrundlagen oder Rechtsfolgen resultieren daraus allerdings nicht.[104]

Problematisch ist dabei die mit der Einordnung unter derselben Kategorie angedeutete (selbst auf die Datenverarbeitung begrenzte) Gleichbehandlung von Verdächtigen und sog. Gefährdern, die mit dem im Strafrecht erforderlichen Nexus zwischen *tatsächlich* kriminellem *Verhalten* und Verdacht unvereinbar ist. Diese fragwürdige – jedenfalls in der Formulierung der Regelung – Vermischung und die damit verbundenen Missverständnisse hat der deutsche Gesetzgeber bei der Schaffung des § 72 S. 2 BDSG dadurch vermieden, indem er in dieser Vorschrift zwischen repressiver (Nr. 1) und präventiver (Nr. 2) Zielrichtung unterschieden hat.[105]

Blickt man erneut auf die JIRL, sieht Art. 7 Abs. 1 die mitgliedstaatliche Pflicht vor, „bei personenbezogenen Daten *so weit wie möglich* zwischen

---

101 S. *Campbell*, Modern Law Review 2013, 681 ff.; *Milaj/Misfud Bonnici*, Computer Law & Security Review 2014, 419 (423); *Heger* (Fn. 42), S. 39 im Anschluss an *Weßlau*, Vorfeldermittlungen, 1998, S. 300.

102 *Marquenie*, Computer Law & Security Review 2017, 324 (330).

103 Vgl. Gola/Heckmann/*Scheurer*, 13. Aufl. 2019, § 72 BDSG Rn. 4.

104 BeckOK DatenschutzR/*Golla*, 34. Ed. 1.1.2020, § 72 BDSG Rn. 3, 6; Gola/Heckmann/*Scheurer* (Fn. 103), § 72 BDSG Rn. 7.

105 BeckOK DatenschutzR/*Golla* (Fn. 104), § 72 BDSG Rn. 8 f.; Gola/Heckmann/*Scheurer* (Fn. 103) § 72 BDSG Rn. 10 f.

faktenbasierten Daten und auf persönlichen Einschätzungen beruhenden Daten“ zu unterscheiden. Darin könnte – selbst nur in begrenztem Maße – ein Gleichgewicht zur in Art. 6 enthaltenen unscharfen Unterscheidung gesehen werden. Unabhängig davon bleibt die Bedeutung der Kategorie „Gefährder“ unklar.[106] Denn es gibt keine Antwort, ob hiervon z.B. auch Personen erfasst werden, deren „gefährliches“ Verhalten sich auf nicht strafbare Vorbereitungshandlungen oder aus strafrechtlicher Sicht nicht relevante „kriminelle Gedanken und Überzeugungen“ beschränkt. Allerdings sind diese Personen innerhalb der Reichweite von z.B. Überwachungsmaßnahmen, ohne jeglichen Schutz im Rahmen des JIRL zu genießen.[107] Und zugleich sind die sog. *Fishing Expeditions* vom VO-E zu digitalen Beweismitteln, wie bereits gezeigt, nicht oder zumindest nicht explizit (vgl. Art. 17 Abs. 2) ausgeschlossen.

Das Fehlen klarer Grenzen ermöglicht Ausnahmen von der Regel des Vertrauens zwischen Staat und Bürgern in der Form z.B. invasiver, präventiver Sicherheitsmaßnahmen, die außerhalb des Strafverfahrens ergriffen werden. Letztere setzen nicht nur eine solide Rechtsgrundlage voraus, die deren materiellen, zeitlichen und geographischen Umfang sowie deren Zweck bestimmen,[108] sondern sollen auch mit dem Verhältnismäßigkeitsgrundsatz (Art. 52 Abs. 1 GRCh) und Menschenrechtsstandards vereinbar sein.[109] Wenn sich der Rahmen, in dem eine Person als Verdächtiger *lato sensu* gilt, im Zeitalten von *Big Data* nicht auf jenen des Strafverfahrens beschränkt,[110] sollte der Anwendungsbereich der zu respektierenden Grundrechte dementsprechend angepasst werden. Bei der Unschuldsvermutung würde dies die Ausdehnung ihres Schutzbereichs auf jene, die noch nicht die Eigenschaft „Verdächtiger“ oder „Beschuldigter“ im strafprozessualen Sinne der Begriffe erlangt haben, bedeuten.[111]

Dies umfasst die Anerkennung der Relevanz des Prinzips über den Strafprozess hinaus,[112] wobei dessen epistemische *und* nicht-epistemische Dimension zu beachten ist. Die Erste bringt die Beweisführungslast auf

106 Vgl. BeckOK DatenschutzR/*Golla* (Fn. 104), § 72 BDSG Rn. 10.

107 Vgl. *Marquenie*, Computer Law & Security Review 2017, 324 (331).

108 Vgl. EuGH, Urt. v. 6.10.2020, La Quadrature du Net and Others v. Premier ministre and Others, Joined Cases C-511/18, C-512/18 and C-520/18, ECLI:EU:C:2020:791, Rn. 147, 150, 178, 188.

109 Vgl. EuGH, Urt. v. 6.10.2020, La Quadrature du Net and Others v. Premier ministre and Others, Joined Cases C-511/18, C-512/18 and C-520/18, ECLI:EU:C:2020:791, Rn. 113, 132.

110 Vgl. *Sommerer* (Fn. 59), S. 58 ff.

111 So *Sachoulidou*, Journal of Contemporary European Studies 2021 (ohne Seiten).

112 S. *Campbell*, Modern Law Review 2013, 681 (689).

der Seite des Staates mit sich, während die Zweite den *moralischen* und *politischen* Individualanspruch darauf umfasst, vom Staat als rechtstreu behandelt zu werden, bis er das Gegenteil beweist.[113] In ähnlicher Weise unterscheidet *Duff* zwischen der Unschuldsvermutung iSe spezifischen, retrospektiven, innerhalb des Strafverfahrens wirkenden Schutzklausel und der bürgerlichen Unschuldsvermutung iSe allgemeinen, prospektiven Anspruchs auf staatsbürgerliches Vertrauen, das Individuen davor schützt, zu Angeklagten zu werden.[114]

Die nicht-epistemische Dimension der Unschuldsvermutung kann als eine „Erinnerung an den angemessenen Beweisstandard" dienen, wenn ein Staat invasive, präventive Sicherheitsmaßnahmen auf der Basis abstrakter, mithilfe von *Big Data* generierter Risikoberechnungen ergreift – unabhängig davon, ob in einem weiteren Schritt die Unschuld im Strafverfahren bezweifelt wird.[115] Dies ist erforderlich, bis die Herausbildung nachhaltiger Strukturen einer sog. *embedded* Unschuldsvermutung[116] erreicht werden.

IV. Fazit und Ausblick

Bei der Auseinandersetzung mit der Regelung der Unschuldsvermutung, der Datenverarbeitung und -erhebung durch die Polizei und die Justiz in Strafsachen und der geplanten Regelung des grenzüberschreitenden Zugriffs zu digitalen Beweismitteln ergibt sich ein Mangel an Klarheit und Präzision im Hinblick auf die mit dem *Big Data*-Paradigma verbundenen Herausforderungen. Dieser Mangel kann den Einsatz neuer Technologien weder im Allgemeinen noch in Bereichen wie der Gefahrenabwehr und Strafverfolgung verzögern – insbesondere angesichts der Tatsache, dass der Polizist, der Richter und selbst der Gesetzgeber ständig aufgerufen sind, proaktiv einzugreifen. Vor diesem Hintergrund erweisen sich die Anpassung der strafprozessualen Garantien und die Herausbildung neuer Ebenen des Grundrechtsschutzes als erforderlich. Die zu beschließenden Regeln sollen *zukunftsorientiert* (iSv innovationsfördernd), *inklusiv* (iSv unterschiedliche Interessen beachtend) und *bereichsspezifisch* (iSv die Spezifi-

113 *Dennis*, Sydney Law Review 2011, 333 (354).

114 *Duff*, Netherlands Journal of Legal Philosophy 2013, 170 (180 f.); dagegen *Weigend*, Netherlands Journal of Legal Philosophy 2013, 193 ff.

115 *Campbell*, Modern Law Review 2013, 681 (690; 694).

116 *Hildebrandt*, in: Dubber/Hörnle (Hrsg.), The Oxford Handbook of Criminal Law, 2014, S. 175 ff.

ka der jeweiligen Rahmenbedingungen berücksichtigend) sein. Dazu muss man bereit sein, Entscheidungen jenseits regulatorischer Bequemlichkeit zu treffen.

Der europäische Globalzugriff auf digitale Beweismittel und die drohende Erosion staatlicher Schutzpflichten

Markus Abraham

I. Einleitung

Transformation der Gesellschaft durch Digitalisierung bedeutet auch Transformation von Verbrechen und ihren Spuren. Die digitalisierte Form der Verbrechensspuren – Posts, Chatverläufe, Mails, Login-Protokolle – erfordert auf Seiten der Strafverfolgung Techniken für Empfang und Verarbeitung. Um die Ermittelnden mit effektiven, aber gleichwohl rechtsstaatlichen Methoden auszustatten, ist einiges an Neuerung und Feinarbeit nötig. Die Littera-Vorschriften bis hin zu § 110j StPO zeugen davon.[1]

Die Digitalisierung von Verbrechen und ihren Spuren steht mit einem Grundprinzip des Strafrechts in Spannung, nämlich der Vorstellung von Strafgewalt des Souveräns, die sich auf ein bestimmtes Territorium bezieht und mit eigenen Mitteln ausgeübt werden kann. Die Spannung rührt daher, dass digitale Beweismittel oft Bezug zum Ausland haben, schwer zu lokalisieren sind, ihren Speicherort wechseln.[2] Die nationalstaatliche Territorialität, die das Strafrecht – sieht man von der wichtigen Ausnahme des Völkerstrafrechts ab – auszeichnet, scheint durch die Digitalisierung von Verbrechen und Verbrechensspuren entgrenzt zu werden. Im Folgenden möchte ich anhand der im Entstehen befindlichen Verordnung über Europäische Herausgabeanordnungen und Sicherungsanordnungen für elektronische Beweismittel in Strafsachen[3] („E-Evidence-Verordnung") darlegen, inwiefern die nationalstaatliche Perspektive gerade *wegen* der Deterritoria-

---

1 S. den Überblick über die Regelungen zu elektronischen Beweismitteln in der StPO *Warken*, NZWiSt 2017, 329 (333 ff.).

2 S. *Warken*, NZWiSt 2017, 289 (296 mwN); *Burchard*, ZIS 2018, 249 (250).

3 Vorschlag für eine Verordnung des Europäischen Parlaments und des Rates über Europäische Herausgabeanordnungen und Sicherungsanordnungen für elektronische Beweismittel in Strafsachen, COM(2018) 225 final, nachfolgend zit. als VO-E-Kommission. Ungewöhnlich für das Strafrecht ist auch die Wahl des Rechtsinstruments der Verordnung, s. krit. *Burchard*, ZIS 2018, 249 (266).

lisierung von Verbrechen und ihren Spuren eine wichtige Rolle spielen muss.[4]

Um dies zu zeigen, werde ich zuerst den Kommissionentwurf der E-Evidence-Verordnung rekonstruieren (II.), den Entwurf dann aus Perspektive staatlicher Schutzpflicht kritisieren (III.) und ihn schließlich unter Betonung seiner Dritt- und Globalwirkung problematisieren (IV.). Den Abschluss bildet die Zusammenfassung der Analyse (V.).

II. Der Kommissionsentwurf

Das Phänomen, dass relevante Beweismittel im Ausland liegen, ist freilich nicht neu. Nach dem klassischen und gegenwärtigen Modell der Rechtshilfe ersucht der ermittelnde Staat A denjenigen Staat B, in dem sich die Informationen befinden, Beweise zu erheben und zu übermitteln. Dieser traditionellen Konzeption folgt auch noch[5] die Richtlinie zur europäischen Ermittlungsanordnung[6] aus dem Jahr 2014.[7] Auch für *digitale* Beweismittel ist danach der Belegenheitsort der Daten ausschlaggebend. Denn nur wenn die ermittelnde Behörde den Belegenheitsort kennt, weiß sie, *welchen* Staat sie um die Ausübung seiner territorialen Souveränitätsrechte ersuchen soll.[8] Auch wenn sich die strafprozessuale Auslegungspraxis pragmatisch und kritikwürdig[9] bei Cloud-Daten dadurch behilft, dass die bloße Möglichkeit der Belegenheit im Ausland keine Rechtshilfeverpflichtung

4 Die schwindende Relevanz des nationalen Staates und den Bedarf neuer, nichtstaatlicher Mechanismen des Datenschutzes betont dagegen *Daskal*, Vanderbilt Law Review 71 (2018), 179 (insbes. 237 ff.).

5 Dazu, dass im Vergleich zum klassischen Rechtshilferecht dem Recht des Anordnungsstaates stärkeres Gewicht zukommt *F. Zimmermann*, ZStW 127 (2015), 143 (147).

6 RL 2014/41/EU, umgesetzt in 91a ff. IRG.

7 Krit., weil unklar bleibe, wie die territoriale Kontrolle zu bestimmen sei, *Daskal*, Vanderbilt Law Review 71 (2018), 179 (202).

8 Vgl. zu den Möglichkeiten des Zugriffs auf im Ausland befindliche Daten *Brodowski*, in: Hauck/Peterke, International Law and Transnational Organized Crime, 2016, 334 (355 f.).

9 Krit. *Jahn/Brodowski*, in: Hoven/Kudlich, Digitalisierung und Strafverfahren, 2020, S. 67 (79).

auslöse,[10] gilt im Grundsatz die Relevanz des Belegenheitsortes und damit die Achtung der betroffenen Souveränitätsrechte.[11]

Der im April 2018 von der Europäischen Kommission vorgelegte[12] Vorschlag über eine E-Evidence-Verordnung über die Herausgabe von elektronischen Beweismitteln[13] bricht nun mit dieser Struktur der Kooperation in Strafrechtsachen.[14]

1. Zwei Nova: Privatisierung und Marktortprinzip

In zweierlei Hinsicht stellt der Entwurf ein Novum[15] dar. Neu ist daran zum einen die Abkehr von der traditionellen Funktionsweise der internationalen Rechtshilfe, nämlich die Abkehr von der Zwischen*staatlichkeit*, dem Gedanken also, dass ein Staat einem anderen Staat Hilfe leistet. Anstelle des Ersuchens eines ermittelnden Staates an denjenigen, der im eigenen Gebiet die digitalen Beweismittel erlangen kann, tritt ein einseitiges Verfahren: der ermittelnde Staat richtet sein Datenverlangen direkt an den ausländischen Provider, wendet sich also unmittelbar an den privaten Akteur.[16]

Die zweite Neuerung betrifft die Bestimmung des konkreten Akteurs, an den die Anordnung zu adressieren ist. Entscheidend ist danach nicht der Speicherort der Daten, sondern die Frage, in welchem Staat der Provi-

---

10 Meyer-Goßner/Schmitt/*Köhler*, StPO, 63. Aufl. 2020, § 110 Rn. 7a, 7b (Ein Beweisverwertungsverbot scheide bei unbekanntem Speicherort aus, da kein bewusster Verstoß der Behörden vorliege, ebd., Rn. 7c); ähnl. BeckOK-StPO/*Hegmann*, 39. Ed. 1.1.2021, § 110 Rn. 16f. mwN. A.A. LR-StPO/*Tsambikakis*, Bd. 3/1, 27. Aufl. 2019, § 110 Rn. 9: Rechtshilfeersuchen nötig, wenn Belegenheitsort absehbar im Ausland, was bei im Ausland ansässigen Anbietern regelmäßig der Fall sei.

11 Vgl. *Soiné*, NStZ 2018, 497 (500); *Zerbes/El-Ghazi*, NStZ 2015, 425 (430). A.A. *Wicker*, MMR 2013, 765 (769): soweit Zugriff bei Cloud-Nutzer möglich, sei Ort der Daten irrelevant.

12 S. zu den vorangehenden Erörterungen *Warken*, NZWiSt 2017, 449 (454 ff.).

13 Im Verordnungsvorschlag geht es neben der Herausgabeanordnung (Production Order) auch um die Anordnung zur Sicherung der Daten (Preservation Order). Letztere lasse ich im Folgenden außen vor.

14 S. zu den Hintergründen des Entwurfs instruktiv *Burchard*, ZIS 2018, 190 (193 ff.).

15 Explizit verwendet wird der Begriff des Novums in der Stellungnahme des Bundesrats in BR-Drs. 215/18, S. 2 bzgl. des Marktortprinzips als Abkehr vom Territorialitätsprinzip.

16 Art. 7 VO-E-Kommission (Fn. 3).

der seinen Vertreter innerhalb der Europäischen Union benennt.[17] Durch das sogenannte Marktortprinzip, das bereits bei der Datenschutz-Grundverordnung Anwendung findet, lässt sich einfach bestimmen, an welchen Adressaten Anfragen zu richten sind.[18]

2. *Grundsätzliche Kritik*

Beide Neuerungen, Provideradressierung und Marktortprinzip, sehen sich grundsätzlicher Kritik ausgesetzt. Durch das Marktortprinzip werde es unmöglich, bewusst einen Speicherort zu wählen, womit eine selbstbestimmte Entscheidung der einzelnen Person vereitelt werde. Zudem würden durch das Marktortprinzip die territoriale Souveränität anderer Staaten und damit die völkerrechtliche Zusammenarbeit unterwandert und überdies die unternehmerische Freiheit beeinträchtigt.[19]

Auch die Neuerung, dass Adressat einer Beibringungsanordnung[20] nicht der ersuchte Staat, sondern direkt der Provider ist, wird kritisiert.[21] Der unmittelbare Durchgriff auf den privaten Akteur, der die gesuchten

---

17 Art. 7 I VO-E-Kommission (Fn. 3). S. den Entwurf der flankierenden RL 2018/0107(COD) für die Benennung von Vertretern der Provider. Das Parlament hingegen befürwortet die Zusammenfassung zu einem Rechtsakt.

18 Der Verzicht auf die Zustimmung des Staates, in dem die Daten gespeichert sind, kann allerdings an [eine umstrittene, s. *de Hert/Parlar/Saifert*, Computer Law & Security Review 34 (2018), 327 (334)] Auslegung von Art. 18 Cybercrime Convention durch das Cybercrime Convention Committee anknüpfen, so *Böse*, An assessment of the Commission's proposals on electronic evidence, Study Requested by the LIBE committee, 2018, abrufbar unter: https://www.europarl.europa.eu/RegData/etudes/STUD/2018/604989/IPOL_STU(2018)604989_EN.pdf (11.3.2021), S. 19 u. 13 f. S. auch zu weiteren aktuellen Tendenzen der Abkehr vom Speicherort als relevantem Faktor ebd., S. 32.

19 Umfassend *Burchard*, ZIS 2018, 249 (249 ff.). Werde ein ausdrücklicher Speicherort gewählt, dürfe das nicht Daten beliebigen Speicherorts gleichgesetzt werden. Zudem bedürfe es einer Vermutungsregel zugunsten der bewussten Speicherortwahl (ebd., S. 250). Vgl. zu den legitimen Geschäftsinteressen der Provider *Burchard*, ZRP 2019, 164 (165). Aus Gründen der Vorhersehbarkeit sieht auch *Böse* hier Klarstellungsbedarf für Dienste, die gerade nicht der Verordnung unterfallen sollen, *Böse* (Fn. 18), S. 34.

20 Diese Terminologie erfasst, dass der Provider ggf. zunächst Daten aus dem Ausland transferieren muss. Ich folge darin *Burchard*, ZIS 2018, 190 (191 Fn. 17).

21 *Burchard*, ZIS 2018, 249 (257 ff.), demzufolge die Privatisierung nur einhergehend mit einem umfassenden „Privatisierungsfolgenrecht" (was insbesondere den Rechtschutz betrifft) zulässig wäre (ebd., S. 260). Dieser Anforderung werde der Kommissionsentwurf nicht gerecht (ebd., S. 265 f.).

Daten kontrolliert, führt zur Privatisierung der Rechtshilfe. Das nährt sämtliche Bedenken, die gegen die Privatisierung hoheitlicher Aufgaben vorgetragen werden.[22] Insbesondere lässt sich fragen, ob ein Provider kompetent, in der Lage und willens ist, etwaige Verletzungen rechtsstaatlicher Prinzipien erstens zu erkennen und zweitens sich dem Herausgabeverlangen der Behörden desjenigen Staates zu widersetzen, der mit ebenjener Anfrage seine mutmaßlichen Strafansprüche zu realisieren sucht.[23]

Auch wenn die beiden Neuerungen auf Kritik stoßen,[24] möchte ich im Folgenden diese Weichenstellungen als gegeben unterstellen. Dies liegt daran, dass sich mittlerweile die übrigen europäischen Legislativ-Organe, Rat und Parlament, bei aller Differenz diesbezüglich zustimmend positioniert haben. Die Pragmatik meiner Herangehensweise versuche ich dadurch auszugleichen, dass ich die Kritik im Folgenden innerhalb der gewählten Weichenstellung berücksichtige.

3. *Einseitige Anordnungskompetenz*

Was sind nun die weiteren Eckpfeiler des Kommissionsvorschlags?[25] Der Durchgriff auf den Provider statt der Abwicklung im Dreieck (Staat A ersucht Staat B, der die Beweiserhebung beim Provider vornimmt) wie auch das Marktortprinzip zielen beide auf die Beschleunigung der Ermittlungen. So sieht der Entwurf Fristen von zehn Tagen, in Eilfällen von sechs Stunden vor.[26] Dadurch soll die Frist von 120 Tagen, die nach der

---

22 *Burchard*, ZIS 2018, 249 (260).

23 Krit. u.a. wegen des Fehlens einer detaillierten Regelung bzgl. der Prüfung durch den Provider, da weder eine Begründungspflicht noch eine Überwachung durch staatliche Stellen vorgesehen sei, *Böse* (Fn. 18), S. 41. Ein Plädoyer für eine „Europäische Ermittlungsanordnung 2“ für elektronische Beweismittel liefert *Esser*, StraFo 2019, 404 (412). Für die Reduktion der Verordnung auf das Mittel der Sicherungsanordnung (Preservation Order) und ansonsten den Rückgriff auf die Europäische Ermittlungsanordnung *Penfrat/Berthélémy*, EDRi, Post v. 19.11.2019, https://edri.org/e-evidence-repairing-the-unrepairable (11.3.2021).

24 Neben den zwei erwähnten Aspekten besteht noch weitere Kritik, etwa die der Rechtsfragmentierung, s. *Böse* (Fn. 18), S. 43 ff.

25 S. die umfassende Analyse bei *Esser*, StraFo 2019, 404 (406 ff.); *Hamel*, in: Hoven/Kudlich (Fn. 9), S. 103 ff.

26 Art. 9 I und II VO-E-Kommission (Fn. 3).

seit 2017 geltenden Europäischen Ermittlungsanordnung vorgesehen ist,[27] deutlich unterboten werden.[28]

Die Wahrung rechtsstaatlicher Grundsätze obliegt nach dem Kommissionsentwurf dem anordnenden Staat: Der Datenzugriff müsste auch in einem ähnlichen[29] nationalen Fall zulässig sein. Eine Beibringungsanordnung ist nur für bestimmte Taten möglich, wenngleich der Katalog sehr weit gefasst ist.[30] Außerdem werden die Eingriffsschwellen an die unterschiedlichen Sensibilitätsgrade[31] der Daten gekoppelt, bei Inhaltsdaten etwa bedarf es richterlicher Validierung[32]. Zentral ist jedoch, dass die Rechtmäßigkeit der Maßnahme lediglich von Behörden im anordnenden Staat geprüft wird. Darüber hinaus wird zwar dem Provider eingeräumt, das Beibringungsverlangen zu prüfen. Allerdings darf sich der Provider abgesehen von Fällen faktischer Unmöglichkeit der Anordnung im Wesentlichen[33] nur mit der Begründung verweigern, dass die Anordnung offensichtlich die Grundrechtscharta verletzt oder offensichtlich missbräuchlich

27 Art. 12 III und IV RL 2014/41/EU.

28 S. auch zur in der Praxis entwickelten Kooperation mit Providern auf freiwilliger Grundlage *Böse*, KriPoZ 2019, 140 (141); *Hamel*, in: Hoven/Kudlich (Fn. 9), S. 103 (108); s. auch *Warken*, NZWiSt 2017, 417 (424).

29 Krit. zu diesem unklaren Kriterium *von Galen*, in Hoven/Kudlich (Fn. 9), S. 127 (128 f.).

30 Art. 5 IV VO-E-Kommission (Fn. 3). Jedenfalls ist eine Anordnung für Taten zulässig, die ein Höchststrafmaß von drei Jahren und mehr vorsehen, Art. 5 IV lit. a; krit. zu dieser niedrigen Hürde *Böse* (Fn. 18), S. 40 (mit Blick auf Inhalts- und Transaktionsdaten). In den Entwürfen des Parlaments findet sich eine Anhebung auf fünf Jahre, s. Art. 5 IV des Entwurfs eines Berichts des Europäischen Parlaments über den Vorschlag für eine Verordnung des Europäischen Parlaments und des Rates über Europäische Herausgabeanordnungen und Sicherungsanordnungen für elektronische Beweismittel in Strafsachen v. 24.10.2019, PE642.987v00–01. Diese ist im Abschlussbericht A9–0256/2020 v. 11.12.2020, PE642.987v02–00, nachfolgend zit. als VO-E-Parlament, nicht mehr enthalten.

31 Die Kommission vertritt eine Einteilung in Teilnehmer-, Zugangs-, Transaktions- und Inhaltsdaten, Art. 2 VII bis X VO-E-Kommission (Fn. 3), wonach gewisse Metadaten zu der wenig sensiblen Kategorie der Zugangsdaten gerechnet werden. Der Rat stimmt zu. Das Parlament hingegen rechnet Metadaten den Verkehrsdaten, also der mittleren Stufe seiner dreigliedrigen Kategorisierung zu (Teilnehmer-, Verkehrs-, Inhaltsdaten), vgl. Art. 2 VIII lit. c VO-E-Parlament (Fn. 30). Diff. zur Kategorisierung *Böse* (Fn. 18), S. 20; krit. *Esser*, StraFo 2019, 404 (408); neue Kategorisierungsidee bei *Warken*, eucrim 2018, 226 (230).

32 Art. 4 II lit. b VO-E-Kommission (Fn. 3).

33 S. andere Ablehnungsgründe, die u.a. die Anordnungszuständigkeit und Vollständigkeit betreffen, s. Art. 14 IV lit. a bis e VO-E-Kommission (Fn. 3).

ist.[34] Dies ist allein schon deswegen ein kaum brauchbarer Kontrollmechanismus, weil das anordnende Zertifikat, das der Provider erhält, keine Angaben zum Sachverhalt enthält.[35] Der Staat, in dem der Provider sitzt, spielt keine Rolle. Er wird nicht beteiligt. Ins Spiel kommt er lediglich als Vollstreckungsinstanz, nämlich für den Fall, dass der Provider die Herausgabe der Daten verweigert.[36]

III. Die Schutzpflicht des Staates

1. Die grundsätzliche Schutzpflicht des Providerstaates

Im Folgenden möchte ich den Vorschlag der Kommission aus der Warte staatlicher Schutzpflicht betrachten.[37] Mit Schutzpflicht meine ich im verfassungsrechtlichen Sinn die Pflicht des Staates, die Realisierung der Grundrechte sicherzustellen und wo nötig, dafür aktiv Vorkehrungen und Maßnahmen zu treffen. Leitet man die Legitimität einer solchen Schutzpflicht konstruktiv aus dem Gesellschaftsvertrag ab, so trifft den Staat die Schutzpflicht zunächst lediglich gegenüber den eigenen Staatsbürgern. Mindestens bezüglich der Jedermanns-Grundrechte gilt die Schutzpflicht jedoch gegenüber allen Personen, die durch Verhaltensakte des Staats beschwert werden.

Betrachtet man Strafverfolgung aus der Perspektive der Schutzpflicht, so ergibt sich hier zweierlei: Auf der einen Seite bedeutet Schutzpflicht, dass staatliche Stellen bei Verbrechen aktiv ermitteln müssen. Das Bundesverfassungsgericht anerkennt sogar ein subjektives Recht auf Strafverfolgung, ein Recht, das es aus eben jener staatlichen Schutzpflicht ableitet.[38] Auf der anderen Seite – und darum geht es mir hier – lässt sich aus der staatli-

---

34 Art. 14 IV lit. f VO-E-Kommission (Fn. 3).

35 BR-Drs. 215/18, S. 6; *Böse* (Fn. 18), S. 41 kritisiert außerdem, dass ein Widerspruch lediglich möglich sei, außerdem die Rechtschutzmöglichkeiten des Providers defizitär seien (ebd., S. 43).

36 Art. 14 VI bis X VO-E-Kommission (Fn. 3).

37 Die „responsibility to protect" betont bereits *Böse* (Fn. 18), S. 37 u. 41 f. Mit Verweis auf *Burchard*, ZIS 2018, 249 (251 u. 259) stellt *Böse* heraus, dass die Schutzpflichtperspektive keine nationalstaatliche sei, sie vielmehr auch auf europarechtlicher Ebene gelte (ebd., S. 37). Dieser Aspekt findet sich nun im Ablehnungsgrund des Providerstaates Art. 10a I lit. c VO-E-Parlament (Fn. 30). Vgl. aber die reduzierte Einbeziehung des Betroffenenstaates im Parlamentsvorschlag bei Fn. 84.

38 Näher *Abraham*, Sanktion, Norm, Vertrauen, 2018, S. 234 f.

chen Schutzpflicht umgekehrt die Verpflichtung ableiten,[39] Strafverfahren in einer die Grundrechte wahrenden Weise durchzuführen. Für die eigene, inländische Strafverfolgung erfüllt dies der Staat durch die Vorkehrungen der Strafprozessordnung, insbesondere die Beschuldigtenrechte, das Institut der Verteidigung, das Legalitätsprinzip und die Rechtsweggarantie. Hilft der Staat anderen Staaten bei deren Strafverfolgung, impliziert die Schutzpflicht, dass er die Hilfe in grundrechtswahrender Weise leistet.[40] Das bedeutet, dass der Staat nicht durch rechtsstaatswidrige Ermittlungen hilft und auch, dass er nicht sehenden Auges Hilfe zu rechtsstaatswidrigen Verfahren leistet.[41]

Ist man bereit die staatliche Schutzpflicht in dieser Weise zu interpretieren, bedeutet dies mit Blick auf die Verordnung Folgendes: Durch die Zustimmung zur E-Evidence-Verordnung akzeptiert ein potentieller Providerstaat, also ein Staat, in dem der relevante Provider anzufragen ist, ein Verfahren, das die eigene Prüfung des Beibringungsverlangens nicht vorsieht, lässt also per se den Datenabfluss durch den Provider auf seinem Hoheitsgebiet zu. Der Direktzugriff ausländischer Strafverfolgungsbehörden auf die Daten bedeutet damit einen Verzicht auf die Wahrnehmung staatlicher Schutzpflicht.[42] Strafrechtsdogmatisch ausgedrückt: der Staat, der auf seinem Hoheitsgebiet die Entscheidung des Providers über den Abfluss von Daten geschehen lässt, unterlässt es, den Datentransfer zu

---

39 Die hier behauptete Pflicht zum Schutz vor rechtsstaatswidriger Strafverfolgung ist eine Generalisierung aus der Rechtsprechung zum Auslieferungsrecht (Fn. 41) und der Datenherausgabe (Fn. 40). Sie wird in einem spekulativen Sinn verwendet.

40 Nach BVerfG NJOZ 2017, 599 (601) hat der Gesetzgeber im Fall der Übermittlung von personenbezogenen Daten an ausländische Behörden darauf zu achten, dass „elementare rechtsstaatliche Grundsätze nicht verletzt werden". „Keinesfalls darf der Staat seine Hand zu Verletzungen der Menschwürde reichen. Die Übermittlung solcher Daten an das Ausland setzt daher eine Vergewisserung über einen rechtsstaatlichen Umgang mit diesen Daten im Empfängerland voraus". Darauf verweist auch *Burchard*, ZRP 2019, 164 (166 Fn. 32).

41 Vgl. auch den im Auslieferungsrecht von BVerfG NJW 2016, 1149 (1154) in Anspruch genommenen Gedanken, die deutsche Hoheitsgewalt dürfe zu Verletzungen der Menschenwürde durch andere Staaten ihre Hand nicht reichen. Dazu *Meyer*, HRRS 2016, 332 (334). Jüngst *Swoboda*, ZIS 2021, 66; vgl. aber die hiesige thematische Einschränkung in Fn. 74.

42 Vgl. bereits *Böse*, KriPoZ 2019, 140 (143), der im Akt der Anerkennung der Bindungswirkung der Herausgabeanordnung den Eingriff in Grundrechte (des Providers und Nutzers) festmacht. Nach *Böse* fehlt es aber angesichts der unmittelbaren Verbindlichkeit der Verordnung dann an einer Entscheidung des Providerstaates, die die Nutzerin anfechten kann, ebd., 145.

prüfen und gegebenenfalls zu unterbinden. Zur Unterbindung wäre er qua Schutzpflicht als Garant verpflichtet.[43]

2. *Verzicht auf die Wahrnehmung der Schutzpflicht*

Nun könnte man entgegnen, dass den Staat gegenüber seinen Bürgerinnen und Bürgern zwar grundsätzlich eine solche Schutzpflicht treffen mag, er aber aus guten Gründen auf ein unmittelbares Tätigwerden explizit verzichten kann, wenn er nämlich die Erfüllung der Schutzpflicht delegiert.

Als Begründung dafür, dass bei der E-Evidence-Verordnung eine solche Delegation der Schutzpflicht gegeben ist, lässt sich anführen, dass erstens die Rechtmäßigkeit des Herausgabeverlangens anhand der Maßstäbe der Verordnung durch Stellen des anordnenden Staates und (zumindest im Ansatz) auch durch den Provider geprüft wird.[44] Zweitens lässt sich aus dem Gedanken zwischenstaatlicher Zusammenarbeit, der sich innerhalb Europas zum Prinzip gegenseitiger Anerkennung[45] verdichtet hat, herleiten, dass Justizakte anzuerkennen sind und damit auch die Strafverfolgung anderer Staaten nicht zu behindern, sondern vielmehr zu befördern ist.[46] Und drittens könnte sich der zum Schutz verpflichtete Staat darauf zurückziehen, dass der von der Datenabfrage betroffene Bürger etwaige Rechtsstaatsverstöße nach dem Kommissionsentwurf sowohl vor den Gerichten des anordnenden Staates[47] als auch notfalls vor dem Europäischen Gerichtshof für Menschenrechte geltend machen kann. Der Vorschlag der

---

43 *Huber* geht in seinem Sondervotum zu BVerfG NJOZ 2017, 599 von einer Schutzpflicht zugunsten der informationellen Selbstbestimmung der Staatsbürger aus. Da bei dem dort in Frage stehenden Art. 32 lit. a Cybercrime Convention eine Mitwirkung von an das Grundgesetz gebundenen Stellen fehle, stelle dieser i.V.m. dem Zustimmungsgesetz eine verfassungswidrige Ermächtigung zu Verletzungen der informationellen Selbstbestimmung dar [ebd., S. 602 (604)]. Darauf Bezug nehmend *Böse* (Fn. 18), S. 37 Fn. 104 f.

44 S. die Voraussetzungen in Art. 4, 5 und 9 VO-E-Kommission (Fn. 3). Krit. *Böse*, KriPoZ 2019, 140 (144).

45 Streinz/*Satzger*, EUV/AEUV, 3. Aufl. 2018, Art. 82 Rn. 9 ff.

46 Explizite Bezugnahme in COM(2018) 225 final, S. 5 mit Verweis auf Art. 82 I AEUV. Krit. zur Begründung der Kompetenzgrundlage *Burchard*, ZIS 2018, 249 (267), der allenfalls Art. 82 II Unterabsatz 2 lit. d als denkbar erachtet (ebd., S. 261 ff.). Krit. auch *Böse*, KriPoZ 2019, 140 (142 f.).

47 Krit. diesbzgl. auch angesichts der unspezifischen Ausgestaltung der Rechtsbehelfsregelung DAV, Stellungnahme 42/2018, S. 10 ff.; *Esser*, StraFo 2019, 404 (409 f.).

Kommission enthält implizit eben diese Wertung der Schutzpflichtendelegation, nämlich dass der Staat, in dessen Souveränitätssphäre über den Datenabfluss entschieden wird, auf die Wahrnehmung staatlicher Schutzpflicht verzichtet.[48]

Den drei Argumenten dieser Position lassen sich folgende drei Argumente entgegenhalten. Erstens: Die Tatsache, dass die Behörde des Anordnungsstaates die Rechtmäßigkeit prüft, aber eben nur diese, schaltet – verglichen mit der klassischen Rechtshilfe – eine rechtstaatliche Sicherung ohne adäquate Kompensation aus. Dies gilt in Anbetracht von *checks and balances* in ganz besonderer Weise, soweit die Anfrage unmittelbar von den Strafverfolgungsbehörden ausgeht und zudem keiner oder höchstens einer Validierungskontrolle eines Gerichts des Anordnungsstaates unterliegt.

Das zweitens angeführte Vertrauen, das im Prinzip der gegenseitigen Anerkennung seinen Ausdruck findet, lässt sich genauso gut umgekehrt ins Spiel bringen:[49] *Wenn* der zum Schutz verpflichtete Staat beim Transfer von Ermittlungsergebnissen kontrollierend involviert wäre, würde dies erst die *Vertrauensbasis* dafür bilden, Urteile, die auf Grundlage damit betriebener Strafverfahren ausgesprochen werden, anzuerkennen.[50] Erst die Einbindung begründet das Vertrauen.

Der Rechtsschutz im ermittelnden Staat und vor dem Europäischen Gerichtshof für Menschrechte schließlich als drittes Argument ist als Rechtfertigung dafür, dass der Providerstaat auf die Wahrnehmung seiner Schutzflicht verzichtet, nicht überzeugend. Das Argument vermag – von Sprachbarrieren ganz abgesehen – schon deswegen nicht zu überzeugen, weil der Rechtsschutz zum einen bloß retrospektiv wirkt und zum anderen die mit Kosten verbundene Aktivierung durch die einzelne Person voraussetzt, also exzeptionell bleibt. Hinzu kommt, dass diese Sicherung, aus der Perspektive des zum Schutz verpflichteten Staates betrachtet, auf für diesen externen Kontrollinstanzen und -standards fußt.

48 Ganz ähnlich den Schutzpflichtgedanken heraushebend *Burchard*, ZIS 2018, 249 (263), der allerdings auf die Garantieverantwortung des Staates, in dem die Daten belegen sind, abstellt, also das Territorialitätsprinzip betont. Vgl. zu dem Aspekt der Grundrechtsverantwortung auch ebd., S. 255 mit Fn. 51.

49 Ähnlich *Burchard*, ZIS 2018, 249 (256).

50 Der Deutsche Richterbund kritisiert den Wegfall der Prüfung durch den Providerstaat, da zumindest für Inhaltsdaten (noch) keine hinreichende Harmonisierung der materiellen Voraussetzungen für die Anordnung gegeben sei, s. Deutscher Richterbund, Stellungnahme 6/18, bei C.

Um die drei Gegenargumente mit einem Beispiel zu pointieren: Wenn die Staatsanwaltschaft eines autokratie-verdächtigen Mitgliedsstaates die Herausgabe der Chatverläufe regierungskritischer Aktivistinnen oder Aktivisten anordnet, so ist die Gewissheit darüber, dass die Verhältnismäßigkeit durch die dortigen Behörden geprüft wurde und der hiesige Provider die Anfrage nicht als „eindeutig missbräuchlich" zurückgewiesen hat, mit Blick auf die Einhaltung rechtsstaatlicher Grundsätze nur bedingt beruhigend. Und daran dürfte der Hinweis auf gegenseitiges Vertrauen wie auch die Möglichkeit zur Individualbeschwerde zum Europäischen Gerichtshof für Menschenrechte wenig ändern.[51]

3. Der Providerstaat in den Verordnungs-Entwürfen

Das eben angeführte, zugespitzte Szenario soll allerdings nicht einer misstrauenden Haltung Vorschub leisten, wonach als einzig akzeptable Richtschnur die Überprüfung durch eigene nationale Stellen anhand eigener nationaler Standards gilt.[52] Zu fragen ist vielmehr, ob durch die geplante Verordnung das von der Schutzpflicht gebotene Mindestmaß unterschritten wird. Wie verhält es sich insofern mit den Vorschlägen von Kommission, Rat und Parlament? Für die Analyse lassen sich zwei Parameter unterscheiden. Einerseits ist relevant, wer in die Abwicklung des Beibringungsverlangens eingebunden ist und welche Kompetenzen dem Akteur darin zukommen, also Informations-, Prüfungs- und Zurückweisungsrechte, kurz: die Frage prozeduraler Mitsprache. Von der prozeduralen Mitsprache lässt sich andererseits die materielle Berücksichtigung abspalten. Damit meine ich die Frage, wessen Standards den Maßstab der Überprüfung abgeben: die nationale Rechtsordnung des anordnenden Staates, der nationale Maßstab des ausführenden Staates und/oder ein europarechtlicher Maßstab.

Legt man die Parameter von prozeduraler Beteiligung und materieller Berücksichtigung an den Entwurf der Kommission an, so wird deutlich, dass auch dort dem Providerstaat materiell eine gewisse Berücksichtigung eingeräumt wird. Denn auch der Kommission zufolge hat der anordnende

---

51 S.a. die Kritik zur Umgehung nationalen Verfassungsrechts bei *Grzesiek*, https://www.strafrecht-digital.com/tag/europaeische-sicherungsanordnung (11.3.2021), Blogbeitrag v. 29.8.2019, der auch die Idee einer unabhängigen Institution andeutet.

52 Vgl. nur BVerfG NJW 2016, 1781 (Rn. 325): Ausrichtung des Grundgesetzes auf internationale Zusammenarbeit.

Staat nationale Immunitäten oder Vorrechte, die im Providerstaat gelten, zusätzlich zu den eigenen zu berücksichtigen.[53] Doch diese materielle Berücksichtigung ist nur schwach ausgeprägt – sie gilt nur für Daten höherer Sensibilitätsgrade[54], umfasst nicht Eingriffsvoraussetzungen, die im Providerstaat gelten, und umfasst auch nicht dessen Entscheidungen über die Kriminalisierung eines Verhaltens[55]. Noch dazu fehlt eben jegliche prozedurale Mitsprache des Providerstaates:[56] Etwaige Immunitäten werden nur dann berücksichtigt, wenn der anordnende Staat Gründe hatte („reasons to believe")[57], von der Existenz derartiger Immunitäten auszugehen.[58] Sah der Anordnungsstaat keine Anhaltspunkte, kommt lediglich die *nachträgliche* Berücksichtigung der Immunität im Providerstaat[59] in Frage.[60]

Die Entwurfsänderungen des Rats und vor allem diejenigen des Parlaments sehen hingegen eine prozedurale Einbeziehung des Providerstaates vor. Dem Rat zufolge soll immerhin[61] bei Inhaltsdaten[62] der Providerstaat von der Beibringungsanordnung in Kenntnis gesetzt werden und ihm

---

53 Art. 5 VII VO-E-Kommission (Fn. 3).

54 Nämlich nur für Transaktions- und Inhaltsdaten (s. zur Kategorisierung Fn. 31). Im selben Absatz ist später irritierenderweise auch von Zugangsdaten die Rede.

55 Das könnte sogar dazu führen, dass Beibringungsanordnungen gegen juristische Personen zu erfüllen sind, obwohl das nationale Recht kein Verbandsstrafrecht kennt, so *Esser*, StraFo 2019, 404 (408).

56 Der Deutsche Richterbund, Stellungnahme 6/18, D.III. fordert hier für Inhaltsdaten die Notwendigkeit einer gerichtlichen Entscheidung im Providerstaat.

57 Krit. *von Galen*, in Hoven/Kudlich (Fn. 9), S. 127 (131).

58 Art. 5 VII VO-E-Kommission (Fn. 3). Wenn er Anhaltspunkte hat, besteht die Pflicht, beim Providerstaat Erkundigungen einzuholen. Krit. dazu *Böse* (Fn. 18), S. 41: Die Stellen des Anordnungsstaates verfügten nicht über die Expertise zur Auslegung des ausländischen Rechts und verfolgten eigene Strafverfolgungsinteressen. Krit. auch BR-Drs. 215/18, S. 6.

59 Krit. zur Ausgestaltung des Rechtsschutzes *Böse*, KriPoZ 2019, 140 (146).

60 Vgl. Art. 18 VO-E-Kommission (Fn. 3). Dies gilt nur für Transaktions- und Inhaltsdaten. Dass die Berücksichtigung nur defizitär geraten könnte, suggeriert die Begründung auf S. 27: „Wegen der Unterschiede zwischen Mitgliedstaaten bei der Bewertung der Relevanz und Zulässigkeit von Beweismitteln gewährt die Bestimmung den Gerichten [des Anordnungsstaats, M.A.] Flexibilität, wie [den Immunitäten und Vorrechten im Mitgliedstaat des Providerstaats, M.A.] Rechnung zu tragen ist.". Dazu *Esser*, StraFo 2019, 404 (410).

61 Die Mitgliedsstaaten sind hier uneinig, ob noch weitere Ablehnungsgründe nötig sind. Einige Mitgliedsstaaten lehnen eine Notifikation ganz ab. Siehe dazu die Vorbehalte der einzelnen Mitgliedsstaaten bei Fn. 32 zu Art. 7a bei Rat der Europäischen Union, Ratsdok. 10206/19 v. 11.6.2019; im Folgenden zitiert als VO-E-Rat.

62 Bei Transaktionsdaten besteht lediglich eine Berücksichtigungspflicht bei Anhaltspunkten Art. 5 VII lit. b VO-E-Rat (Fn. 61).

möglich sein, Einwände anzubringen, sofern Immunitäten, besondere Schutzrechte von Presse- und Meinungsfreiheit oder nationale Sicherheitsinteressen betroffen sind.[63]

Noch weitergehend schlägt das Europäische Parlament einen breiten Katalog an Ablehnungsgründen vor.[64] Bei grundlegenden Mängeln *muss* der Providerstaat die Anordnung zurückweisen: Er prüft, ob die in der Verordnung niedergelegten Anordnungsvoraussetzungen vorliegen, ob die Anordnung gegen ne bis in idem oder gegen europäische Grundrechte[65] verstoßen würde und ob Immunitäten oder Vorrechte nach seinem Recht entgegenstehen.[66] Sofern es sich um Inhalts- oder Verkehrsdaten handelt,[67] ist es dem Providerstaat über diese zwingenden Zurückweisungsgründe hinaus *gestattet*[68], die Anfrage mit Verweis auf weitere nationalrechtliche Eigenheiten zurückweisen. Er darf danach dem Herausgabeverlangen widersprechen, wenn das verfolgte Verhalten nach eigenem Recht nicht kriminalisiert ist, wenn spezielle Eingriffsvoraussetzungen (etwa ein Katalogtat-Kriterium) nicht vorliegen oder wenn die mutmaßliche Tat nicht auf

---

63 Art. 7a II iVm 5 VII lit. b VO-E-Rat (Fn. 61). Eine wichtige Ausnahme besteht dann, wenn der Anordnungsstaat derjenige ist, in dem die Person wohnt. Dann liege ein „national case" vor, was bedeutet, dass keine Notifizierung stattfindet, s. Art. 5 VII lit. a und Art. 7a I VO-E-Rat (Fn. 61).

64 Art. 10a I und II VO-E-Parlament (Fn. 30). Diese sind angelehnt an die Ablehnungsgründe der Europäischen Ermittlungsanordnung, s. EP/LIBE/*Sippel/Franz*, 6th Working Document (B) v. 1.4.2019 (PE637.468v01–00), S. 3; s. zu diesen Ablehnungsgründen *F. Zimmermann*, ZStW 127 (2015), 143 (152 ff.).

65 Hier wurde explizit an den Wortlaut in Art. 11 I lit. f RL 2014/41/EU über die Europäische Ermittlungsanordnung (EEA) in Strafsachen angeknüpft: „dass die Vollstreckung einer in der EEA angegebenen Ermittlungsmaßnahme mit den Verpflichtungen des Vollstreckungsstaats nach Artikel 6 EUV und der Charta unvereinbar wäre". S. zur Intention einer einheitlichen Grundrechtsklausel EP/LIBE/*Sippel/Franz* (Fn. 64), S. 3 f. S. zur Frage des Prüfungsumfangs, den die Klausel einräumt (bei der EEA) *F. Zimmermann*, ZStW 127 (2015), 143 (158); Schomburg/Lagodny/*Trautmann*/*F. Zimmermann*, Internationale Rechtshilfe in Strafsachen, 6. Aufl. 2020, § 91b IRG Rn. 21 ff.

66 Art. 10a I lit. a-d VO-E-Parlament (Fn. 30).

67 Hier gilt auch insofern ein erhöhter Schutz als der Provider den Ablauf der Widerspruchsfrist abwarten muss, Art. 9 IIb VO-E-Parlament (Fn. 30). Bei Teilnehmerdaten oder der IP-Adresse ist dies nicht nötig, vgl. Art. 8a VO-E-Parlament (Fn. 30).

68 Krit., da keine Prüfungspflicht bestehe, *Niekrenz*, Die Zukunft grenzüberschreitenden Datenzugriffs und politischer Verfolgung, Vortrag vom 9.1.2020 auf dem 36C3 in Leipzig, https://media.ccc.de/v/36c3-10762-die_zukunft_grenzuberschreitenden_datenzugriffs_und_politischer_verfolgung (11.3.2021).

dem Gebiet des anfragenden Staats, sondern auf dem eigenen Territorium begangen wurde.[69]

Trotz dieser – im Vergleich zum Kommissionsvorschlag – erheblich erweiterten prozeduralen und materiellen Einbeziehung des Providerstaats wird der Bericht des Parlamentsausschusses von Teilen seiner Mitglieder bemängelt.[70] Unter anderem wird herausgestellt, dass für Maßnahmen, die lediglich der Identifizierung dienen (es sich also gerade nicht um Verkehrs- oder Inhaltsdaten handelt), das Gros derjenigen Ablehnungsbefugnisse, die auf die nationalen Eigenheiten abzielen, nicht gelten sollen[71]. Demnach könnte ein Staat einer Anfrage, die auf die Identifizierung bestimmter Personen abzielt, nicht widersprechen, obwohl das Verhalten nach eigenem Recht keine Straftat darstellt oder die nach eigenem Recht dafür vorgesehenen Ermittlungsvoraussetzungen nicht bestehen. Man kann sich in diesen Fällen auch nicht damit beruhigen, dass bei Beibringungsanordnungen aus Staaten, gegen die ein Verfahren wegen der Gefahr schwerwiegender Verletzung von Werten der Union (Art. 7 EUV) läuft, ein besonderer Sicherungsmechanismus vorgesehen ist. Denn dieser Sicherungsmechanismus, wonach statt bloßer Widerspruchsmöglichkeit die explizite Zustimmung zur Beibringungsanordnung nötig ist, griffe im Fall bloß auf Identifizierung zielender Maßnahmen nicht.[72]

4. *Reichweite der Schutzpflicht*

Inwieweit bedeutet ein Verzicht auf die prozedurale Beteiligung und/oder die Berücksichtigung der eigenen Rechtsstaatsstandards nun eine Verletzung der hier postulierten Schutzpflicht? Das hängt davon ab, welcher Status den nationalen strafrechtlichen Normen zukommt, also der Entscheidung über die Kriminalisierung eines Verhaltens, dem Aufstellen von Katalogerfordernissen oder dem Einräumen von Immunitäten und Vor-

---

69 Art. 10a II lit. b, c, d VO-E-Parlament (Fn. 30). Der Kriminalisierungseinwand gilt nicht für bestimmte Katalogtaten. Siehe zu den weiteren Ablehnungsgründen 10a II lit. a (staatl. Sicherheitsinteressen) und lit. e (Rechtskollision mit Drittstaaten).

70 Vgl. etwa Renew Europe v. 7.12.2020, https://reneweuropegroup.eu/en/news/1728 (11.3.2021).

71 E contrario aus Art. 10a II VO-E-Parlament (Fn. 30). Die Provider müssen dort zudem das Verstreichen der Widerspruchsfrist nicht abwarten Art. 8a II im Gegensatz zu 9 IIb VO-E-Parlament (Fn. 30).

72 Denn diese gilt nur bei Daten höherer Sensibilitätsstufe (Verkehrs- und Inhaltsdaten), nicht bei Identifizierungsabfragen. Art. 9 IIa VO-E-Parlament (Fn. 30).

rechten. Kommt diesen Normen unmittelbar Grundrechtsbezug zu, sind sie also die konkretisierende Umsetzung von Verfassungsrecht? Oder aber handelt es sich lediglich um einfach-gesetzliche Festlegungen, die allenfalls in ihrem absoluten Kern Grundrechtsbezug aufweisen?[73]

Am Beispiel: Ist die konkrete Umsetzung der Zeugnisverweigerungsrechte nach §§ 53 ff. StPO und damit verbunden die Unzulässigkeit von Ermittlungsmaßnahmen gem. § 160a StPO eine gebotene Konkretisierung des Verfassungsrechts – oder folgt aus dem Schutz von Menschwürde, Ehe, Meinung, Presse, Religion und Beruf lediglich, dass in den genannten Bereichen entstehende Vertrauensverhältnisse *prinzipiell* Schutz genießen, wobei die nähere Ausgestaltung dieses Schutzes hingegen kontingent ist?

Wie die Beispiele bereits erahnen lassen, müsste der Status über eine „Grundrechtsunmittelbarkeit" für jedes Institut (Immunitäten, Kriminalisierungsentscheidungen, Eingriffsvoraussetzungen) – und genauer: für jede einzelne Norm – separat beurteilt werden. Für die hiesige Untersuchung lässt sich immerhin eine tentative Aussage treffen. Je mehr die nationalen Regelungen unmittelbaren Verfassungsbezug aufweisen, desto gewichtiger sind sie als Argument für eine prozedurale Beteiligung und materielle Berücksichtigung des Providerstaates aus dem Gedanken der Schutzpflicht.[74]

Abgesehen von dieser tentativen Aussage ist jedenfalls eine Überlegung der Konsistenz zu beachten: Lässt man eine Differenz entstehen zwischen den Standards, die ein Staat bei inländischer Strafverfolgung einfordert zu denjenigen Standards, die er bei seiner Hilfeleistung zu ausländischen Ermittlungen anlegt,[75] so führt dieses Auseinanderfallen nicht nur zum

---

73 Die Frage ist hier nicht (nur), inwiefern der Gehalt strafprozessualer Regelungen vom (engen) nationalen ordre public umfasst ist (vgl. jüngst den Überblick bei *Krüll*, Die Vollstreckungsübernahme nach § 49 Abs. 3 und § 54a IRG, 2020, S. 149 ff.), sondern inwieweit der Perspektive staatlicher Schutzpflicht als Argument im Normsetzungsprozess (gegenüber dem Argument der vereinfachten Rechtshilfe) Gewicht zukommt.

74 Es geht mir hier um die grundsätzliche Idee der Schutzpflicht mit Blick auf eine Zustimmung zur E-Evidence-Verordnung, nicht um die Aktivierbarkeit einer Identitätskontrolle seitens des Bundesverfassungsgerichts. Zu letzterer instruktiv *Meyer*, HRRS 2016, 332 (335 ff.); *Satzger*, NStZ 2016, 514 (517); *Safferling/Rückert*, NJW 2021, 287 (291).

75 S. bereits die Betonung des bei der Europäischen Ermittlungsanordnung beachteten Grundsatzes der Rechtshilfe, dass gravierende Ermittlungseingriffe zugunsten eines ausländischen Verfahrens nur unter denselben Bedingungen wie für ein inländisches Verfahren zulässig sein dürfen, *Böse*, KriPoZ 2019, 140 (145).

Bruch mit bestehenden Grundsätzen der Rechtshilfe[76], sondern zu Selbstwidersprüchlichkeit. Denn dann könnte ein Szenario entstehen, wonach der anordnende Staat die Beibringung vom Provider verlangen könnte, während den inländischen Behörden eine solche Anordnung verwehrt wäre.[77]

IV. Dritt- und Globalwirkung der Verordnung

1. Einbeziehung des Betroffenenstaates

Die Perspektive der Schutzpflicht bringt zusätzlich zur Einbeziehung des Providerstaates einen weiteren Aspekt ans Licht, den ich bislang ausgeklammert habe. Ging es mir bisher darum, dass der Providerstaat aufgrund seiner Verantwortung für die Entscheidung über den Datenabfluss auf seinem Territorium eine Garantenpflicht trifft, so liegt es auf der Hand, dass die Wahl des Sitzes im Ermessen des Providers liegt und damit die Frage, welcher Staat Providerstaat ist, variabel ist.[78] Dies gilt insbesondere für den Kommissionsentwurf, der die freie Wahl des Repräsentanten durch den Provider vorsieht.[79] Aber auch nach dem Entwurf des Europäischen Parlaments ist nur grundsätzlich der Hauptsitz in der Union ausschlaggebend, der Provider kann abweichend davon einen Staat bestimmen, in dem er die Entscheidung über die Anfragen der Ermittler trifft und dieser Staat dann als der Providerstaat gilt[80] und folglich bei einem entsprechenden Notifizierungsmodell dessen Standards gelten.

Daher kann es offensichtlich leicht passieren, dass die von der Ermittlung betroffene Person nicht Staatsbürgerin[81] des Providerstaats ist (z.B. eine Deutsche, die Gmail nutzt). Ist sie also Staatsbürgerin eines weiteren

---

76 Vgl. § 59 III IRG; dazu Schomburg/Lagodny/*Trautmann*/*F. Zimmermann* (Fn. 65), § 59 IRG Rn. 55 ff.

77 BR-Drs. 215/18, S. 7. Die Auflösung dieses Widerspruchs durch Absenkung der eigenen Standards wäre eine missliche Konsequenz (ebd., S. 8).

78 Vgl. auch die Empfehlung für eine klare und vorhersehbaren Anknüpfungspunkt für das anwendbare Recht bei *Böse* (Fn. 18), S. 47, der wie hier auf die Nutzer/innen der Dienste als Anknüpfungspunkt hinweist.

79 Art. 7 I VO-E-Kommission (Fn. 3).

80 Art. 2 V VO-E-Parlament (Fn. 30). Die Beliebigkeit gilt ebenfalls für Anbieter, deren Sitz außerhalb der Geltung der Verordnung liegt. Denn diese können einen Staat bestimmen, in der ihr Repräsentant ansässig ist, s. Art. 6a VO-E-Parlament.

81 Hier ist fraglich, ob man an die Staatsbürgerschaft oder den dauerhaften Wohnsitz abstellen soll. Im zweiten Sinne Art. 5 VII VO-E-Parlament (Fn. 30).

Mitgliedsstaats, ist zu fragen, weshalb nicht auch diesen Staat, also denjenigen der betroffenen Person, eine Schutzpflicht trifft.[82] In strafrechtlicher Terminologie wäre dessen Schutzpflicht nicht aus der Rolle als Überwachungsgarant qua Kontrolle über den Datenabfluss, sondern aus der Rolle als Beschützergarant gegenüber den in seiner Souveränitätssphäre befindlichen Personen zu begründen, nämlich als Garant dafür, dass gegen diese Person nicht in rechtsstaatswidriger Weise Strafverfahren durchgeführt werden.[83]

Der Staat der von der Ermittlung betroffenen Person kommt im Kommissionsvorschlag nicht vor. Aus den Parlamentspapieren, in denen er eine nicht unerhebliche Rolle spielte,[84] ist er weitgehend verschwunden, taucht in der endgültigen Stellungnahme nur noch als berücksichtigenswert auf: Der Staat der Betroffenen wird prozedural nicht, materiell schwach berücksichtigt, nämlich für den Fall, dass mögliche Immunitäten oder Vorrechte in diesem Staat in Betracht kommen.[85] Weshalb bei einem Verhalten einer Person, das diese im eigenen Staat an den Tag legt, weder dessen materieller Maßstab gelten sollte noch er prozedural beteiligt wird, leuchtet nicht ein. Am Beispiel: Die polnische Staatsanwaltschaft verlangt von dem deutschen Provider GMX Mails über ein Verhalten, das eine in Frankreich lebende französische Staatsbürgerin in Frankreich ausgeführt hat. Ist es plausibel, dass hier französische Behörden nicht beteiligt werden und es auf französische Standards überhaupt nicht ankommt?

Man könnte sich – so man die Position von Parlament und Rat einnimmt – damit beruhigen, dass angesichts der prozeduralen Beteiligungsrechte von Anordnungs- und Providerstaat innerhalb der Union stets zumindest einer der beiden Staaten die rechtsstaatlichen Grundsätze streng beachten wird. Doch auch diese Beruhigung greift bereits deswegen zu kurz, weil die europäische Regelung eine über-europäische Dimension entfaltet, auf die ich nun abschließend zu sprechen kommen möchte.

---

82 S. EP/LIBE/*Sippel/Franz* (Fn. 64), S. 4.

83 Darauf, dass nur der Heimatstaat des Betroffenen Interesse haben dürfte, sich als „Schutzmacht seiner Bürger im World Wide Web zu gerieren", hinweisend *Burchard*, ZRP 2019, 164 (167).

84 Siehe noch Art. 7 I lit. c, Art. 10a I lit. c, III in den Änderungsvorschlägen in EP/LIBE, Entwurf eines Berichts v. 24.10.2019, PE642.987v00–01. Die Beteiligung des Betroffenenstaates befürwortend *Christakis*, European Law Blog v. 21.1.2020, https://europeanlawblog.eu/2020/01/21/e-evidence-in-the-eu-parliament-basic-features-of-birgit-sippels-draft-report/ (11.3.2021). Weitgehende Berücksichtigung mit Ablehnungsrechten fordern *Penfrat/Berthélémy* (Fn. 23).

85 Art. 5 VII VO-E-Parlament (Fn. 30). Außerdem werden dort Sicherheitsinteressen des Staates angeführt.

2. *Internationale Dimension der Verordnung*

In zwei Hinsichten erwachsen der europäischen Regelung Auswirkungen für die internationale Ebene. Erstens wurde die Kommission dazu autorisiert,[86] Verhandlungen über ein Abkommen mit den Vereinigten Staaten über eben jenen grenzüberschreitenden Austausch von elektronischen Beweismitteln aufzunehmen. Aus den diese Verhandlungen autorisierenden Dokumenten geht hervor, dass die Regulierungen „wie sie sich im innereuropäischen Gesetzgebungsprozess entwickeln“[87], auch die Grundlage der von der Kommission geführten Verhandlungen sein sollen. Die innereuropäische Regelung wird damit zum Orientierungspunkt für die Verhandlungsposition der Union auf internationaler Ebene.[88] Die Ausklammerung des Betroffenenstaates etwa entfaltet damit Signalwirkung.

Zweitens entfaltet die europainterne Regelung auch eine ganz unmittelbare internationale Dimension.[89] Denn durch die Wahl des Marktortprinzips regelt die Verordnung auch die Herausgabe von Daten von Bürgern aus nicht-europäischen Staaten[90], sofern diese einen Provider nutzen, der seine Dienste *auch* im europäischen Raum anbietet.[91] Dadurch kommt es zu Konflikten mit der Rechtsordnung des nicht-europäischen Staates, wenn nach dessen Recht eine Herausgabe der Daten verboten ist. Die Entwürfe sehen hier eine Abwägung zwischen den Strafverfolgungsinteressen des anordnenden Staates und den (Schutz)Interessen jenes Staates vor.[92] Die finale Entscheidungskompetenz liegt den Entwürfen zufolge jedoch jeweils bei einer Behörde eines Mitgliedstaates der Union.[93]

---

86 Ratsdok. 9114/19 v. 21.5.2019.

87 “The Commission should [ensure] that the outcome of the negotiations is compatible with the Union’s internal rules on electronic evidence. These internal rules, including as they evolve in the Union legislative procedure, will serve as the baseline for the Union’s negotiating position”, Ratsdok. 10128/19 ADD 1 v. 12.6.2019, S. 2.

88 *Burchard*, ZIS 2018, 190 (192).

89 So explizit COM(2018) 225 final, S. 2: „Der vorliegende Vorschlag nimmt das spezifische Problem ins Visier, das durch die Volatilität elektronischer Beweismittel und die internationale Dimension entsteht“.

90 Präziser: von Staaten, für die die Verordnung nicht gilt. Gemeint sind damit also auch europäische Staaten mit entsprechenden Geltungsvorbehalten.

91 Zu diesem Phänomen des Setzens internationaler Standards durch lokale Regulierung (kombiniert mit der Kraft des Marktes und international agierenden Akteuren) *Daskal*, Vanderbilt Law Review 71 (2018), 179 (232 ff.).

92 Art. 16 V VO-E-Kommission (Fn. 3).

93 Nach der Kommission bei einem Gericht im Anordnungsstaat, Art. 15 III, 16 III VO-E-Kommission (Fn. 3), ebenso nach dem Ratsentwurf, Art. 16 III VO-E-Rat

Damit erhebt die geplante Verordnung einen universellen Anspruch auf Datenherausgabe. Dieser angestrebte Globalzugriff auf elektronische Informationen liegt im Interesse der europäischen Staatengemeinschaft, zumindest soweit es um effektive Durchsetzung ihrer jeweiligen Strafansprüche geht. Doch die mit dem Globalzugriff einhergehende Betonung des Wissen-Dürfens vernachlässigt die Seite des Fragen-Müssens und wird dadurch gefährlich: Denn je weniger man selbst bereit ist, beim eigenen globalen Datenzugriff andere (zum Schutz verpflichtete) Staaten einzubinden, desto weniger kann man gegenüber dem globalen Wissen-Wollen anderer Staaten auf Berücksichtigungsrechte pochen.[94] Räumt man sich selbst das *Recht auf Alles* an elektronischen Informationen ein, so kann man den eigenen globalen Datenzugriff nur durch Schutzverzicht zulasten der eigenen Schutzunterworfenen erkaufen.[95]

V. Zusammenfassung

Ich fasse zusammen: Die Vorstellung eines einseitigen Zugriffs auf elektronische Beweismittel im Ausland ist verlockend. Der Durchgriff auf den Provider verspricht Beschleunigung und Vereinfachung. Dem Konzept des Durchgriffs stehen Gründe entgegen, die sich mit der Figur staatlicher Schutzpflicht beschreiben und verdeutlichen lassen: Sowohl der Staat des Providers als auch der Staat der betroffenen Person haben die Pflicht, aktiv die Realisierung der Rechte ihrer Bürgerinnen und Bürger zu sichern und somit Strafverfahren, die mit diesen Standards unvereinbar sind, nicht zu fördern.

Im Vertrauen auf die Kontrolle durch Anordnungsstaat und Provider weitgehend auf materielle Berücksichtigung und vollständig auf prozedurale Beteiligung zu verzichten, ist daher nicht überzeugend. Dies gilt umso mehr angesichts der internationalen Dimension, die die E-Evidence-Verordnung mit ihrem europäischen Globalanspruch auf digitale Daten entfaltet.

(Fn. 61); nach dem Parlament von der zuständigen Stelle im Providerstaat, Art. 14a V VO-E-Parlament (Fn. 30).

94 Vgl. zu diesem der Union drohenden „Reziprozitätseinwand" *Burchard*, ZRP 2019, 164 (165 f.). Krit. auch *Böse* (Fn. 18), S. 35.

95 *Burchard*, ZIS 2018, 249 (249 ff.) setzt dem drohenden allseitigen Globalanspruch auf alle Daten die Wahrung des Territorialitätsprinzips zugunsten des Speicherorts entgegen.

Das Datensubjekt im Strafvollzug

Prosecute global, execute local, protect European?

Daria Bayer

I. Einleitung

„Datenschutz im Gefängnis? Haben die keine anderen Sorgen?“[1]

So beginnt die Dissertation von Ulf Buermeyer mit dem Titel „Informationelle Selbstbestimmung und effektiver Rechtsschutz im Strafvollzug“.[2] Es ist eines von wenigen Büchern, das sich detailliert mit der Frage nach Sinn, Effektivität und Grenzen eines strafvollzugsspezifischen Datenschutzrechts auseinandersetzt. Dabei ist der effektive Schutz von Daten nicht nur in einer digitalisierten (Außen-)Welt, die zum Teil auch als „digitales Panoptikum“[3] bezeichnet wird, ein zentrales Thema. Vielmehr stellt sich die Frage nach einem effektiven Rechts- und Datenschutz gerade auch in der *totalen Institution*[4] des Gefängnisses, in der die Gefangenen der staatlichen Gewalt und Überwachung vollkommen ausgeliefert sind. Effektiver Rechts- und Datenschutz gewinnt hier im Hinblick auf das „Grundrecht der Resozialisierung“[5] an Bedeutung.[6] Damit zeigt die Debatte um einen strafvollzugsrechtlichen Datenschutz zugleich plastisch den grundlegenden Widerspruch der Institution Gefängnis in der liberalen Gesellschaft auf: Menschen zum Vollzug von Strafe ihre Freiheit zu entziehen und dies gleichzeitig in möglichst rechteschonender Weise tun zu wollen.

1 *Buermeyer*, Informationelle Selbstbestimmung und effektiver Rechtsschutz im Strafvollzug, 2019, S. 21.

2 *Buermeyer* (Fn. 1).

3 https://www.spiegel.de/kultur/im-digitalen-panoptikum-a-d7fcf4c4-0002-0001-0000-000124276508, https://www.capital.de/karriere/das-digitale-panopticon (9.12.2021). Hierzu auch *Bung*, in: Kaiafa-Gbandi u.a. (Hrsg.), Überwachen und Strafen in der modernen Kriminalpolitik (Επιτήρηση και ποινική καταστολή στη σύγχρονη αντεγκληματική πολιτική), 2011, S. 229 [zitiert nach dem deutschen, unveröffentlichten Manuskript].

4 Begriff nach *Goffmann*, Asyle, 1961, S. 13 ff.; zu den einzelnen Charakteristika auch *Buermeyer* (Fn. 1), S. 81 ff.

5 Vgl. auch Nr. 6 der European Prison Rules (EPR).

6 *Buermeyer* (Fn. 1), S. 214 ff.

Datenschutz im Strafvollzug ist daher auch aus rechtstheoretischer Sicht ein Thema, das sich eingehender zu betrachten lohnt.

Allerdings ist die positive Ausgestaltung des strafvollzugsrechtlichen Datenschutzes aus mehreren Gründen unübersichtlich: Erstens handelt es sich beim Datenschutz um ein relativ neues und dynamisches Rechtsgebiet; zweitens ist die Kompetenz für den Strafvollzug im Zuge der Föderalismusreform 2006 von einer konkurrierenden Gesetzgebungskompetenz zu einer Länderkompetenz geworden;[7] drittens sind durch die Europäisierung der Materie,[8] insbesondere durch den Erlass der Datenschutzgrundverordnung (VO (EU) 2016/679[9], im Folgenden: DSGVO) sowie der für die Strafvollstreckung relevanten RL 2016/680/EU „zum Schutz natürlicher Personen bei der Verarbeitung personenbezogener Daten durch die zuständigen Behörden zum Zwecke der Verhütung, Ermittlung, Aufdeckung oder Verfolgung von Straftaten oder der Strafvollstreckung sowie zum freien Datenverkehr und zur Aufhebung des Rahmenbeschlusses 2008/977/JI des Rates“[10] seit 2016 weitreichende Veränderungen eingetreten – wobei noch zu untersuchen sein wird, inwiefern es sich hierbei tatsächlich um inhaltliche Änderungen oder aber nur um terminologische Verschiebungen handelt.[11] Nicht zuletzt ist die Effektivität des Datenschutzes im Strafvollzug schwer zu bemessen.

Es geht mir in diesem Vortrag daher weder darum, eine detaillierte Analyse der einzelnen Datenschutzbestimmungen in den Strafvollzugs- bzw. Justizvollzugsdatenschutzgesetzen der Bundesländer[12] vorzunehmen, noch darum, zu bewerten, ob durch die Vorgaben der Europäischen Union der Datenschutz im Strafvollzug tatsächlich effektiver geworden ist.[13]

---

7 Gesetz vom 28.8.2006 (BGBl. 2006 I, S. 2034).

8 Zur Europäisierung der strafvollzugsrechtlichen Debatte bereits vor 2016 *Nestler*, NK 2012, 87.

9 ABl. EU vom 4.5.2016 Nr. L 191, S. 1.

10 ABl. EU vom 4.5.2016 Nr. L 191, S. 89.

11 In Bezug auf die DSGVO kritisch *Veil*, NVwZ 2018, 686.

12 Wenn ich im Folgenden von „Ländern“ spreche, meine ich stets das Verhältnis zwischen Bund und Ländern auf nationalstaatlicher Ebene. Im Verhältnis zur Europäischen Union spreche ich von „Mitgliedsstaaten“.

13 Hierfür wird auf die Dissertation von Buermeyer verwiesen, die zwar die Neuerungen der RL 2016/680/EU noch nicht betrachten kann (s. Vorwort, *Buermeyer* [Fn. 1], S. 7 sowie *Buermeyer* [Fn. 1], S. 187 f.), an deren Erkenntnissen in der Sache sich aber nicht viel geändert haben dürfte – auch deshalb, weil der Autor selbst an der Ausarbeitung des Berliner Justizvollzugsdatenschutzgesetz vom 21.6.2011 mitgearbeitet hat und dieses bereits im Vorgriff auf die europarechtlichen Bestimmungen ausgearbeitet worden ist (*Buermeyer* [Fn. 1], S. 22, 187 ff.).

Vielmehr geht es mir um eine grundlegende Betrachtung der strafvollzugsrechtlichen (Datenschutz-)Debatte, insbesondere im Hinblick auf die zunehmende Verlagerung der Debatte vom nationalen hin zum transnationalen Forum. Diese wirft meines Erachtens drei interessante Aspekte auf: Erstens die Frage, ob in der Europäisierung der Debatte eine Verkomplizierung oder eine Chance für die strafvollzugsrechtliche Diskussion liegt; zweitens, in welchem Zusammenhang die Datenschutzdebatte zu den materiellen Problemen des Strafvollzugs steht; und schließlich, was uns die Debatte über unsere Gesellschaft und ihr Verständnis von Strafe verraten kann – eine Gesellschaft, die Menschen einsperrt, aber ihre Daten schützt.

II. Entwicklungen des strafvollzugsrechtlichen Datenschutzrechts

Durch die Änderung des Art. 74 I Nr. 1 GG im Zuge der Föderalismusreform 2006 (Streichung von „und den Strafvollzug")[14] ist die Kompetenz für den Strafvollzug von einer zwischen Bund und Ländern konkurrierenden Gesetzgebung (vgl. Art 72 GG) zu einer Kompetenz der Länder (vgl. Art. 70 Abs. 1 GG) geworden. Mittlerweile haben alle Bundesländer von dieser Kompetenz gebraucht gemacht und eigene Strafvollzugs- bzw. Justizvollzugsgesetze erlassen.[15] Eine weitere Verkomplizierung des strafvollzugsrechtlichen Datenschutzes ist 2016 durch den Erlass der RL 2016/680/EU eingetreten. Hierdurch ist es zu weitreichenden Änderungen des (strafvollzugsrechtlichen) Datenschutzrechts gekommen. Teilweise haben die Länder die datenschutzrechtlichen Bestimmungen in ihren Straf- oder Justizvollzugsgesetzen an die europäischen Vorgaben angepasst.[16] Die meisten Länder sind aber mittlerweile – dem Vorbild Berlins[17] folgend – dazu übergegangen, den strafvollzugsrechtlichen Datenschutz

---

14 S. auch *Kinzig/Richter*, Forum Strafvollzug 2011, 317 (317).

15 *Bung*, in: Eisenberg u.a. (Hrsg.), Fälle zum Schwerpunkt Strafrecht, 10. Aufl. 2019, S. 253 (253).

16 Baden-Württemberg, Bayern, Hessen, Niedersachsen und Thüringen regeln den Datenschutz in eigenen Abschnitten in ihren Straf- bzw. Justizvollzugsgesetzen (7. Abschnitt, §§ 27 ff. BWJVollzGB I; Teil 6, 3. Abschnitt, Art. 196 ff. BayStVollzG; 13. Titel 2. Abschnitt, §§ 58 ff. HStVollzG; 6. Teil 2. Kapitel, §§ 200 ff. NJVollzG; 22. Abschnitt, §§ 119 ff. ThürJVollzGB).

17 Das BlnJVollzDSG vom 21.06.2011 enthält – bereits vor Erlass der RL 2016/680/EU – sehr detaillierte strafvollzugsspezifische Datenschutzbestimmungen, zur Gesetzesbegründung grundlegend *Buermeyer* (Fn. 1).

nach den europäischen Vorgaben in eigenen Justizvollzugsdatenschutzgesetzen zu regeln.[18]

1. *Dynamik des Datenschutzes*

Der Schutz von Daten ist erst seit gut 50 Jahren ein Problem, mit dem sich das Recht befasst.[19] Datenschutz ist zur Aufgabe für das positive Recht namentlich 1983 durch das „Volkszählungsurteil" des Bundesverfassungsgerichts geworden.[20] In diesem Urteil entwickelte das Bundesverfassungsgericht die Grundsätze für ein Recht auf informationelle Selbstbestimmung aus Art. 2 I i.V.m. Art. 1 I GG. Dem Bundesverfassungsgericht zufolge umfasst der aus dem informationellen Selbstbestimmungsrecht folgende Schutz der Einzelnen die „Erhebung, Speicherung, Verwendung und Weitergabe [ihrer] persönlichen Daten"[21]. Zur Einschränkung dieses Grundrechts auf informationelle Selbstbestimmung bedarf es, über die allgemeine Verhältnismäßigkeitsprüfung hinaus, eines „überwiegenden Allgemeininteresses". Ferner hat der Gesetzgeber „organisatorische und verfahrensrechtliche Vorkehrungen zu treffen, welche der Gefahr einer Verletzung des Persönlichkeitsrechts entgegenwirken."[22]

18 S. BbgPJMDSG, BremJVollzDSG, HmbJVollzDSG, JVollzDSG MV, JVollzDSG NRW, JVollzDSG RP, SLJVollzDSG, SächsJVollzG, JVollzDSG SH. Sachsen-Anhalt hat zwar kein eigenes Justizvollzugsdatenschutzgesetz erlassen, allerdings den Datenschutz gesondert in einem eigenen Buch (JVollzGB SA IV) geregelt.

19 Das Hessische Datenschutzgesetz von 1970 gilt weltweit als das erste Datenschutzgesetz, *Buermeyer* (Fn. 1), S. 85; insgesamt zur Entwicklung des informationellen Selbstbestimmungsrecht *Buermeyer* (Fn. 1), S. 84 ff.

20 BVerfGE 65, 1 „Volkszählung".

21 BVerfGE 65, 1 „Volkszählung", Leitsatz Nr. 1: „Unter den Bedingungen der modernen Datenverarbeitung wird der Schutz des Einzelnen gegen unbegrenzte Erhebung, Speicherung, Verwendung und Weitergabe seiner persönlichen Daten von dem allgemeinen Persönlichkeitsrecht des Art 2 Abs. 1 GG in Verbindung mit Art 1 Abs. 1 GG umfasst. Das Grundrecht gewährleistet insoweit die Befugnis des Einzelnen, grundsätzlich selbst über die Preisgabe und Verwendung seiner persönlichen Daten zu bestimmen."

22 BVerfGE 65, 1 „Volkszählung", Leitsatz Nr. 2: „Einschränkungen dieses Rechts auf ‚informationelle Selbstbestimmung' sind nur im überwiegenden Allgemeininteresse zulässig. Sie bedürfen einer verfassungsgemäßen gesetzlichen Grundlage, die dem rechtsstaatlichen Gebot der Normenklarheit entsprechen muss. Bei seinen Regelungen hat der Gesetzgeber ferner den Grundsatz der Verhältnismäßigkeit zu beachten. Auch hat er organisatorische und verfahrensrechtliche Vor-

Aus diesen Leitsätzen, die in den folgenden Jahrzehnten durch das Bundesverfassungsgericht weiter verfeinert und konkretisiert worden sind,[23] ergibt sich insbesondere der Grundsatz der *Zweckbindung* jeder Datenverarbeitung.[24] Ferner macht das Bundesverfassungsgericht deutlich, dass das Grundrecht auf informationelle Selbstbestimmung einen Ausgestaltungsauftrag an den Gesetzgeber stellt. Denn in einer digitalisierten, globalisierten Welt kann effektiver Datenschutz weniger durch nachträgliche Abwehrmaßnahmen als vielmehr durch Technikgestaltung („privacy by design")[25] und datenschutzfreundliche Voreinstellungen („privacy by default")[26] gewährleistet werden. Als Beispiel hierfür wird insbesondere die Pseudonymisierung und Verschlüsselung von Daten genannt.[27] Dabei bleiben die sich hieraus ergebenden Ausgestaltungspflichten des Gesetzgebers im Einzelnen unklar.[28]

2. *Grundrechte im Gefängnis*

Da die Gefangenen der staatlichen Gewalt im Gefängnis in besonderer Weise ausgeliefert sind, muss effektiver Grundrechtsschutz hier in erster Linie durch eine verfassungskonforme Verfahrensausgestaltung erfolgen.[29] In der 1972 ergangenen „Strafgefangenenentscheidung"[30] hatte das Bundesverfassungsgericht klargestellt, dass Grundrechte auch uneingeschränkt im besonderen Gewaltverhältnis des Gefängnisses gelten und, ebenso wie in der Außenwelt, nur aufgrund eines formellen Gesetzes eingeschränkt werden dürfen. Als Reaktion hierauf[31] wurde am 1.1.1977 das Bundesstraf-

---

kehrungen zu treffen, welche der Gefahr einer Verletzung des Persönlichkeitsrechts entgegenwirken."

23 Hierzu *Buermeyer* (Fn. 1), S. 145 ff.

24 Nach der DSGVO ist „verarbeiten" nunmehr legaldefiniert als Oberbegriff für jeden Vorgang im Zusammenhang mit Daten, umfasst also das Erheben, Speichern, Verwenden und Weitergeben von personenbezogenen Daten (vgl. Art. 4 Nr. 2 DSGVO).

25 Vgl. Art. 25 I DSGVO (dt. und engl. Fassung).

26 Vgl. Art. 25 II DSGVO (dt. und engl. Fassung).

27 https://ec.europa.eu/info/law/law-topic/data-protection/reform/rules-business-and-organisations/obligations/what-does-data-protection-design-and-default-mean_en (9.12.2021).

28 https://dsgvo-gesetz.de/themen/privacy-by-design/ (9.12.2021).

29 *Buermeyer* (Fn. 1), S. 26, 248 f.

30 BVerfGE 33, 1 „Strafgefangene".

31 *Buermeyer* (Fn. 1), S. 217.

vollzugsgesetz (StVollzG) erlassen. 1998 wurden spezifische Datenschutzbestimmungen im 5. Titel (§§ 179 – 187 StVollzG a.F.) eingefügt.[32] Diese gelten – da mittlerweile alle Länder von ihrer Gesetzgebungskompetenz für die Regelung des Strafvollzugs Gebrauch gemacht haben – nunmehr nur noch für den Vollzug von Ordnungs-, Sicherungs-, Zwangs- und Erzwingungshaft.[33] Die §§ 179 ff. StVollzG enthalten insbesondere Bestimmungen zur Zweckbindung der Datenerhebung (vgl. §§ 179 Abs. 1, 181 StVollZG). Ferner normiert § 185 StVollzG ein Recht auf Auskunft und auf Akteneinsicht.

3. *Föderalismusreform*

Durch die Föderalismusreform von 2006 ist die Regelung des Strafvollzugs im Gesamten uneinheitlich und unübersichtlich geworden.[34] Vielfach wurde befürchtet, dass es durch die Föderalismusreform zu einer „Zersplitterung" und einem „Wettbewerb der Schäbigkeit" unter den verschiedenen Bundesländern im Bereich des Strafvollzugs kommen könnte.[35] Hierhinter verbarg sich die Angst, „dass eine zunehmende Regionalisierung des Strafvollzugs im Gefolge der Föderalismusreform zu einer Art von Überbietungswettbewerb im Abbau rechtsstaatlicher und menschenrechtlicher Garantien führen könnte."[36] Diese Befürchtungen haben sich – jedenfalls im Bereich des strafvollzugsrechtlichen Datenschutzes – nicht bewahrheitet.[37] Zum einen deshalb nicht, weil die meisten Landesvollzugsgesetze, auch wenn sie teilweise andere Überschriften oder eine andere Anordnung verwenden, inhaltlich weitestgehend den Regelungen des StVollzG gefolgt sind.[38] Und zum anderen, weil durch die RL 2016/680/EU, die bis zum

---

32 Gesetz vom 26.8.1998 (BGBl. I S. 2461).

33 Überschrift neugefasst durch Gesetz vom 20.11.2019 (BGBl. I S. 1724); zu den §§ 179 ff. StVollzG a.F. s. *Buermeyer* (Fn. 1), 251 ff.

34 *Bung*, KJ 2009, 292 (293).

35 S. hierzu *Arloth*, GA 2008, 129 (129); *Köhne*, NStZ 2009, 130; *Bung*, KJ 2009, 292.

36 *Bung*, KJ 2009, 292 (293).

37 *Cornel*, NK 2018, 16 (17 ff.); s. auch *Bung*, in: *Eisenberg/Bung/Kölbel* (Fn. 15), S. 253. Allerdings ist im Zuge der Föderalismusreform in vielen Ländern der Sicherungsgedanke gegenüber dem Resozialisierungsgedanken, der nach § 2 StVollzG das übergeordnete Vollzugsziel war, betont worden, s. *Bung*, in: Fälle zum Schwerpunkt Strafrecht (Fn. 15), S. 253 (256 f.).

38 *Buermeyer* (Fn. 1), S. 24. Zudem hatten sich Berlin, Brandenburg, Bremen, Mecklenburg-Vorpommern, Rheinland-Pfalz, Saarland, Sachsen, Sachsen-Anhalt,

6.5.2018 in mitgliedstaatliches Recht umzusetzen war,[39] wieder eine gewisse Vereinheitlichung im Bereich des strafvollzugsrechtlichen Datenschutzrechts eingetreten ist.[40]

III. Europarechtliche Grundlagen und das Datensubjekt

Der Befund eines „Desinteresses am Strafvollzug", der auf Ebene des nationalen Rechts[41] vorgetragen wird, lässt sich auf europäischer Ebene nicht unterschreiben. Hier werden die grundlegenden Fragen nach einem menschenrechtsfreundlichen Strafvollzug seit Langem diskutiert, wie bereits die Existenz der European Prison Rules von 1973 zeigt. Diese wurden zeitgleich mit der Föderalismusreform 2006 durch eine Empfehlung des Ministerkomitees der Mitgliedstaaten überarbeitet und neugefasst.[42] Die European Prison Rules sind Ausdruck einer gewachsenen Sensibilisierung für Menschenrechtsfragen im Strafvollzug.[43] Hierbei handelt es sich zwar nicht um verbindliches Recht, sondern um bloße Empfehlungen (*soft law*).[44] Diese finden aber zumindest mittelbar auch in der Ausgestaltung des deutschen Strafvollzugs Beachtung, weil sie im Rahmen der Bestimmung der Verfassungsmäßigkeit einer strafvollzugsrechtlichen Regelung als Erkenntnisquelle herangezogen werden können.[45] Die European Pri-

---

Schleswig-Holstein und Thüringen auf einen Musterentwurf geeinigt und diesen ihren Gesetzen zum Strafvollzug zugrunde gelegt, hierzu *Feest*, NK 2012, 4.

39 Vgl. Art. 63 I RL 2016/680/EU.

40 Was zeigt, dass „Transnationalisierung und Regionalisierung keine gegenläufigen Tendenzen sein [müssen]", *Bung*, KJ 2009, 292 (293).

41 *Bung*, in: Goeckenjan u.a. (Hrsg.), FS für Ulrich Eisenberg, 2019, S. 289 (290); in Bezug hierauf für den völkerstrafrechtlichen Diskurs auch *Stefanopoulou*, in: Beck u.a. (Hrsg.), Jenseits des Staates?, [im Erscheinen], S. 177 (178).

42 Recommendation Rec(2006)2, abrufbar unter: https://rm.coe.int/european-prison-rules-978-92-871-5982-3/16806ab9ae (9.12.2021); hierzu auch *Dünkel*, Forum Strafvollzug 2012, 141 m.w.N.

43 *Dünkel*, Forum Strafvollzug 2012, 141 (141).

44 *Dünkel*, Forum Strafvollzug 2012, 141 (141); *Nestler*, NK 2021, 87 (87); BVerfGE 116, 69 (90).

45 BVerfGE 116, 69 (90): „Die gesetzlichen Vorgaben für die Ausgestaltung des Vollzugs müssen zudem auf sorgfältig ermittelten Annahmen und Prognosen über die Wirksamkeit unterschiedlicher Vollzugsgestaltungen und Behandlungsmaßnahmen beruhen (vgl. BVerfGE 106, 62 [152] = NJW 2003, 41). Der Gesetzgeber muss vorhandene Erkenntnisquellen, zu denen auch das in der Vollzugspraxis verfügbare Erfahrungswissen gehört, ausschöpfen (vgl. BVerfGE 50, 290 [334] = NJW 1979, 699) und sich am Stand der wissenschaftlichen Erkenntnisse orientie-

son Rules wurden durch eine weitere Empfehlung des Ministerkomitees 2020 erneut geändert[46] und enthalten nunmehr auch Bestimmungen zum Umgang mit Daten.[47]

1. RL 2016/680/EU

Durch Erlass der RL 2016/680/EU vom 27.4.2016, die bis zum 6.5.2018 in mitgliedstaatliches Recht umzusetzen war, nimmt die Europäische Union darüber hinaus auch direkten Einfluss auf den strafvollzugsrechtlichen Datenschutz. Als Begründung für den Erlass der Richtlinie wird in Erwägungsgrund 3 angeführt: „Rasche technologische Entwicklungen und die Globalisierung haben den Datenschutz vor neue Herausforderungen gestellt. Das Ausmaß der Erhebung und des Austauschs personenbezogener Daten hat eindrucksvoll zugenommen. Die Technik macht es möglich, dass für die Ausübung von Tätigkeiten wie die Verhütung, Ermittlung, Aufdeckung oder Verfolgung von Straftaten oder die Strafvollstreckung in einem noch nie dagewesenen Umfang personenbezogene Daten verarbeitet werden können."[48] Die RL 2016/680/EU bezieht sich nicht nur auf den Strafvollzug, sondern auch auf die Strafverfolgung und die Prävention von Straftaten.[49] Ich werde hier einen Fokus auf die spezifischen Änderungen im strafvollzugsrechtlichen Datenschutz legen, wobei die neue Terminologie für alle durch die RL 2016/680/EU geregelten Bereiche gilt.

---

ren (vgl. BVerfGE 98, 169 [201]) = NJW 1998, 3337 = NStZ 1998, 487 L). Auf eine den grundrechtlichen Anforderungen nicht genügende Berücksichtigung vorhandener Erkenntnisse oder auf eine den grundrechtlichen Anforderungen nicht entsprechende Gewichtung der Belange der Inhaftierten kann es hindeuten, wenn völkerrechtliche Vorgaben oder internationale Standards mit Menschenrechtsbezug, wie sie in den im Rahmen der Vereinten Nationen oder von Organen des Europarats beschlossenen einschlägigen Richtlinien und Empfehlungen enthalten sind [...] nicht beachtet bzw. unterschritten werden."

46 https://search.coe.int/cm/Pages/result_details.aspx?ObjectID=09000016809ee581 (9.12.2021).

47 Nr. 16 A.1 – A.5. EPR.

48 https://eur-lex.europa.eu/legal-content/DE/TXT/PDF/?uri=CELEX:32016L0680&from=de (9.12.2021).

49 Wobei Art. 6 der RL 2016/680/EU eine strikte Trennung zwischen den verschiedenen Kategorien von Datensubjekten im Zusammenhang mit der Prävention, Verfolgung und Vollstreckung von Straftaten vorsieht.

a) Kompetenz

Das Europäische Parlament und der Rat der Europäischen Union haben ihre Kompetenz zum Erlass der Richtlinie relativ pauschal auf den AEUV, insbesondere Art. 16 II AEUV, gestützt.[50] Art. 16 II 1 AEUV besagt: „Das Europäische Parlament und der Rat erlassen gemäß dem ordentlichen Gesetzgebungsverfahren Vorschriften über den Schutz natürlicher Personen bei der Verarbeitung personenbezogener Daten [...] durch die Mitgliedstaaten im Rahmen der Ausübung von Tätigkeiten, die in den Anwendungsbereich des Unionsrechts fallen, und über den freien Datenverkehr. Die Einhaltung dieser Vorschriften wird von unabhängigen Behörden überwacht." Die Europäische Union, die für den Strafvollzug selbst keine ausdrückliche Kompetenz besitzt, kann so, vermittelt über die datenschutzrechtliche Kompetenz,[51] auch Vorschriften für den Datenschutz im Strafvollzug erlassen.

b) Effektivität?

Die meisten Bundesländer haben zur Umsetzung der europäischen Vorgaben mittlerweile spezielle Justizvollzugsdatenschutzgesetze erlassen.[52] Ein Fazit darüber, ob hierdurch auch eine effektiv messbare Verbesserung des Datenschutzes in Justizvollzugsanstalten eingetreten ist, gibt es bislang nicht. Hierzu fehlen schlicht die Daten.[53] Aufgrund der konkreten Vollzugsausgestaltung und spezifischer, institutionell angelegter Defizite der Gefangenen,[54] namentlich „[e]klatante[m] juristische[n] Unwissen"[55], werden nur die wenigstens Gefangenen ihre Beschwerden bis vor das Bundesverfassungsgericht bzw. den Europäischen Gerichtshof für Menschenrechte bringen können. Es obliegt daher nach wie vor in erster Linie den Behörden selbst, durch eine möglichst grundrechtsfreundliche Ausgestaltung

---

50 Callies/Ruffert/*Kingreen*, AEUV, 5. Auflage (2016), Rn. 6 [Fn. 10].

51 Die sich nicht unmittelbar aus dem Wortlaut von Art. 16 II AEUV ergibt, vgl. BeckOK-Datenschutzrecht/*Wolff/Brink*, 36. Edition (2021), Rn. 36 f.

52 S. Fn. 18.

53 Verlassen muss man sich auf die Stichproben der verschiedenen Datenschutzbeauftragten der Länder, etwa https://www.datenschutz-bayern.de/tbs/tb28/tb28.pdf (9.12.2021).

54 Ausführlich *Buermeyer* (Fn. 1), S. 233 ff.; zu Gefangenendefiziten generell *Bung*, KJ 2009, 292.

55 *Buermeyer* (Fn. 1), S. 233.

der administrativen Prozesse einen effektiven Datenschutz zu gewährleisten.[56]

Ob die europarechtlichen Bestimmungen hierzu unmittelbar beigetragen haben, lässt sich bislang (noch) nicht abschließend bestimmen. Die Richtlinie sieht in Art. 62 I eine Bewertung und Überprüfung der Richtlinie bis zum 6.5.2022 (und danach alle weiteren vier Jahre) vor.[57] Bei etwaigen Änderungsvorschlägen der Richtlinienvorgaben sollen gemäß Art. 62 V „insbesondere die Entwicklungen in der Informationstechnologie und die Fortschritte in der Informationsgesellschaft" durch die Kommission berücksichtigt werden. Hier zeigen sich deutlich die Dynamik des Datenschutzrechts in einer digitalisierten, vernetzten Welt und die Schwierigkeiten, die mit einer rechtlichen Erfassung des Problems einhergehen.

2. *Neue Terminologie*

Festhalten lässt sich jedenfalls, dass die europäischen Vorgaben eine einheitliche Terminologie geschaffen haben.[58]

a) Verarbeiten

So war vor Erlass der Richtlinie im nationalen Recht umstritten, wie sich „erheben", „verarbeiten" und „nutzen" von Daten voneinander abgrenzen.[59] Dieser terminologische Streit wurde durch die Europäisierung nun beendet und klargestellt, dass „verarbeiten" als Oberbegriff für alle Formen

---

56 *Buermeyer* (Fn. 1), S. 248 f.

57 Gemäß Art. 63 VI der RL 2017/680/EU hatte die Kommission bis zum 6.5.2019 zu überprüfen, inwieweit eine Anpassung anderer Rechtsakte der Union über die Verarbeitung personenbezogener Daten an die Vorgaben der Richtlinie notwendig ist, und gegebenenfalls die erforderlichen Vorschläge zur Änderung dieser Rechtsakte zu unterbreiten, damit ein einheitliches Vorgehen beim Schutz personenbezogener Daten innerhalb des Anwendungsbereichs der Richtlinie gewährleistet ist. Einen solchen Änderungsvorschlag hat die Kommission nunmehr erlassen, s. COM(2021) 10 final.

58 Vgl. BeckOK-StVollzG/*Beck*, 19. Edition (2021), § 179 Rn. 6c.

59 Zu den terminologischen Problemen des deutschen Datenschutzrechts vor 2016 *Buermeyer* (Fn. 1), S. 31 ff. Exemplarisch zum Problem des „Erhebens" im BayDSG *Bung*, Fälle zum Schwerpunkt Strafrecht (Fn. 15), S. 253 (292 f.).

von Vorgängen im Zusammenhang mit personenbezogenen Daten (vgl. Art. 3 Nr. 2 RL 2016/680/EU und Art. 4 Nr. 2 DSGVO) fungiert.[60]

b) Datensubjekt

Ferner werden „personenbezogene Daten“ definiert als „alle Informationen, die sich auf eine identifizierte oder identifizierbare natürliche Person (im Folgenden ‚betroffene Person‘) beziehen; als identifizierbar wird eine natürliche Person angesehen, die direkt oder indirekt, insbesondere mittels Zuordnung zu einer Kennung wie einem Namen, zu einer Kennnummer, zu Standortdaten, zu einer Online-Kennung oder zu einem oder mehreren besonderen Merkmalen, die Ausdruck der physischen, physiologischen, genetischen, psychischen, wirtschaftlichen, kulturellen oder sozialen Identität dieser natürlichen Person sind, identifiziert werden kann“ (Art. 3 Nr. 1 RL 2016/680/EU und Art. 4 Nr. 1 DSGVO). Die „natürliche Person“ wird also ihrerseits wieder durch Daten definiert („die... identifiziert werden kann“). Der englische Text der RL 2016/680/EU spricht deshalb auch, wie ich finde sehr passend, vom „data subject“ (vgl. Art. 3 Nr. 1 RL 2016/680/EU und Art. 4 Nr. 1 DSGVO engl. Fassung) – was im deutschen Text nüchtern als „betroffene Person“ übersetzt wird. Ich möchte im Folgenden, aufgrund der Prägnanz des Ausdrucks der englischen Terminologie folgen und ebenfalls vom „Datensubjekt“ im Strafvollzug reden (teilweise wird dieser Ausdruck auch im deutschen Datendiskurs verwendet). Denn im Strafvollzug *ist* das Subjekt tatsächlich, aufgrund der vollkommen staatlichen Überwachung, ein Datensubjekt.

3. *Zwischenfazit*

Im Zuge der Globalisierung und der internationalen Zusammenarbeit von Strafvollzugsbehörden ist es in einem bislang unbekannten Ausmaß möglich geworden, Straftaten auf internationaler Ebene – also jenseits des Ortes, an dem sie begangen worden sind – zu verfolgen. Der Vollzug der Strafe selbst bleibt demgegenüber eine nationalstaatliche Kompetenz und territorial gebunden,[61] in Deutschland ist er sogar eine Kompetenz

---

60 So bereits *Buermeyer* (Fn. 1), S. 37.

61 Wobei im völkerstrafrechtlichen Diskurs bereits Überlegungen zu einem direkten Vollzug einer durch den IStGH ausgesprochenen Strafe auf internationaler Ebene

der einzelnen Bundesländer. Hieraus ergibt sich eine merkwürdige Verteilung von Zuständigkeiten: Die Datensubjekte werden global verfolgt, nach nationalem Recht bestraft, die Strafe wird in den Bundesländern vollzogen.[62] Die Europäische Union hat jetzt – zumindest im Bereich der Daten – einheitliche Schutzvorgaben geschaffen. Lautet die Lösung des „Geheimnisses des Gefängnisses“[63] also: Prosecute global, execute local – protect European? Oder handelt es sich bei der Debatte um den europäischen Datenschutz um „viel Lärm um nichts“, der von den eigentlichen, materiellen Problemen des Strafvollzugs ablenkt?

IV. Materialistische Betrachtung der Debatte

Datenschutz im Strafvollzug klingt zunächst befremdlich: Derselbe Staat, der Menschen einsperrt und ihrer Freiheit beraubt, der sie einer permanenten Überwachung unterwirft, ausgerechnet dieser Staat soll zugleich zum Schutz der Daten der Gefangenen verpflichtet sein. Die Strafermittlungs- und Strafvollzugsbehörden verfügen über ein enormes Wissen über die Datensubjekte, das ihnen – als Ausdruck der totalen Überwachung und Kontrolle – tendenziell unbegrenzte Macht über die Gefangenen vermittelt. Datenschutz in der Strafverfolgung und im Strafvollzug lässt sich als bewusster Gegenentwurf zum Inquisitionsprozess begreifen, in dem gerade die Heimlichkeit des Wissens über die Strafverfolgten die staatliche Macht ausmachte.[64] Er ist eine Kompensation für die institutionell angelegte Machtasymmetrie, die auf dem Wissensvorsprung des Staates beruht und veranschaulicht damit das grundlegende Legitimationsproblem des modernen Strafvollzugs: Wie nämlich die Existenz des Gefängnisses – Ort der Unfreiheit –mit dem Narrativ eines „humanen Strafens“ zu vereinbaren ist.[65]

– statt wie bislang auf Ebene der Mitgliedstaaten – angestellt werden, hierzu *Stefanopoulou*, Jenseits des Staates? (Fn. 41), S. 177. Dies bezieht sich aber freilich nur auf vor dem IStGH angeklagte Straftaten, nicht auf jene, die nach dem Territorialprinzip vor einem nationalen Gericht angeklagt werden.

62 Zwischen den verschiedenen Haftanstalten gibt es (aus Sicht der Betroffenen) erhebliche Unterschiede; s. hierzu das Bewertungsportal für Haftanstalten unter https://prisons.eu/ (9.12.2021).

63 So der Titel von *Bung*, FS für Ulrich Eisenberg (Fn. 41), S. 289.

64 *Foucault*, Surveiller et punir, 1975, S. 44.

65 *Foucault* (Fn. 64), S. 89: „Problème, donc: comment cet homme-limite a-t-il été objecté à la pratique traditionelle des châtiments? De quelle manière est-il devenu la grande justification morale du mouvement de réforme? Pourquoi cette horreur

1. *Datenschutz und Resozialisierung*

Bis zur Aufklärung war der Gedanke eines Vollzugs der Strafe, durch den die Täterin erzogen werden sollte, fremd. Die Strafe wurde nicht vollzogen, sondern exekutiert, und das möglichst öffentlichkeitswirksam: Wir denken zum Beispiel an das grausame Beispiel der Vierteilung von *Damiens*, das Michel Foucault zu Beginn seines Buches „Überwachen und Strafe" gibt.[66] Im Zuge der „Humanisierung der Strafe" – das heißt der Ersetzung der unmittelbaren Vergeltung eines Übels durch Zufügung desselben Übels (Auge um Auge, Zahn um Zahn) durch äquivalentes Strafen (Bemessung der Strafe in (Arbeits-)Zeit und Geld),[67] ist auch der Gedanke der erzieherischen Funktion – im Gegenteil zur vergeltenden und schützenden Funktion – der Strafe immer mehr in den Vordergrund getreten.[68]

Heute ist der Strafvollzugszweck der Resozialisierung einfachgesetzlich normiert.[69] Hierbei handelt es sich – auch wenn die Vorrangstellung der Resozialisierung im Zuge der Föderalismusreform gegenüber anderen Vollzugszielen aufgeweicht worden ist – nach wie vor um ein Vollzugsziel mit Verfassungsrang.[70] Das Bundesverfassungsgericht leitet das „Grundrecht auf Resozialisierung"[71] aus dem allgemeinen Persönlichkeitsrecht, abgeleitet aus Art. 2 I i.V.m. 1 I GG, der Gefangenen her. Dieses „verpflich-

---

si unanime des châtiments qui seraient 'humains'? […] Tout se passe comme si le XVIIIe siècle avait ouvert la crise de cette économie, proposé pour la résoudre la loi fondamentale que le châtiment doit avoir l''humanité' pour 'mesure', sans qu'un sens définitif ait pu être donné à ce principe considéré pourtant comme incontournable."

66 *Foucault* (Fn. 64), S. 9 ff.

67 Das juristische Strafen löst das archaische Prinzip der Blutrache ab, vgl. *Paschukanis*, Allgemeine Rechtslehre und Marxismus, 1970, S. 151; deshalb lässt sich das (Straf-)Recht auch als eine Fortsetzung der tragischen Gewalt begreifen, hierzu *Menke*, Recht und Gewalt, 3. Aufl. 2018 und *Bayer*, Tragödie des Rechts, 2021, S. 111 ff., 177 ff. m.w.N.

68 *Foucault* (Fn. 64), S. 91 ff.

69 § 2 S. 2 StVollzG; § 1 BWJVollzGB I; Art. 2 S. 2 BayStVollzG [Behandlungsauftrag]; § 2 S. 1 BlnStVollzG; § 2 S. 1 BbgJVollzG; § 2 S. 1 BremStVollzG; § 2 S. 1 HmbStVollzG; § 2 S. 1 HessStVollzG; § 2 S. 1 MVStVollzG; § 5 S. 1 NdsJVollzG; § 1 NRWStVollzG; § 2 S. 1 RhPfLJVollzG; § 2 S. 1 SaarlStVollzG; § 2 S. 1 SächsStVollzG; § 2 I S. 1 LSAJVollzGB; § 2 SchlHStVollzG; § 2 I S. 1 ThürJVollzGB; vgl. auch Rule 6 EPR.

70 *Bung*, Fälle zum Schwerpunkt Strafrecht (Fn. 15), S. 253 (257).

71 BVerfG, Beschl. v. 17.09.2019 2 BvR 650/19, Rn. 17; BVerfG, Beschl. v. 18.09.2019 – 2 BvR 1165/19, Rn. 15; BVerfG, Beschl. v. 18.09.2019 – 2 BvR 681/19, Rn. 16. Das Bundesverfassungsgericht spricht zwar in BverfGE 116, 69 (85) auch vom „Vollzugsziel der sozialen Integration", hat deshalb aber den Terminus der „Reso-

tet den Staat, den Strafvollzug auf das Ziel auszurichten, de[n] Inhaftierten ein zukünftiges straffreies Leben in Freiheit zu ermöglichen."[72]

In einer digitalisierten Welt steht das ebenfalls aus Art. 2 I i.V.m. Art. 1 I GG abgeleitete Recht auf informationelle Selbstbestimmung in einem engen Zusammenhang mit einem Strafvollzug, der den gefangenen Datensubjekten die Wiedereingliederung in die Gesellschaft erleichtern soll. Durch die mediale Berichterstattung und Veröffentlichung von Informationen in frei zugänglichen Quellen kann eine begangene Straftat die Datensubjekte noch während oder nach Verbüßung der Tat verfolgen. Die Preisgabe von sensiblen Daten im Zusammenhang mit der Begehung und dem Vollzug einer Straftat kann durch die tendenziell unbegrenzte Verbreitungsmöglichkeit im Netz zu einer erheblichen, dem Schuldausspruch gleichkommenden Beeinträchtigung des Datensubjekts führen.[73] Zudem bereitet der achtsame Umfang mit Daten im Strafvollzug auf die digitalisierte Außenwelt vor. Auch wenn der generelle Erfolg der Resozialisierungsbemühungen nur schwer messbar ist,[74] erscheint es nicht unplausibel, anzunehmen, dass Gefangene, die im Strafvollzug die positive Erfah-

---

zialisierung" nicht aufgegeben (aA *Abraham*, Sanktion, Norm, Vertrauen, 2018, S. 267 [Fn. 404]).

72 BVerfG, Beschl. v. 17.9.2019 – 2 BvR 650/19, Rn. 18; st. Rspr. seit BVerfGE 35, 202 (235 f.) „Lebach"; 36, 174 (188); 45, 187 (238 f.); 64, 261 (276); 74, 102 (122 f.); 98, 169 (200 f.); BVerfGE 116, 69 (85 f.).

73 Vgl. grundlegend BVerfGE 35, 202: „Eine spätere Berichterstattung ist jedenfalls unzulässig, wenn sie geeignet ist, gegenüber der aktuellen Information eine erheblich neue oder zusätzliche Beeinträchtigung des Täters zu bewirken, insbesondere seine Wiedereingliederung in die Gesellschaft (Resozialisierung) zu gefährden. Eine Gefährdung der Resozialisierung ist regelmäßig anzunehmen, wenn eine den Täter identifizierende Sendung über eine schwere Straftat nach seiner Entlassung oder in zeitlicher Nähe zu der bevorstehenden Entlassung ausgestrahlt wird." (Leitsatz 3). Nur ganz am Rande: Ließe sich nicht daran denken, den Strafvollzug selbst durch einen öffentlichen Schuldausspruch zu ersetzen? Allerdings wäre fraglich, ob die damit einhergehende soziale Stigmatisierung tatsächlich weniger einschneidende Wirkung hätte als ein vollzogener Strafvollzug und der damit einhergehenden Möglichkeit der „Verbüßung der Tat". Als abschreckendes Beispiel lässt sich etwa an die Praxis in einigen Bundesstaaten der USA denken, in regionalen Zeitungen wöchentliche Festnahmelisten zu veröffentlichen. Dort werden die mutmaßlichen Täterinnen namentlich und mit Ort und Zeit der Festnahme aufgelistet – ohne dass überhaupt klar ist, ob die Festnahme rechtmäßig erfolgte, geschweige denn die Schuld der Täterin in einem Prozess rechtskräftig festgestellt wurde. Zur Frage nach einem Strafrecht ohne Strafschmerz grundlegend *Abraham* (Fn. 71).

74 Bung (Fn. 3), S. 8.

rung machen, dass ihre Rechte effektiv geschützt werden, nach dem Vollzug der Strafe besser resozialisiert werden können.[75]

Interessant ist in diesem Zusammenhang die Beobachtung, dass die Richtlinie 2016/680 fast zeitgleich – nämlich am 6.5.2016 – mit der DSGVO vom 27.4.2016 erlassen worden ist. Hierdurch bekräftigt die Europäische Union den Angleichungsgrundsatz[76], wonach die Haftbedingungen den positiven Aspekten des Lebens in der Gesellschaft soweit wie möglich anzugleichen sind, effektiv durch ihr Handeln. Der Angleichungsgrundsatz ermöglicht es, Entwicklungen in der Außenwelt in die Innenwelt des Strafvollzugs zu bringen, allerdings oft mit erheblicher zeitlicher Verzögerung.[77] So besitzen die Datensubjekte in deutschen Haftanstalten nach wie vor keinen Zugang zum Internet.[78] Diesen erhalten ab nächstem Jahr nun Gefangene in Berliner Justizvollzugsanstalten – allerdings ohne die Möglichkeit, sich in sozialen Netzwerken aufzuhalten.[79]

2. *Verschleierung der materiellen Probleme des Strafvollzugs?*

Es drängt sich also der Eindruck auf, dass durch die Diskussion um den Datenschutz im Strafvollzug die „wirklichen" Probleme der Gefangenen in den Hintergrund geraten sind. In der Tat ist ein Blick in die Vollzugswirklichkeit ernüchternd:[80] Die Justizvollzugsanstalten sind überbelegt,

---

75 Hierzu *Buermeyer* (Fn. 1), S. 214 ff.; zur Frage, inwiefern das Vollzugsziel der Resozialisierung in Interaktionen im Haftalltag erreicht werden kann auch *Fricke*, KrimJ 2009, 220.

76 § 3 I StVollzG; § 2 II BWJVollzGB III; Art. 5 I BayStVollzG; § 3 III BlnStVollzG§ 7 I BbgJVollzG; § 3 IV BremStVollzG; § 3 I 1 HmbStVollzG; § 3 I 1 HessStVollzG; § 3 IV MVStVollzG; § 2 I NdsJVollzG; § 2 I 1 NRWStVollzG; § 7 I RhPfLJVollzG; § 3 IV SaarlStVollzG; § 3 IV SächsStVollzG; § 7 I LSAJVollzGB; § 3 III 1 SchlHStVollzG; § 7 I ThürJVollzGB; vgl. auch Nr. 5 EPR.

77 Vgl. die Rechtsprechungsübersicht bei Beck-OK StVollzG/*Anstötz* (Fn. 58), Rn. 4; s. auch *Feest* Forum Strafvollzug 2016, 12 (13); *Bung*, Fälle zum Schwerpunkt Strafrecht (Fn. 15), S. 253 (253) (?) m.w.N.

78 Auch diese Frage wird zunehmend vor dem EGMR verhandelt, s. hierzu etwa *Bode*, ZIS 2017, 348 und *Esser*, NStZ 2018, 121; grundlegend zur Problematik s. *Knauer*, Strafvollzug und Internet, 2006.

79 https://www.spiegel.de/panorama/justiz/berlin-gefangene-bekommen-internet-ohne-soziale-netzwerke-a-58e3ba27-d9f8-4511-8d67-6bf7e1f0a226 (9.12.2021) ; https://www.tagesspiegel.de/berlin/resozialisierung-digital-berliner-gefangene-bekommen-internetzugang-ohne-soziale-netzwerke/27397936.html (9.12.2021).

80 Für einen Überblick über die aktuellen Probleme s. das Magazin, Forum Strafvollzug 2018, 91. Die Corona-Pandemie stellt natürlich eine ganz spezifische He-

auf eine Vollzugsbedienstete kommen ca. 70 Gefangene.[81] Dies ist umso erschreckender, wenn man bedenkt, dass die Prävalenz für psychische Krankheiten unter Inhaftierten Studien zufolge hoch ist.[82] Für eine erfolgreiche Resozialisierung der Gefangenen bedürfte es daher (mindestens) einer besonders intensiven persönlichen Auseinandersetzung, mehr Zeit und mehr Geld.[83] Es stellt sich damit die berechtigte Frage, ob angesichts dieser drängenden Probleme der Datenschutz im Strafvollzug wirklich ein Thema ist, das größere Aufmerksamkeit verdient, während sich für die spezifische Ausgestaltung des Strafvollzugs – etwa eben erwähnter Frage, ob Gefangene Zugang zum Internet erhalten – kaum jemand interessiert.

Eine mögliche Erklärung für dieses „Desinteresse am Strafvollzug“[84] könnte darin liegen, dass seit der Föderalismusreform das nationale Forum zur Diskussion über solche Detailfragen des Strafvollzugs (bis hin zur Möglichkeit der grundlegenden Infragestellung des Strafvollzugs) fehlt. „Schuld“ an den Problemen des Strafvollzugs, so der Bundesvorsitzende der Gewerkschaft Strafvollzug René Müller, sei „der Föderalismus“.[85] Diese pauschale Aussage ist insofern zutreffend, als dass die Gesetzeslage zum Strafvollzug durch die Föderalismusreform undurchsichtig geworden ist.[86] Sinnvoll kann eine länderübergreifende Diskussion nur geführt werden, wenn weiterhin das StVollzG des Bundes zu Grunde gelegt wird.[87] Man verliert schnell die Lust an dem Thema, wenn man es mit 17 verschiedenen Gesetzen zu tun hat, wie ich aus eigener Erfahrung, gewonnen bei der Überarbeitung des strafvollzugsrechtlichen Teils eines Lehrbuchs,[88] berichten kann. Insofern bietet die durch europäische Vorgaben angestoßene Harmonisierung im Bereich des Datenschutzes ein neues, transnationales

rausforderung für den Strafvollzug dar (s. hierzu die Beiträge in Forum Strafvollzug 2/2021), die hier aber im Rahmen einer grundlegenden Betrachtung außer Acht gelassen und im Übrigen (auch) als plastische Manifestation der generellen, pandemieunabhängigen Probleme gelesen werden können. Denn das Recht ist nicht erst durch die Pandemie in eine Krise geraten, es befindet sich vielmehr in einer Art Dauerkrise, *Bayer* (Fn. 67), S. 18.

81 https://www.fr.de/politik/deutschen-gefaengnissen-schieflaeuft-11024078.html (9.12.2021).

82 Magazin, Forum Strafvollzug 2018, 91.

83 S. hierzu die Beiträge in Pecher u.a. (Hrsg.), FS für Georg Wagner, 2005.

84 *Bung*, FS Eisenberg (Fn. 41), S. 289; *Stefanopoulou*, Jenseits des Staates? (Fn. 41), S. 177 (178).

85 https://www.fr.de/politik/deutschen-gefaengnissen-schieflaeuft-11024078.html (9.12.2021).

86 *Bung*, KJ 2009, 292 (293).

87 Wie *Buermeyer* (Fn. 1), S. 24 es tut.

88 *Bung*, Fälle zum Schwerpunkt Strafrecht (Fn. 15), S. 253.

Diskussionsforum – das sich vom Datenschutz hin bald auch auf die grundlegenden Fragen des Strafvollzugs erstrecken könnte.

3. *Ein Blick in die Außenwelt*

Es gibt aber noch einen anderen Grund, warum die Betrachtung der Datenschutzthematik im Strafvollzug über die konkreten Bestimmungen hinaus von gesellschaftlichem Interesse ist – nicht nur für eine Verbesserung der Rechtsstellung der Datensubjekte innerhalb, sondern auch außerhalb des Strafvollzugs. Datenschutz ist ein Thema, das an Aktualität stetig zunimmt. Mittlerweile schlägt etwa die Deutsche Datenethikkommission die Schaffung eines „Rechts auf digitale Selbstbestimmung" vor.[89] Dieses enthält eine eigentumsanaloge Ausdeutung des Rechts auf informationelle Selbstbestimmung (Meine Daten gehören mir!), ist in seinen konkreten Ausformungen allerdings noch zu präzisieren.[90] Treibende Kraft hinter dem „Recht auf digitale Selbstbestimmung" sind Ferdinand von Schirach und die auf ihn zurückgehende Initiative „Jeder Mensch"[91]. Sie fordern ein europäisches Grundrecht auf digitale Selbstbestimmung, das die „Ausforschung oder Manipulation von Menschen" im digitalen Raum verbietet.[92]

Woher kommt diese Angst vor einem Missbrauch unserer Daten, die Angst, fremdbestimmt und manipuliert zu werden, wenn es um unsere Daten geht? Schauen wir uns aktuelle Debatten wie die Frage nach der Pflicht zur Installation einer Corona-Warn-App und der Angst vor einem „Smartphone als Mini-Panoptikum"[93] an, drängt sich das Bild auf, dass wir uns auch außerhalb des Strafvollzugs gefangen fühlen, gefangen im „Google-Gefängnis".[94] Dieses ist territorial – im Gegensatz zum „richtigen"

---

89 https://www.bmjv.de/SharedDocs/Downloads/DE/Themen/Fokusthemen/Gutachten_DEK_DE.pdf?__blob=publicationFile&v=2 (9.12.2021).

90 https://www.juwiss.de/95-2019/ (9.12.2021).

91 https://www.jeder-mensch.eu/informationen/ (9.12.2021).

92 Art. 2 S. 2 der von der Initiative vorgeschlagenen neuen europäischen Grundrechte, s. https://www.jeder-mensch.eu/informationen/ (9.12.2021).

93 https://www.deutschlandfunkkultur.de/tracking-apps-das-smartphone-als-mini-panoptikum.1264.de.html?dram:article_id=474039 (9.12.2021).

94 Diesen Gedanken verdanke ich einer instruktiven Diskussion mit Johann Laux. Zur Beeinflussung durch Werbung s. auch *Laux/Wachter/Mittelstadt*, Common Market Law Review 2021, 719; ideologiekritisch zur Beeinflussung durch Werbung und des damit einhergehenden Hervorrufens „falscher Bedürfnisse", deren kurzfristige Befriedigung einen Moment der „Euphorie im Unglück" produziert, *Marcuse*, Der eindimensionale Mensch, 3. Aufl. 1998, S. 25.

Gefängnis – unbeschränkt. Einen mit Art. 3 DSGVO vergleichbaren Artikel zum „räumlichen Anwendungsbereich“[95] braucht die RL 2016/680/EU gerade nicht, weil sie sich von vornherein nur an staatliche Institutionen wendet. Das Gefängnis als konkreter Ort und totale, staatliche Institution beschränkt den sozialen – und damit auch digitalen – Austausch der Gefangenen mit der Außenwelt.[96] Damit ist auch die Einflusssphäre privater Konzerne wie Google und Facebook bis auf Weiteres begrenzt.[97] Im Strafvollzug geht die Macht eindeutig vom Staat aus. Dieser bleibt auch im „zivilgesellschaftlichen Panoptismus ein mächtiger und bis auf Weiteres der mächtigste Akteur“.[98] Datenschutz im Strafvollzug kann daher als ein Modell gewertet werden, dass die Pathologien der Außenwelt kondensiert, nachbildet und plastisch macht.

Diese Pathologien manifestieren sich im Erlass von immer mehr Datenschutzvorschriften. Das Erlassen von Datenschutzrechten gibt uns ein Gefühl der Macht zurück – auch wenn es sich hierbei um eine „missglückte Utopie“ oder „Grundrechtstheologie“ handeln könnte.[99] Schließlich geht es um Formen der Kontrolle, in denen „die Grenze zwischen informationeller Macht und informationeller Selbstbestimmung schwer zu ziehen ist.“[100]

Die Diskussion um den Datenschutz im Strafvollzug verdeutlicht damit, bis zu welchem Ausmaß wir den Schutz von Daten in einer Gesellschaft aus Daten priorisieren und romantisieren. Dabei könnte es sinnvoll sein, statt nur über den effektiven Schutz von Daten auch über die tieferen Gründe für die kollektive Angst vor einem Missbrauch der durch Daten vermittelten Macht und dem damit einhergehenden Datenschutzfe-

---

95 Den der EuGH zunehmend erweitert, s. EuGH, Urt. v. 13.05.2014, Google Spain SL und Google, C-131/12, EU:C:2014:317 (europäisches Datenschutzrecht gilt auch für Google, selbst wenn die Server in den USA stehen, soweit Google im Hoheitsgebiet der Europäischen Union tätig ist); s. zur Erweiterung des räumlichen Anwendungsbereichs des Unionsrechts auch *Szpunar*, Territoriality of Union Law in the Era of Globalisation, in: Petrlík u.a. (Hrsg.), Évolution des rapports entre les ordres juridiques de l'Union européenne, international et nationaux, [Jahr], S. 149.

96 *Buermeyer* (Fn. 1), S. 82. Allerdings finden Berührungspunkte aufgrund des Angleichungsgrundsatzes natürlich statt, zum Beispiel während Ausgängen, des Urlaubs etc.

97 Wenn Strafgefangene ab nächstem Jahr in Berliner Justizvollzugsanstalten Zugang zum Internet bekommen, wird die Frage nach der Einflussnahme Privater in absehbarer Zeit neu zu bewerten sein.

98 *Bung* (Fn. 3), S. 11.

99 *Veil*, NVwZ 2018, 686 (687).

100 *Bung* (Fn. 3), S. 11.

tischismus nachzudenken. Dies insbesondere vor dem Hintergrund, dass es neben dem Datenschutz noch andere drängende Probleme (des Strafvollzugs) gibt, die sich nicht durch den Erlass von Datenschutzvorschriften lösen lassen.

V. Fazit und Ausblick

Um auf das eingangs erwähnte Zitat zurückzukommen: Datenschutz im Strafvollzug – haben die Gefangenen keine anderen Sorgen? Ja, das haben sie, und zwar viele: zu wenig Raum wegen Überbelegung, keine ausreichende persönliche Betreuung, zu wenig Kontakt zur Außenwelt, nicht zuletzt: zu wenig Geld. Die durch die Europäisierung entstandene Debatte um den strafvollzugsrechtlichen Datenschutz könnte als ein Aufmerksamkeitsmoment genutzt werden, um auf genau diese materiellen Probleme der Strafvollzugswirklichkeit aufmerksam zu machen. Sie könnte auch genutzt werden, um die grundlegende Frage nach der Sinnhaftigkeit der Institution Strafvollzug vor dem Hintergrund des Resozialisierungsgedankens neu und europaweit zu stellen. Sie könnte schließlich genutzt werden, um eine neue Perspektive auf den Datenschutzfetischismus unserer gegenwärtigen Gesellschaft zu werfen.

Die Datensubjekte in deutschen Justizvollzugsanstalten befinden sich in einem Bermuda-Dreieck. Sie werden global verfolgt, nach nationalem Recht bestraft, die Strafe wird auf Landesebene vollzogen. Dazwischen tritt nun die Europäische Union mit einheitlichen Datenschutzvorgaben für die Ausgestaltung des Strafvollzugs in den Mitgliedstaaten. Die Europäische Union schafft so dort, wo sie die Kompetenz besitzt, nämlich im Bereich des Datenschutzes, einen einheitlichen und effektiven Schutzstandard für Gefangene. Eine zunehmende Verlagerung der Kompetenz auf die europäische Ebene würde ein transnationales Diskussionsforum kreieren, in dem die Frage nach Ausgestaltung, Sinn und Zweck des Strafvollzugs in einer demokratischen, globalen, sich zu den Menschenrechten bekennenden Gesellschaft neu verhandelt werden könnte. Die durch die Föderalismusreform von 2006 eingetretene Zersplitterung wäre dann als schleichende Erodierung des nationalen Forums, als Zwischenstadium hin zum europäischen, transnationalen Diskussionsforum zu deuten.[101] Ein solches grundlegendes Diskussionsforum nicht nur über die konkrete Ausgestaltung des Strafvollzugs, sondern über die Notwendigkeit seiner Exis-

101 *Bung*, KJ 2009, 292 (293).

tenz selbst, wäre angesichts der Vollzugswirklichkeit und der berechtigten Frage, ob der Strafvollzug zur Resozialisierung wirklich der richtige Ort ist,[102] dringend geboten. Oder, wie es der ehemalige Leiter verschiedener Justizvollzugsanstalten Thomas Galli ausdrückt: „Das Prinzip Gefängnis, das Prinzip Freiheitsstrafe gehört auf den Prüfstand.“[103] Die Diskussion um den Datenschutz im Strafvollzug und die damit einhergehende Verlagerung der Strafvollzugsdiskussion auf die europäische Ebene könnte der zarte Beginn dieser fundamentalen Prüfung sein.

102 *Bung* (Fn. 3), S. 8.

103 https://www.deutschlandfunknova.de/beitrag/jurist-thomas-galli-kritisiert-den-strafvollzug-in-deutschland (9.12.2021).

Autorenverzeichnis

Dr. Markus Abraham ist wissenschaftlicher Mitarbeiter am Lehrstuhl für Rechtsphilosophie und Strafrecht (Prof. Dr. Jochen Bung, M.A.) der Universität Hamburg.

Dr. Daria Bayer ist Referendarin am Kammergericht in Berlin und wissenschaftliche Mitarbeiterin am Lehrstuhl für Rechtsphilosophie und Strafrecht (Prof. Dr. Jochen Bung, M.A.) der Universität Hamburg.

Dr. Stephan Christoph ist wissenschaftlicher Mitarbeiter am Lehrstuhl für Strafrecht, Strafprozessrecht, Kriminologie und Sanktionenrecht (Prof. Dr. Johannes Kaspar) der Universität Augsburg

Hannah Heuser ist wissenschaftliche Mitarbeiterin am Lehrstuhl für deutsches und ausländisches Strafrecht, Strafprozessrecht, Wirtschafts- und Medienstrafrecht (Prof. Dr. Elisa Hoven) der Universität Leipzig.

Dr. Jan Rennicke ist Rechtsreferendar im Bezirk des OLG Braunschweig.

Prof. Dr. Athina Sachoulidou, MSc, LL.M. ist Assistenz-Professorin an der Nova School of Law, Lissabon.

Florian Nicolai (Ass. jur.) ist wissenschaftlicher Mitarbeiter am Institut für Strafrecht (Prof. Dr. Gabriele Kett-Straub und Prof. Dr. Hans Kudlich) der Friedrich-Alexander-Universität Erlangen-Nürnberg.

Prof. Dr. Kilian Wegner ist Juniorprofessor für Strafrecht, Strafprozessrecht und Wirtschaftsstrafrecht an der Europa-Universität Viadrina in Frankfurt (Oder).

Alexandra Witting ist wissenschaftliche Mitarbeiterin am Lehrstuhl für deutsches und ausländisches Strafrecht, Strafprozessrecht, Wirtschafts- und Medienstrafrecht (Prof. Dr. Elisa Hoven) der Universität Leipzig.